D1875849

Bannockburn

Schottlands Kampf um die Freiheit

Bannockburn

Schottlands Kampf um die Freiheit

von Hagen Seehase und Axel Oprotkowitz
mit Photographien von Antje Mismahl

KÖNIG

Die Deutsche Bibliothek - CIP - Einheitsaufnahme

Seehase, Hagen u. Oprotkowitz, Axel
Bannockburn - Schottlands Kampf um die Freiheit

Seehase, Hagen u. Oprotkowitz, Axel
1. Aufl. - Greiz/Thür: König Communication, 1999
ISBN 3-9806185-3-6

Mit Farb- und S/W-Abbildungen, Exkursen zum mittelalterlichen Kriegertum, Kurzbiographien, Reisevorschlägen, Chronik der Herrscher, Könige und Königinnen von Schottland, Sach- und Literaturverzeichnis, Schottische Geschichte in Daten, Quellennachweisen, Anmerkungen, Erläuterungen und wichtigen Kontaktadressen.
1. Auflage 1999

ISBN 3-9806185-3-6

Copyright 1999 by König Communication in der Mediengruppe König, Greiz / Vogtl.

Das gesamte Werk ist im Rahmen des Urheberrechtsgesetzes geschützt. Jegliche vom Verlag nicht genehmigte Verwertung ist unzulässig. Dies gilt auch für die Verbreitung durch Funk, Fernsehen, photomechanische Wiedergabe, Tonträger jeder Art, elektronische Medien sowie für auszugsweisen Nachdruck.

Titelbild:	Dunnottar Castle, Robert the Bruce (Bannockburn Memorial) Fotos von Antje Mismahl, Montage FKM-Design, Mohlsdorf/Thür.
PR und Anzeigen:	Ring Media Agentur, Offenbach
Satz,Layout, Belichtung:	FKM-Design, Mohlsdorf/Thür.
Druck und Verarbeitung:	Printed in Slowakia

Inhaltsverzeichnis

Die Regionen Schottlands

Vorwort

Jedem Schottlandbesucher wird klar, daß der Schottische Unabhängigkeitskrieg in der Geschichte des Landes eine prägende Rolle gespielt hat. Das Land ist voll von Bauwerken, deren Bau bzw. Zerstörung in direktem Zusammenhang mit dem Kampf der Schotten gegen die englischen Könige aus dem Hause Plantagenet stehen. Die Monumente, die man den Heroen des Freiheitskampfes allerorten gesetzt hat, fügen sich mehr oder weniger harmonisch in die wundervolle Landschaft ein. Künstler von Theodor Fontane bis Mel Gibson benutzten die Historie als Inspiration ihres produktiven Schaffens.

Uns wurde bei den Recherchen für das Buch „Die Highlander“ sehr deutlich, daß es höchste Zeit für eine Darstellung der Ereignisse speziell für den deutschen Leser ist.

Das Menschenalter zwischen dem Tod des letzten Königs aus dem Hause Canmore und dem ersten Stuartkönig, das der Gegenstand dieses Buches ist, war eine sehr prägende Epoche für die Geschichte Schottlands und Englands. In der ohnehin sehr blutigen schottischen Historie war der Freiheitskampf gegen die englischen Könige nicht nur ein gewalttätiges Furiosum, er brachte auch neue soziale und gesellschaftliche Phänomene hervor, wie etwa den schottischen Nationalismus.

Man kann ihn auch als Chiffre für die ungeheure Bedeutung der Persönlichkeit in der Geschichte betrachten. Moderne Historiker neigen dazu, Strukturen der Sozialordnung und der Wirtschaft als allein ausschlaggebend zu betrachten. Tatsächlich verlangen turbulente Zeiten nach großen Persönlichkeiten. Um mit Bismarck zu sprechen: Bruce hörte den Mantel Gottes und heftete sich an ihn. Seine Lebensgeschichte reflektiert die Merkmale der Epoche, da finden Verrat, Grausamkeit genauso ihren Platz wie Mut, menschliche Größe und Freundschaft.

Dies ist ein Buch über die Männer - und Frauen -, die für ihr Land, ihren König, ihre Überzeugungen und ihre Interessen ihr Leben einsetzten und die Waffe nahmen. Es steht dem modernen Betrachter gar nicht an, diese Menschen zu verurteilen. Drücken wir es mit einem Zitat aus einem schottischen Gedicht aus der heutigen Zeit aus:

Die alte Zeit war hart, gemein und heroisch
Die Alten wußten das.
Von unserer Zeit wird man sprechen als der Lächerlichsten.
Wissen wir das?

Dieses ist ein Geschichts- und Geschichtenbuch. Es enthält neben einer umfassenden Darstellung der kriegerischen Ereignisse auch noch Exkurse, die sich mit interessanten historischen und kulturgeschichtlichen Nebenaspekten beschäftigen. Es enthält weiterhin touristische Hinweise inklusive mehrerer Routenvorschläge und es enthält als Service für die Reenactmentszene eine Liste der bei Bannockburn beteiligten schottischen Adligen und Chiefs.
Wir wünschen Ihnen viel Vergnügen bei der Lektüre.

Hagen Seehase und Axel Oprotkowitz

❧ ❧ ❧

Danksagung

An erster Stelle möchten wir uns bei Herrn Gerd Elmar König,
unserem Verleger, und seinen Mitarbeitern bedanken.

❧ ❧ ❧

Herzlicher Dank gebührt auch diesmal unserer Fotographin Antje Mismahl.

❧ ❧ ❧

Für die zur Verfügung gestellte Literatur ein Dankeschön an Ralf Krekeler.

❧ ❧ ❧

Lobend erwähnen wollen wir Biff Byford und seine Band „Saxon",
die „Württemberger Ritter", das Forum Waffenrecht und
General H. Norman Schwarzkopf, United States Army.

❧ ❧ ❧

Anekdotisches

Er war ein König ohne Land. Seine Heimat war von fremden Truppen besetzt, seine Familie und Vertrauten tot, gefangen oder auf der Flucht. Sein Land war in der Gewalt des englischen Königs und dessen Verbündeter, seine Besitzungen waren konfisziert und ausgeplündert worden. Die Burg, in der er aufgewachsen war, war eine Garnison englischer Truppen. Er war geschlagen und verfolgt, exkommuniziert und außer Landes gejagt. Hier auf Rathlin Island vor der Küste Nordirlands fand er Unterschlupf, der allerdings kaum eines Königs würdig war. Eine Höhle, die manchmal dem Vieh der Hirten als Stall gedient hatte, wurde seine Zuflucht. Es blieb ihm wenig zu tun. So beobachtete er die Spinne, die täglich ihr Netz wob. Und mit der Zähigkeit einer Spinne, die jeden Tag den Kampf ums Dasein aufs Neue wieder aufnimmt, nahm auch er den Kampf wieder auf. Für seine Krone, für Schottlands Freiheit...

❧ ❧ ❧

Der Thron verwaist

Im Jahre 1284 starb Prinz Alexander von Schottland, eine Woche nach seinem Geburtstag, nur 20 Jahre alt. Sein jüngerer Bruder war bereits tot, ein knappes Jahr zuvor war seine Schwester Margaret, Königin Norwegens, im Kindbett gestorben. König Alexander III. von Schottland war nun ohne Kinder und ohne männliche Erben. Deshalb berief er nur eine Woche nach dem Tod des Sohnes eine Ratsversammlung seiner mächtigsten Barone ein. Man kam zu der Übereinkunft, daß, wenn dem König kein Sohn geboren würde, die Krone auf Margaret, Tochter der norwegischen Königin, übergehen würde. 1285 heiratete der König Yolande de Dreux, die Ehe blieb kinderlos, denn schon 1286 kam er ums Leben.

Es war ein kalter, verschneiter Tag im März. Der König beriet sich in Maiden Castle, Edinburgh mit seinen Baronen über außenpolitische Fragen. Daran schloß sich noch ein Essen und ausgiebiges Trinken an. Das Wetter hatte sich noch weiter verschlechtert, als der König aufbrach zu seinem jungen Weibe nach Kinghorn, auf der Nordseite des Firth of Forth. Der Fährmann von Queensferry weigerte sich zunächst, den König überzusetzen, als der ihn Feigling schalt, erfüllte er dem König seinen Wunsch. An der Nordseite angekommen, drängte der König auf Weiterreise, obwohl ihn der Vogt von Inverkeithing zum Bleiben überreden wollte. Der ungeduldige König ritt an der Spitze der wegkundigen Boten, die ihm mitgegeben waren. In der Dunkelheit strauchelte sein Pferd, warf den Reiter ab. Der König fiel eine hohe Klippe hinunter und starb. Diese Episode verdient nicht nur deshalb Beachtung, weil Alexander III. eine liebenswerte Persönlichkeit war, den eine verständliche menschliche Schwäche das Leben gekostet hatte.

Die familiäre Tragödie im schottischen Königshaus war nur die Ouvertüre zu einem der traurigsten Kapitel der schottischen Geschichte. Der Leichnam des Königs wurde in der Abteikirche von Dunfermline bestattet, kaum einer der anwesenden Magnaten setzte große Hoffnung in die Zukunft. Die Aussicht, die 3-jährige „Maid of Norway" könnte den Thron besteigen und die eigentliche Macht in die Hände selbstsüchtiger Regenten abgleiten, weckte keinen Enthusiasmus. Im Namen der Anwesenden setzten die Bischöfe von Glasgow und St. Andrews (Robert Wishart und William Fraser) zwei Priester in Marsch, den König von England, Edward I. Plantagenet, aufzusuchen und um Rat zu bitten. Er war der Großonkel von Margaret und seinem eigenen Verständnis nach Oberlehensherr von Schottland. 1278 hatte nämlich Robert Bruce, der Earl of Annandale, stellvertretend für den schottischen König Edward I. die Treue geschworen. Nach schottischer Interpretation ging es dabei nur um die englischen Besitzungen des schottischen Königs, nach der Auffassung Edwards um das Königreich von Schottland.

Das Koenigreich Schottland

...war eigentlich eine Erfindung von Robert the Bruce. So etwas wie Nationalgefühl entstand erst im Gefolge des Schottischen Unabhängigkeitskrieges. Dabei gehört Schottland als staatliches Gebilde zu den älteren in Europa.

In der Frühgeschichte wurde Schottland von den Pikten besiedelt, einem vor- oder protokeltischen Stamm. Sie siedelten nördlich des Forth-Clyde-Isthmus' und konnten von den Römern (trotz deren Sieges am Mons Graupius) nicht unterworfen werden. Die Römer dämmten aber den Expansionsdrang der kriegerischen Pikten mit Kastellen am Rande der Highlands (dabei wurde die 9. Legion am Flusse Tay von den Pikten vernichtet), mit dem Hadrians- und dem Antoninuswall ein. Zwischen dem südlicheren Hadrians- und dem nördlichen Antoninuswall lag die Landschaft Gododdin, in der britisch-keltische Stämme siedelten. Sie waren stark romanisiert und spielten eine wichtige Rolle bei der Verteidigung der römischen Provinz Britannien gegen Überfälle der Pikten und Skoten. Letztere waren ein seefahrendes keltisches Volk, das von Nordirland herüberkam, während wir uns die Pikten als Reiterkrieger vorzustellen haben. Nach einer Strafexpedition des Kaisers Severus im Jahr 208 herrschte eine Zeitlang Ruhe im Norden Britanniens, dann drängten die Pikten wieder südwärts, während sich die Angriffe der Skoten von der Seeseite verstärkten.

367 und 383 brachen die Pikten durch den Hadrianswall. 418 teilte der römische Kaiser seinen britannischen Untertanen mit, ihre Verteidigung läge nun in ihren Händen. Und diese gelang den Briten sehr gut.

Sie hatten nun auch noch angelsächsische Scharen von der anderen Seite der Nordsee zu bekämpfen und unter diesem Druck bildeten sie ein Königreich, bei dessen Verteidigung die Leute aus Gododdin eine eminent wichtige Rolle spielten. Die Artus-Sage basiert auf diesen

historischen Vorgängen. Die piktischen Stämme (deren prominentester die Kaledonier waren) bildeten erst in den letzten Jahren ihrer Unabhängigkeit ein einheitliches Staatswesen. Die stärkste Bedrohung für die Pikten waren die Skoten aus Irland.
Anfang des 6. Jahrhunderts landeten die ersten Schiffe mit skotischen Siedlern in Argyll. Sie wurden von den drei Söhnen des Königs Erc von Dalriada geführt und gründeten ihr Zentrum auf dem Felsen von Dunadd. Inzwischen waren im Süden die Stämme von Gododdin zum Königreich Strathclyde zusammengewachsen (der originale Name lautete sicher anders). Ihre Könige bauten eine Festung auf dem Felsen von Dumbarton. In Northumberland hatten sich inzwischen die Angelsachsen etabliert, ihr Machtbereich reichte im Norden bis nach Lothian. Diese Völker waren, wenn zum Teil auch oberflächlich, christianisiert. Die Skoten hatten das Evangelium durch St. Columban übernommen, Pikten und Briten waren von anderen Missionaren (darunter St. Ninian) christianisiert worden.
Zwischen allen vier Völkern herrschte ein latenter Kriegszustand. König Aidan, ein Skote, schlug mit den verbündeten Armeen der Skoten und Briten die Angeln im Liddesdale. Im 7. Jahrhundert expandierten die Skoten weit nach Norden und Osten. 729 wurde Oengus nach einer Serie von Bürgerkriegen und Revolten König aller Pikten. Er schloß Frieden mit den Angeln und fiel über die Skoten her. Er konnte Dunadd erobern und ließ einen Skotenkönig ertränken. Seine Feldzüge trugen ihn bis nach Irland, wo er das Reich von Dalriada zu einem Vasallenstaat machte. Dann verbündete er sich mit den Angeln und rückte in Strathclyde ein. Er marschierte auf Dumbarton, als seine Armee von den Briten überfallen und vernichtet wurde (im Jahre 756).
Dann tauchte ein neuer Feind auf, gefährlicher als alle anderen. Die Nordmänner überfielen mit ihren Drachenbooten die Küsten. 839, als die Pikten gerade gegen die Skoten kämpften, erschien eine große Armee der Nordmänner.

Die Pikten besiegten die Skoten und töteten deren König Alpin, wurden dann aber von den Wikingern vernichtend geschlagen. Dabei starb auch Eoghann, der letzte König der Pikten. Alpins Sohn Kenneth führte eine Invasion in das nun führerlos geworden Land der Pikten. Er besetzte ihre Festung Fortriu und erschlug auf einem Festessen in Scone sieben führende Adlige von Dalriada, so berichten wenigstens die Chronisten. Kenneth MacAlpin wurde der erste König der vereinigten Königreiche der Pikten und Skoten, der erste „Ardrigh Albainn“. Durch seine Mutter hatte Kenneth die Ansprüche auf den piktischen Thron geerbt. Die Thronfolge der Könige aus dem Hause Alpin war erratisch, ja anarchisch. Nach Kenneth' Tod ging die Krone an seinen Bruder Donald, dann fiel sie an den ältesten Sohn Kenneth', Constantin I.

Zu Beginn des 11. Jahrhunderts konnte König Malcolm II. im Bündnis mit den Briten von Strathclyde Northumberland unterwerfen. Als der König von Strathclyde starb, setzte Malcolm seinen Enkel auf den Thron. Dieser Enkel Duncan wurde nun nach dem Tode Malcolms (nach einer Schlacht gegen den englisch-dänischen König Knut den Großen wurde er von den eigenen Leuten ermordet) auch König von Alba. Er regierte nur sechs Jahre (von 1034 bis 1040), dann stießen ihn Macbeth of Moray (der mit der regierenden Dynastie eng verwandt war und durch seine Frau Thronansprüche geltend machen konnte) und Jarl Thorfinn Sigurdsson „der Mächtige“ vom Thron. 1057 stieß der Sohn Duncans, Malcolm Canmore, mit der militärischen Unterstützung des englischen Königs Edward gegen Macbeth vor, besiegte und tötete ihn. Malcolm Canmore („Großkopf“) war der erste König des eigentlichen Königreiches Schottland. Bis zum Vordringen des normannischen Einflusses in der zweiten Hälfte des 12. Jahrhunderts war es überwiegend keltisch geprägt. Das Erbe der piktischen Kultur schwand immer mehr. Das Haus Canmore regierte bis zum Tode Alexanders III. im Jahre 1286.

Edward I. auf einem Parlament - rechts Fürst Llewellyn von Wales, links König Alexander III. von Schottland (British Museum).

Während noch die beiden Emissäre beim englischen König weilten, ernannte eine verstörte und mißtrauische Ratsversammlung des schottischen Adels und der Kirche sechs sogenannte „Guardians“, um das Königreich in Margarets Namen zu verwalten und zu regieren. Nördlich des Forth sollten dies Bischof Fraser, Duncan MacDuff (der Earl of Fife) und Alexander Comyn (der Earl of Buchan) tun, südlich des Forth Bischof Wishart, James the Steward und John the Black Comyn (der Lord von Badenoch). Alle bis auf MacDuff waren normannischer Herkunft. Die ebenfalls normannische Familie der Bruces, die sich in tiefer Rivalität zu den Comyns befand, war übergangen worden. Darüber hinaus hatten die Bruces selbst Ansprüche auf den Thron. Der Großvater König Alexanders III., William der Löwe, hatte einen jüngeren Bruder gehabt (David, Earl of Huntingdon), dessen drei Töchter mit einflußreichen anglo-normannischen Magnaten verheiratet waren. Isabella, die mittlere dieser Töchter, war die Mutter von Robert Bruce, dem Lord von Annandale.

König Erik von Norwegen war zutiefst alarmiert, nicht nur aus familiären, sondern auch aus territorialen Gründen. Er war Herrscher über die Schottland benachbarten Inselgruppen der Orkneys und Shetlands. 1289 sandte er einen Botschafter an den Hof des englischen Königs, der gerade den Papst um einen Gefallen ersuchte. Edward I. wollte seinen Sohn Edward of Caernarfon mit Margaret verheiraten, benötigte aber dazu den päpstlichen Dispens, weil die beiden zu eng miteinander verwandt waren. Ein englisch-schottisch-norwegischer Vertrag wurde ausgehandelt, und 1290 handelten schottische Emissäre mit der englischen Krone einen weiteren Vertrag aus. Der Vertrag erklärte die schottische Unabhängigkeit für unverletzlich. Sollten Edward of Caernarfon und Margaret kinderlos sterben, ginge die Krone an den nächsten Erben Margarets über. König Edward ließ sich aber vertraglich gewisse Rechte als Oberlehnsherr zusichern, die er bewußt vage formulierte. Kurz darauf begab sich der Fürstbischof von Durham nach Schottland, verlangte die Öffnung der schottischen Burgen für den englischen König und den Ratsvorsitz bei Versammlungen der sechs „Guardians“. Letzteres wurde ihm zugestanden, ersteres nicht. Nach einigen diplomatischen Verwicklungen schickte Erik von Norwegen das Mädchen auf einem seiner Schiffe Richtung Schottland, die Septemberwinde trieben das Schiff zu den Orkneys, dort starb die kleine „Maid of Norway“ am 26. September 1290.

Ein rundes Dutzend Prätendenten nahm nun das Rennen um die schottische Krone auf. Im Südwesten rüstete die Familie Bruce eine kleine Armee aus, im Norden riefen die Earls von Atholl und Mar (mit Bruce verbündet) ihre Vasallen zusammen. Von den zwölf Prätendenten hatten sechs nur geringe Aussichten, sie stammten von illegitimen Kindern früherer Monarchen ab. Andere Anwärter resignierten, so daß nur drei ernsthafte Bewerber verblieben,

John the Black Comyn, John Balliol und Robert Bruce of Annandale. Der Anspruch des letztgenannten Bewerbers wurde durch die Sieben Earls bestärkt. Diese Sieben Earls hatten nach uralter piktischer Tradition das Recht, den neuen König zu wählen. Alte piktische Tradition hätte aber John the Black favorisiert, was die Earls ganz einfach ignorierten. Bischof Fraser schrieb in dieser angespannten Lage an den englischen König, er solle nach Schottland kommen und die Frage der Thronnachfolge entscheiden. Und Edward kam. Im Sommer 1291 zog er in Norham-on-Tweed ein, mit einem großen Gefolge an Rittern, Höflingen und dem Aufgebot der nördlichen Provinzen Englands. Die schottische Gesandtschaft, die gekommen war, seine Entscheidung im Thronstreit anzuhören, wurde aufgefordert, zuerst Edward als Oberlehnsherr anzuerkennen. Die Schotten lehnten ab. Mit zwei Ausnahmen. Das waren Balliol und Bruce of Annandale. Wie sieben weitere Prätendenten später unterschrieben sie einen Vertrag mit Edward, seine Entscheidung im Thronstreit anzuerkennen und ihm die verlangten Burgen auszuliefern. Edward traf aber keine Entscheidung zwischen Bruce und Balliol. Siebzehn Monate vergingen, in denen die Spannung zwischen den Comyns und den Bruces ständig zunahm. John the Black Comyn war ein Anhänger Balliols und mit dessen Schwester verheiratet. Der Großteil des schottischen Adels jedoch unterstützte Bruce. Im November 1292 fiel eine Entscheidung. In Berwick trafen sich 104 Schöffen zu einer Ratsversammlung mit Edward als Vorsitzendem. Bruce hatte 40 Schöffen bestimmt, Balliol ebenfalls 40, der Rest war von Edward nominiert worden. Es war also die Entscheidung des englischen Königs und er entschied sich für Balliol. Drei Tage später schwor dieser ihm den Lehnseid.

Die Familie der Balliols war normannischen Ursprungs. Der Vater John Balliols war durch seine Heirat mit Devorguilla in den Besitz Galloways gelangt. Er war der Gründer des Scots Colleges in Oxford. Devorguilla gründete 1273 die Sweetheart Abbey in der Nähe von Kirkcudbright. Den Namen bekam das Kloster, weil Devorguilla das einbalsamierte Herz ihres Gatten als ihren kostbarsten Besitz in einem Elfenbeinkästchen mit sich herumtrug. Nach ihrem Tod wurde das Herz an ihrer Seite beigesetzt.

Dann brach John Balliol nach Scone auf (dem alten Krönungsort der schottischen Könige), wurde zum König ausgerufen und wiederholte in Newcastle den Treueid vor Edward.

Hammer of the Scots

Edward I. behandelte Balliol in provozierender Art und Weise. Mal wurde er nach England bestellt, dort einen territorialen Disput in Schottland zu verhandeln, dann beorderte ihn der Sheriff von Northumberland nach London, offene Weinrechnungen des verstorbenen Königs Alexander III. zu bezahlen. Schließlich befahl ihm der englische König, Geld und Männer für den Krieg Englands gegen Frankreich zu stellen. 1295 bestürmte in Scone die Ratsversammlung der 12 (4 Bischöfe, 4 Earls, 4 Barone) Balliol, sich dieser Forderung zu verweigern und ein Bündnis mit Frankreich zu schließen. Balliol stimmte zu und tat ein Übriges: er erklärte alle Zusagen an Edward für null und nichtig, da sie unter Druck erfolgt seien. Edward I. zog als Antwort alle Besitzungen Balliols in England ein, woraufhin Balliol alle englischen Landbesitzer aus Schottland vertrieb, darunter die Familie Bruce. Der Prätendent, genannt „Old Annandale“ war kurze Zeit vorher gestorben, doch sein Sohn und sein Enkel dachten gar nicht daran, den Anspruch der Familie auf die Krone aufzugeben. Als sie die Grenze südwärts überschritten hatten, boten sie Edward ihre Dienste an. Dieser führte gegen die Franzosen Krieg in der Gascogne, mußte Truppen zur Niederschlagung eines Aufstandes der Waliser abstellen und das englisch-schottische Grenzgebiet war in hellem Aufruhr. In Roxburgh und Berwick waren englische Kaufleute ermordet worden. John the Black Comyn (der von Balliol die schottischen Besitzungen der Bruces erhalten hatte) belagerte Carlisle, das von den Bruces gehalten wurde. Edward I. zog mit einer Armee nordwärts Richtung Berwick (seit der Schlacht von Carham 1016 gehörte es zu Schottland). Dessen Kommandeur war Sir William Douglas the Hardy, der den Magistrat der Stadt kurzerhand auseinandergejagt hatte. Sir William war eine sehr gewalttätige Persönlichkeit, sein Charisma schien aber die Verteidiger der Stadt zu motivieren. Am 29. März begab sich der König höchstselbst vom Lager der Armee in Hatton zu den Wällen der Stadt, ihre Kapitulation zu fordern. Die Antwort war Hohngelächter, was den König äußerst stark erzürnte. Am nächsten Morgen ließ Edward vorrücken. Zuvor hatte er noch einige junge Edelleute zu Rittern geschlagen, darunter auch einen gewissen Henry Percy. Auf den Schiffen der Flotte mißverstand man das Vorrücken der englischen Truppen und glaubte an einen Generalangriff.

Die Schiffe griffen an, stießen aber auf eine alerte Verteidigung. Das erste Schiff segelte in den Hafen, wurde geentert und angezündet. Folgende Schiffe fingen ebenfalls Feuer, ihre Besatzungen retteten sich mit den Beibooten. Der Rest der Flotte brach die Attacke ab. Der Angriff von Landseite war erfolgreicher. Berwicks Umwallung bestand lediglich aus ein paar Erdwällen mit einer nicht einmal zwei

Palisaden heraus oder überkletterten sie und drangen an verschiedenen Stellen in die Stadt ein. Die Verteidiger waren nicht in der Lage, sich in den Straßen zu formieren. Nur in der Red Hall gab es verbissenen Widerstand, 30 flämische Kaufleute hielten bis zum Abend aus. Dann wurde die Halle in Brand gesetzt, alle Insassen kamen ums Leben. Während der Attacke auf die Halle hatte Edwards Cousin Richard of Cornwall kurz das Visier seines Helms geöffnet, da traf ihn ein Pfeil im Gesicht und tötete ihn. Edward nahm fürchterliche Rache. Die Besatzung der Burg war nicht niedergekämpft worden, sondern hatte kapituliert. Sie erhielt freien Abzug. Nur der Kommandant, Sir William Douglas, wurde gefangengenommen. Von den Bewohnern der Stadt erhielten die Frauen und Kinder freien Abzug. Dann gab Edward I. die Stadt zur Plünderung frei, mehr noch, er gab seinen Truppen den Befehl, keinen Pardon zu geben, keine Gefangenen zu machen. In vier blutigen Tagen wurden Bürger und Verteidiger niedergemetzelt, bis ein Appell der Kirche dem Massaker ein Ende machte. Die Zahl der Opfer ging in die Tausende, wenn auch die Angaben der zeitgenössischen Chronisten bezweifelt werden müssen. *(1)* Derartige Blutbäder nach der Eroberung einer Stadt waren in der Geschichte des Mittelalters keine Seltenheit. Für den Rest der Kampagne ordnete Edward I. ein absolutes Verbot von Plünderungen an. Tatsächlich wurden nach den Urkunden Angehörige der Armee wegen disziplinlosen Verhaltens hingerichtet, etwa ein Ire namens Patrick wegen Einbruchs. Der König blieb noch einen Monat in Berwick. Hier veranlaßte er die Befestigung der Stadt nach einem wirksameren Muster.

Am 5. April 1296 empfing König Edward zwei Franziskanerbrüder, die ihm König John Balliols Diffidatio, die Rücknahme des Treueides, überbrachten. Nur wenige Tage später brachen schottische Soldaten unter dem Kommando der Earls of Ross, Menteith und Atholl zu einem Streifzug nach Nordengland auf. Sie zerstörten drei Klöster (Lanercost, Hexham, Lambley) und töteten viele Zivilisten. Eine englische Verfolgertruppe zwang die Schotten zum Rückzug. Sie zogen sich nach Norden zurück, eine Nachhut riegelte die Pässe in den Borders ab. Die Hauptarmee erschien vor der Burg des Earls of March, der sich mit seinem Aufgebot bei der englischen Armee in Berwick befand. Seine Frau kommandierte die Besatzung von Dunbar Castle. Da sie mit der schottischen Seite sympathisierte, öffnete sie die Tore der Burg. Deren neuer Kommandeur wurde der kriegserfahrene Richard Siwan. Edward I. schickte seinen Unterführer John de Warenne, den Earl of Surrey, mit einem Fünftel seiner Armee nordwärts. Warenne war schon ein etwas älterer, sehr jähzorniger Mann, der ein Schwert mit sich führte, das angeblich einer seiner Vorfahren in der Schlacht von Hastings getragen hatte. 100 Men-at-arms des Fürstbischofs von Durham stießen zu diesem Expeditionskorps. Warenne begann mit der Belagerung. In seinem Rücken erschien die Hauptarmee der Schotten, die am Mittag des 27. April auf dem Kamm der Lammermuir Hills aufmarschierte.

Warenne ließ die jüngeren Krieger unter dem Kommando von Humphrey de Bohun vor Dunbar zurück, und rückte mit dem Rest seiner Truppe gegen die Schotten vor. In aufgelockerter Formation durchquerten die Engländer eine tiefe Schlucht und verschwanden dabei aus dem Blickfeld der Schotten auf den Hügeln. Diese stürmten nun vor und gerieten in die Steilwand der Schlucht. Dort hatten sie kaum eine Chance gegen die englische Infanterie. Es wurden auch in größerer Anzahl walisische Langbogenschützen eingesetzt.

Im 12. Jahrhundert machten die Engländer bei den Kämpfen in Gwent (Südwales) mit dem walisischen Langbogen Bekanntschaft. Bei einer Gelegenheit durchschlug ein Pfeil die massive Eichentür einer Kirche, was die Augenzeugen sehr beeindruckte. Die schottische Kavallerie floh, die englischen Ritter unter dem persönlichen Kommando von Warenne ritten das schottische Fußvolk nieder. Auf Befehl des englischen Königs erstellte der Earl of March einen „body count", demnach verloren 10.052 Schotten (darunter der Sheriff von Stirling und Bannerträger John Balliols, Sir Patrick Graham of Kinkardine) das Leben. John the Black Comyn, die Earls of Ross, Menteith und Atholl wurden in den Tower geschafft. Insgesamt brachte man 171 Ritter und Edelknappen als Gefangene in englischen Burgen unter. Darunter befanden sich auch Andrew Murray (oder de Moravia), der Justiziar Schottlands und sein Sohn (ebenfalls Andrew mit Namen). Daß man letzteren ausgerechnet in Chester Castle unterbrachte, das der schottischen Grenze am Nächsten lag, rächte sich später, denn Andrew Murray jun. gelang die Flucht. Am 28. April ergab sich Dunbar Castle, James the Steward kapitulierte in Roxburgh, die Garnisonen von Dumbarton und Jedburgh ergaben sich ebenfalls. Obwohl die Schlacht von Dunbar nur von einem kleinen Detachement der Engländer ausgefochten worden war, war sie entscheidend. Die Schotten hatten fast alles, was aufzubieten war, ins Feld geführt und waren zusammengebrochen. Das Rückgrat ihres Widerstandes war gebrochen. Der junge Robert the Bruce (nach dem Tod seines Großvaters Earl of Carrick) überquerte im Südwesten die Grenze und nahm mit englischen Soldaten die Ländereien von Annandale. Vom 6. bis zum 13. Juni weilte Edward I. in Edinburgh, wo er zusah, wie die Burg nach mehrtägigem Beschuß aus seinen Belagerungsmaschinen in Trümmer sank. Edward war schon in Linlithgow, als Edinburgh Castle kapitulierte. Linlithgow Castle kapitulierte, dann auch Stirling Castle. Am 2. Juli erreichte Edward I. in Perth ein Brief des reuigen John Balliol. Eine Woche später ergab sich Balliol in Brechin Castle Fürstbischof Bek of Durham. Angeblich ließ ihm dieser die Wappen Schottlands vom Waffenrock reißen, was den Spottnamen Balliols produzierte: „Toom Tabard", leerer Mantel. Er wurde zusammen mit seinem Sohn Edward Balliol in die (relativ komfortable) Gefangenschaft nach England geschickt. Später kam er nach Intervention der Kurie und des französischen Königs frei.

Barnard Castle (Foto: Antje Mismahl)

Dunbar Castle (Foto: Hagen Seehase)

Die Eroberung von Wales

Vor der Thronbesteigung Edward I. war bereits ein grosser Teil von Wales durch englische Magnaten erobert worden. Diese Barone nannte man Lord-Marchers. Sie waren nominell Vasallen des Königs, regierten aber in ihren Herrschaftsgebieten westlich der englisch-walisischen Grenze doch weitgehend autonom. Zu ihnen gehörten die Familien Clare, Mortimer, Bohun, FitzAlan, Braose, Chaworth und Giffard. Ihre Position war aber nie ungefährdet, stets war mit den wilden Kelten der walisischen Fürsten zu rechnen. Diese unabhängigen Waliser beherrschten die Insel Anglesey, das Gebirge um den Snowdon, Merioneth und das Tal des Dee. Sie waren halbnomadische Stammeskrieger, halb Bauern und Hirten, halb Krieger. Oft brachen die Waliser zu Kriegszügen auf. Wenn immer die Macht der englischen Könige sichtbar sank, zogen die Waliser in die Marches, um dort zu plündern. 1257 kamen sie bis Cardiff und Hereford. Allerdings verbrauchten sie ihre Kräfte oft in Stammesfehden.

Als 1274 Edward I. vom Kreuzzug zurückkehrte, war inzwischen sein Vater gestorben, er selbst neuer König von England. Nach alter Tradition hatte der walisische Prinz Llewellyn-ap-Gryffydd, nomineller Häuptling aller keltischen Waliser, dem neuen englischen König Treue und Gefolgschaft zu schwören. Llewellyn dachte jedoch nicht daran, Edward I. als Oberlehnsherr anzuerkennen. Edward und die Lord-Marchers kamen überein, einen Feldzug in die bislang noch nicht eroberten Regionen von Wales zu starten. Daß es kein leichter Sieg werden würde, war allen klar, die Waliser waren gute Kämpfer. Ihre Beutezüge und interne Fehden hatten sie gründlich auf den Angriff des englischen Königs vorbereitet. Normalerweise zogen sie für sechs Wochen im Sommer in den Krieg, ein Chief konnte die gesamte männliche Bevölkerung aufbieten. Ihre Hauptwaffe war der Langbogen, ein Pfeilschuß konnte auf Nahdistanz ohne Weiteres ein Kettenhemd durchschlagen. Die Taktik der Waliser war einfach aber wirkungsvoll, ein Hinterhalt in unwegsamen Gelände, ein Pfeilhagel, eine Attacke mit Speer und Schwert bergabwärts. Dadurch wurden sie sogar häufig mit gutgerüsteten Strafexpeditionen der Marcher-Lords fertig. Während die Marcher-Lords schon in die walisischen Bergregionen vorrückten, sammelte Edward I. die größte Armee, die England bis dahin gesehen hatte. In Frankreich ließ er für eine immense Summe Schlachtrösser einkaufen. Er bot 1000 Ritter und 15.000 Fußsoldaten auf, die Hälfte davon Waliser. Edward warb Armbrustschützen aus der Gascogne und eine Truppe von Bogenschützen aus dem Macclesfield Forest an. Allerdings fehlte es seiner Armee an Kampferfahrung, die letzte Schlacht auf englischem Boden lag 12 Jahre zurück. Paine de Charworth, Lord of Kidwelly, und Roger Mortimer attackierten Llewellyn in Zentralwales und Cardiganshire. Die Unterstützung für Llewellyn bröckelte langsam ab, schließlich folgten ihm nur noch „seine" Leute aus seiner Heimat Gwynedd.

Im Juli 1277 übernahm Edward I. den Oberbefehl seiner Armee in Worcester. In seinem Unterführerkorps befand sich auch David, der Bruder Llewellyns. Edwards Operationsplan sah einen Vorstoß entlang der Nordküste vor. Eine breite Schneise wurde in den dichten Wald gehauen, um den Truppen ein Vorwärtskommen zu ermöglichen. An jedem Lagerplatz der Armee legte Edward den Bauplatz für eine noch zu errichtende Burg fest. Die Schiffe der Cinque Ports waren nach königlichen Recht verpflichtet, jährlich dem König für 15 Tage auf eigene Kosten zu dienen. Edward benutzte diese Flotte, um Anglesey vom walisischen Festland abzuschneiden. Ohne die Getreidefelder von Anglesey konnte Llewellyn seine Truppen nicht sehr lange verpflegen. Am 26. Juni marschierte die englische Armee in Flint ein. Nach wenigen Wochen standen die englischen Soldaten an der Nordwestspitze Wales'. Schiffe trugen eine Landungsgruppe

unter Otto de Granson nach Anglesey. Llewellyn war nun in seinem gebirgigen Gwynedd isoliert.Er unterzeichnete am 9. November 1277 den Vertrag von Conway und erkannte Edward I. als Oberlehnsherrn an.
1282 schlugen die Waliser wieder los. David ging auf die Seite seines Bruders Llewellyn über. Ihre vereinigten Truppen attackierten die Burgen von Harwadan, Flint und Rhuddlan. Ihre Streifzüge brachten sie bis an die Tore Chesters und in die Nähe Bristols. Englische Siedler wurden getötet oder vertrieben. Edward I. plante nun die völlige Auslöschung des eigenständigen Fürstentums Wales. Den ganzen Juli 1282 hindurch kämpften sich die englischen Truppen bis nach Flint und Rhuddlan vor, um die belagerten Garnisonen der Burgen zu entsetzen. Der Earl of Surrey griff David-ap-Gryffydd an und zwang ihn zum Rückzug. Damit war Llewellyn gezwungen, seine Eroberungen in Süd- und Zentralwales aufzugeben und sich nach Gwynedd zurückzuziehen. Eine Expeditionstruppe unter Luke de Tany landete auf Anglesey. Innerhalb eines Monats hatte er Anglesey erobert. Er ordnete an, seine Pioniere sollten eine Pontonbrücke über die Menai Straits bauen. So wollte er Llewellyns Gebirgsstellung bei Penmaenmawr angreifen. Weiter südlich hatte Edward zwei wichtige Burgen erobert. Ein gleichzeitiger Angriff auf Llewellyn hätte die Entscheidung bringen können. Aber der ungeduldige de Tany griff zu früh an. Seine Leute wurden bei Bangor in einem Hinterhalt aufgerieben, er selbst getötet. Damit war die Nordflanke von Llewellyn wieder sicher. Edward zog sich ins Winterquartier nach Rhuddlan Castle zurück. Am 11. Dezember 1282 wurde Llewellyn, der in Midwales bei lokalen Chiefs um Unterstützung warb, bei Orewin Bridge von einer englischen Kolonne unter John Giffard angegriffen. Giffard ließ seine Bogenschützen die Waliser beschießen, ordnete dann eine Kavallerieattacke an. Im Nahkampf wurde Llewellyn von Stephen de Frankton getötet. Llewellyns Kopf wurde abgeschlagen und über den Wällen des Tower of London ausgestellt.

Edward I. wendete sich nordwärts. *(2)* Er zog mit seiner Armee entlang der Ostküste bis nach Rothes. Dort ließ er kehrtmachen und rückte nach Süden. In mehreren Kolonnen durchstreiften die Engländer die Highlands. Kildrummy Castle öffnete die Tore. Vorher schon hatte Edward Expeditionen zu den entlegenen und gut zu verteidigenden Burgen Ruthven Castle, Loch an Eilean Castle und Lochindorb Castle geschickt, ihre Öffnung verlangend. Das gelang zumindest in letzterem Fall.
Edward kehrte nach England zurück, nicht ohne Schottlands heilige Reliquien mitzunehmen: den Stone of Destiny ließ er von Scone nach Westminster bringen. Die Archive Schottlands ließ er nach wichtigen Dokumenten durchsuchen, die nach England geschafft wurden. Gegen den unzugänglichen Westen Schottlands ließ er die Leute des Earls of Ulster vorgehen, die von Nordirland aus Alexander (oder Alaisdair) MacDougall, Lord of Lorne, bekämpften. MacDougall wechselte wenig später die Seiten. Das taten auch die Comyns, die die Einziehung ihrer Besitzungen im nördlichen Schottland befürchteten. Die Lordschaft der Balliols in Galloway zog Edward an sich persönlich. 1235 hatten die gälischen Bewohner Galloways nach dem Aussterben der männlichen Linie der alten herrschaftlichen Familie für einen Bastard, Thomas of Galloway, gegen die Krone revoltiert. Thomas of Galloway wurde in einer Burg der Balliols eingekerkert und über 60 Jahre gefangengehalten. Zur Zeit von Edwards Sieg von Dunbar befand er sich in Balliols Burg Barnard Castle in Nordengland. Edward I. ließ ihn frei und übertrug ihm die Länder seines Vaters in Galloway.

Am 28. August 1296 berief Edward in Berwick ein Parlament zusammen. 2000 Earls, Barone, Clanchiefs, Kleriker, edelfreie und gemeinfreie Landbesitzer und Bürger schworen ihm den Treu- und den Lehnseid. Ihre Namen wurden auf einer Liste, der sogenannten „Ragman Roll" festgehalten. Darunter finden sich auch so bemerkenswerte Namen wie der des ersten Chiefs der MacLeans aus dem fernen Morvern. Die wenigen „Hardliner", die es vorzogen, dem englischen König keine Treue zu geloben, wurden vom Justiziar, William Ormesby, zu Gesetzlosen erklärt. Er hatte nicht viel zu tun. Die Earls waren entweder auf Edwards Seite oder seine Gefangenen (Edward gab ihnen die Chance, sich durch Militärdienst auf seinen Feldzügen in Flandern freizukaufen). Vom Klerus war nur Bischof Mark von Sodor und Man aktiv im Widerstand. John de Warenne wurde Edwards Stellvertreter in Schottland, Hugh Cressingham dessen Schatzmeister und Henry Percy der Militärbefehlshaber von Galloway.

Von Herbst 1296 bis Sommer 1297 blieb es relativ ruhig in Schottland. Der nennenswerteste Widerstand war der von Bischof Fraser, der in

Frankreich aktiv Schottlands Unabhängigkeit propagierte. Edwards Feldzug gegen Frankreich kam trotz eines Bündnisses mit Flandern nicht recht voran, weil wichtige Magnaten sich schlicht weigerten, außerhalb Britanniens Kriegsdienst zu leisten. England stand am Rande eines Bürgerkrieges, als einige schlechte Nachrichten aus Schottland eintrafen, die zunächst aber den König nicht beunruhigten. Irgendwo im Nordwesten kam es zu einer Fehde zwischen den MacDonalds und den MacDougalls. Beide Clans stammten aus dem Hause des legendären Somerled und fühlten sich zur Herrschaft über die Inselwelt der Hebriden berufen. So ganz erkannten sie die Oberherrschaft der schottischen, gar der englischen Krone ohnehin nicht an. Irgendwie schien auch die Grafschaft Ross mitbetroffen gewesen zu sein. Die englischen Garnisonen in dieser Gegend waren, wenn überhaupt vorhanden, äußerst schwach. Weiter südlich brachten James the Steward und Bischof Wishart eine Koalition einiger Lords in Galloway gegen die Engländer zusammen. Richtige Durchschlagskraft erhielt diese Rebellion erst durch William Wallace. In früheren englischen Berichten war von einem William le Waleys die Rede, der in Perth ein Faß Bier gestohlen hatte. *(3)* William Wallace war der jüngere Sohn eines kleinen Landbesitzers in Elderslie. Zur Herkunft der Familie gibt es mehrere Variationen, der Name deutet auf einen walisischen Ursprung hin, denkbar ist auch, daß sie von den Bewohnern des alten britischen Königreiches Strathclyde abstammte. Möglich ist weiterhin, daß sie im 11. Jahrhundert als Vasallen von Walter Fitz Alan (dem Ahnherrn der Stewarts) nach Schottland kam.

Wie auch immer, Wallace entwickelte sich zu einem Kristallisationspunkt für den schottischen Widerstand. Die althergebrachte Sicht von Wallace fußt auf dem epischen Gedicht „Wallace", im 15. Jahrhundert von einem Blind Harry verfaßt. Danach stieß Wallace mit einer englischen Patrouille zusammen, floh durch das Haus seiner Frau. Die Engländer (aus der Garnison Lanark) brannten das Haus nieder und töteten so Wallaces Frau und seinen Diener. Wallace sammelte ein paar Krieger, kehrte zurück und tötete den Sheriff von Lanark, William Hesilrig. Einer anderen Version zufolge hatte Wallaces älterer Bruder Malcolm „Ärger" mit Hesilrig, weil er Edward nicht die Treue geschworen hatte. Das erschient plausibel, denn sein Name erscheint nicht auf der Ragman Roll. Das Ergebnis war jedenfalls eindeutig. Der Sheriff und seine Leute waren tot. Mit den Kämpfen in den Straßen von Lanark begann eigentlich der Schottische Unabhängigkeitskrieg.

Von Wallace zu Bruce

Wallace gewann rasch Zulauf, das blutige Fanal schien auf die Schotten der unteren sozialen Schichten elektrisierend zu wirken. Anstatt zu den aufständischen Lords nach Galloway zu marschieren, was keine große Entfernung war, wendete sich Wallace nach Norden. Irgendwann stieß William Douglas (der Verteidiger von Berwick) zu ihm, den man 1296 bei einer Generalamnestie freigelassen hatte. Aufgrund seines Ranges erhielt er mit Wallace das gemeinsame Kommando über die Rebellen. Sie operierten mit berittenen Kriegern und stießen gegen Scone vor. In Fife sammelte der alte MacDuff of Fife, Onkel des jungen Earls (als ein Mündel oder eine Geisel Edwards am englischen Hof), die Leute der Grafschaft. Die Männer von Moray und die Bürger von Inverness sammelten sich um die Standarte von Andrew Murray, der aus Chester Castle geflohen war. Murray begann, Urquhart Castle am Loch Ness, eine strategische Schlüsselposition, zu belagern. Die Einnahme der Burg gelang jedoch nicht, weil die Countess Effie of Ross mit einer großen Streitmacht erschien. Ihr Mann, der Earl of Ross, war nach wie vor Gefangener der Engländer, und mit der Entsetzung der belagerten Garnison von Urquhart Castle hoffte die Countess, ihren Mann freizubekommen. Warenne befand sich derzeit auf seinen englischen Gütern, sein Schatzmeister Cressingham jedoch verfügte Mobilisierung und wendete sich gegen die rebellischen Lords von Galloway, James the Steward und (erstmals) Robert the Bruce. Der hatte die proenglische Linie seines Vaters verlassen. Zu ihm stieß William Douglas, aber schnell wurden die Rebellen bei Irvine in Ayrshire gestellt. Sie kapitulierten augenblicklich und versprachen, Geiseln zu stellen. Douglas kam dem nicht nach, wurde in Berwick und dann im Tower of London eingesperrt, wo er 1299 starb.

Sein Sohn James, 1297 erst 11 Jahre alt, sollte es nicht vergessen. Galloway war allerdings nur der Nebenkriegsschauplatz. Murray und Wallace erhielten ständig Zulauf. Wallace marschierte nach Süden in den Selkirk Forest, von wo er die Garnisonen südlich des Forth angriff. Bischof Wishart war auch in das Fiasko von Irvine verwickelt gewesen, was Wallace sehr erbitterte. Er nahm und plünderte den bischöflichen Palast in Ancrum und nahm die Söhne des Bischofs als Geiseln. Das Zerwürfnis mit Wishart wurde jedoch bald beendet. Edward I. erhielt nun Nachricht von den Kampagnen Murrays. Er schickte die bei Dunbar gefangenen Barone nach Schottland zurück mit dem Auftrag, Murrays Rebellion zu ersticken. Murray hatte inzwischen Duffus Castle, die Burg seiner Ahnen, genommen *(4)* und verheerte Buchan, das Land von John the Black Comyn. Murray eilte von Sieg zu Sieg und eroberte erst das Tal des

Loch an Eilean Castle (Foto: Antje Mismahl)

Ruthven Barracks, hier stand zuvor Ruthven Castle (Foto: Antje Mismahl)

Aberdeen und das hervorragend befestigte Dunnottar Castle (wenn auch Blind Harry diese Tat Wallace zuschrieb). Wallace marschierte mit seiner Armee aus Landleuten, Banditen und Glücksrittern nordwärts, wo er Dundee belagerte. Hier stieß Murray, der Inverness und endlich auch Urquhart Castle genommen hatte, zu ihm. Beide Anführer des schottischen Widerstandes, die sich hier zum ersten Mal gegenüberstanden, vereinbarten eine enge Kooperation. Im Juli wechselte Henry de Latham, der Sheriff von Stirling, die Seiten und ging zu Wallace über. Aber offensichtlich war die Situation für Edward I. nicht beunruhigend genug, er plante, Brian FitzAlan zum Guardian Schottlands zu ernennen, damit Warenne den König auf seinen Feldzug nach Flandern begleiten konnte. Edward I. verließ England am 22. August und nahm Fürstbischof Bek, Aymer de Valence und Despenser mit. Der zwölfjährige Kronprinz Edward wurde als Regent zurückgelassen, unter der Obhut des Justiziars Reginald Grey. 10 schottische Ritter und 25 Knappen unter Sir Edward Comyn stellten ein schottisches Hilfskontingent für Edward I., und davon liefen noch einige zum französischen König über. John Strathbogie, der Earl of Atholl, stellte ebenfalls ein kleines Kontingent für den englischen König. Doch Edwards Feldzug in Flandern trug bereits die Züge einer Farce. Er hatte zuwenig Truppen. Die Earls of Hereford und Norfolk hatten sich einfach geweigert, nach Flandern mitzuziehen, und erschienen bewaffnet vor den Toren Londons. 170 dem König ergebene Ritter nahmen eine Abwehrposition gegen die Earls ein. In dieser Situation war es unmöglich, Warenne über den Ärmelkanal zu schicken, er sollte in Schottland bleiben und die Rebellion niederschlagen. Am 10. September 1297 erreichte er von Berwick kommend die Nähe von Stirling. Auf der Nordseite des Flusses Forth hatten Murray und Wallace ihre Truppen, in der Masse schlecht trainierte Infanterie, versammelt. Mit ihren Leuten wollten sie die alte Brücke über das Flüßchen Forth verteidigen. Die mittelalterliche Straße überquerte auf dieser hölzernen Brücke den Forth und verlief noch mehrere Meilen nordwärts auf einem Damm. Das Land beiderseits des Dammes war sumpfig und für Kavallerieangriffe denkbar ungeeignet. Das lag daran, daß der Forth stark von den Gezeiten der Nordsee beeinflußt wurde. Englischerseits machte man sich aber wenig Gedanken um die bevorstehende Schlacht. Cressingham war sogar überzeugt, die schottischen Patrioten würden kapitulieren wie die anderen in Irvine. Die englische Streitmacht war allerdings sehr eindrucksvoll. Es waren rund 10.000 Fußsoldaten und über 300 berittene Men at-arms versammelt.

Auch in punkto Training und Ausrüstung waren die Engländer überlegen. Mittelalterliche Streitkräfte lassen sich in drei Gruppen (um nicht den modernen Terminus „Waffengattungen" zu benutzen) unterteilen. Da waren die Bogenschützen und Armbrustschützen. Edward I. hatte bei der Unterwerfung von Wales den enormen taktischen Wert des walisischen Langbogens erkannt. Schon während seiner Waliser Kampagnen hatte er walisische Bogenschützen angeworben und auch angefangen, Kompanien englischer Bogenschützen aufzustellen. Besonders die Leute aus dem Sherwood Forest erwiesen sich als brauchbare Unterstützung in der Schlacht. Daneben gab es in der unter englischer Herrschaft stehenden Gascogne viele Armbrust- und Bogenschützen. Bei Stirling Bridge waren Bogen- und Armbrustschützen, sowohl Waliser, Sherwood Foresters, als auch Gascogner, in großer Anzahl präsent. Die Schotten hingegen verfügten über einige Bogenschützen aus dem Ettrick Forest im Süden des Landes, sie waren weit weniger zahlreich und verfügten über kürzere Bögen mit geringerer Reichweite und Durchschlagskraft.

Die Kavallerie war (nicht nur) im englischen Ritterheer die entscheidende Waffe. Wenn auch England nicht über so viele Ritter verfügte, wie Frankreich, das Reich oder die norditalienischen Städtebünde, so war ihr taktischer Wert (und damit ihr Prestige) enorm. Die Ritter trugen Kettenhemden, die einen großen materiellen Wert repräsentierten und z.T. Plattenpanzer, die jedoch noch nicht den ganzen Körper umschlossen. Ihre Hauptwaffe war die Lanze. Ein Angriff schwerer Kavallerie wurde mit ungeheurer Wucht vorgetragen, vorausgesetzt, die Beschaffenheit des Geländes eignete sich dazu. Die Pferde der Ritter waren die sog. „Schlachtrosse" oder „Destriers", die eigens gezüchtet wurden. Allerdings waren die anfangs des 14. Jahrhunderts eingesetzten Destriers nicht stark genug gebaut, auch eine eigene Pferderüstung zu tragen. In Schottland wurden keine Schlachtrosse gezüchtet. Über eine schwere Kavallerie vergleichbar der englischen verfügten die Schotten nicht. Zwar gab es auch in Schottland Ritter, die kämpften aber gezwungenermaßen ohne Lanze in etwas leichterer Ausrüstung. Daneben existierte noch die berittene Infanterie, die Hobilars, die allerdings fast ausschließlich abgesessen kämpfte. Leichte Kavallerie zum Vorposten- und Patrouillendienst waren Bestandteil beider Heere, die bei Stirling Bridge aufeinander trafen.

Die Infanterie war die stärkste Waffe des schottischen Heeres. Auch hier muß differenziert werden. Es gab auch im 14. Jahrhundert professionelle Infanteristen, angeworbene Söldner oder die persönlichen Wachen mächtiger Adliger. Der Großteil aber bestand aus Aufgeboten bäuerlicher Landbevölkerung, die zumeist nur eine sehr oberflächliche Form von Übung im Waffenhandwerk hatte. Zur Bemannung der Garnisonen wurde zumeist gut bewaffnete und trainierte schwere Infanterie eingesetzt, bei Feldzügen vom Ausmaß desjenigen Warennes gegen Murray und Wallace wurden Aufgebote mit herangezogen. Die Arsenale des englischen Königreiches waren aber weit besser mit Waffen gefüllt, als das eisenarme Schottland. Der typische schottische Infanterist trug als Hauptwaffe den schweren Speer, der zum Stoß, nicht zum Wurf verwendet wurde. Daneben war er mit einem langen Messer, vielleicht einem Beil bewaffnet. Zum Schutz trug er einen simplen, doch wirksamen Helm, den „Eisenhut“ (der dem englischen Tellerhelm der Weltkriege ähnelt), und ein mit Wolle oder Heu gestopftes Polsterwams, vielleicht ein Lederwams, das mit Eisenringen benäht war. Der Besitz von Schwertern oder gar eines Kettenhemdes galt als Statussymbol. Eine in einer Schlacht erbeutete Waffe wurde oft über Generationen innerhalb der Familie weitergegeben.

James the Steward und Malcolm, der Earl of Lennox, versuchten zwischen Warenne und Wallace eine Übereinkunft zu vermitteln. Möglicherweise versuchten sie auch nur, Zeit für Wallace und Murray zu gewinnen, oder sie trachteten danach, selbst den Oberbefehl über die schottischen Truppen zu erlangen. Es kam nicht dazu, die Vermittler kamen mit Warenne überein, mit 40 Rittern am folgenden Tag zu ihm zu stoßen. Warennes Ratgeber warnten ihn, den Forth auf dieser Brücke zu überqueren. Die Brücke konnte nur zwei Kavalleristen nebeneinander aufnehmen. Richard Lundie, ein schottischer Ritter, der angewidert vom Opportunismus der schottischen Nobilität auf die englische Seite gewechselt war, bot sich an, die englische Kavallerie zu einer Furt zu führen. Es war wahrscheinlich Cressingham, der Warenne zu einem schnellen Vorrücken aufforderte. Am Morgen des 11. September begannen die Engländer, den Forth zu überqueren. Als schon Hunderte die Brücke überquert hatten, rief man sie zurück. Der Oberbefehlshaber Warenne hatte sich nämlich noch nicht vom Nachtlager erhoben und drohte, die Schlacht zu versäumen. Es war beispielloser Dilettantismus auf beiden Seiten, die Schotten machten keinen Versuch, das Übersetzen zu unterbinden, die Engländer sicherten den kampflos gewonnenen Brückenkopf nicht. Der inzwischen aufgestandene Warenne schlug rasch noch einige Edelknappen zu Rittern und befahl dann, erneut den Forth zu queren. Wieder wurden die Truppen zurückgerufen, diesmal war das Eintreffen von Steward und Lennox der Grund. Allerdings brachten sie nicht die erhoffte Verstärkung. Warenne sandte zwei Mönche zu seinen Gegnern, um ihre Kapitulation zu fordern. Wallace schickte sie umgehend zurück.

Nun begannen die Engländer, ein drittes Mal über den Forth zu setzen. Als die Vorhut die andere Seite erreicht hatte, ließ Wallace seine Infanterie angreifen. Die Vorhut wurde abgeschnitten, ein Teil der Ritter unter dem Bannerherren Marmaduke Tweng schlug sich durch die schottischen Linien. An der Brücke erlitten die englischen Truppen große Verluste. Tweng warf sein Pferd herum und schlug sich mit seinem Neffen und einem Knappen wieder bis zur Südseite durch. Einige Waliser und ein Ritter erreichten das sichere Ufer schwimmend. Von den anderen entkamen nur wenige. Unter den Toten war der verhaßte Steuereintreiber Cressingham. Seinem Leichnam wurde angeblich die Haut abgezogen. Die Chronik von Lanercost beschreibt, wie Wallace den Befehl gibt, aus der Haut einen Schwertgurt für sein Schwert anzufertigen. *(5)* Warenne flüchtete mit der Nachhut seiner geschlagenen Armee bis nach Berwick und ließ in Stirling Castle eine kleine Garnison unter Tweng zurück. Andrew Murray hatte in der vordersten Linie mitgekämpft und war schwer verwundet worden.

Er starb im frühen November. Vorher wurde er zusammen mit Wallace zum „Befehlshaber der Armee des Königreiches Schottland" ernannt. Nach Murrays Tod war Wallace unangefochtener Anführer der schottischen Patrioten. Seine Stellung hatte allerdings einen Schwachpunkt, er stützte sich fast ausschließlich auf die unteren sozialen Schichten. Die Magnaten verhielten sich z.T. indifferent. Ihre Unterstützung für Wallace war bestenfalls halbherzig. Man darf nicht vergessen, daß diese Männer Edward I. die Treue geschworen hatten. Jeder Akt der Rebellion konnte fürchterliche Konsequenzen haben. Trotzdem gingen Lennox und Steward zu Wallace über, im Norden unterstützte ihn John Comyn of Buchan. Was Robert the Bruce zu dieser Zeit tat, ist unklar.

Wallace verschenkte wertvolle Zeit mit Siegesfeiern. Er hätte Warennes ungeordnete Restarmee zersprengen und Berwick nehmen können, ließ sich diese Chance aber entgehen. Nichtsdestoweniger brach die englische Besatzung in Schottland zusammen. Tweng kapitulierte in Stirling Castle. Dundee fiel und erhielt eine schottische Besatzung unter Alexander Scrymgeour. Berwick wurde erobert, nicht jedoch dessen Burg. Ende Oktober marschierte Wallace gegen England. Schon Mitte Oktober 1297 waren schottische Vorhuten in England eingesickert und hatten ein Lager im Rothbury Forest aufgeschlagen. Sie lieferten sich heftige Gefechte mit der Besatzung von Alnwick Castle, aber es kam nichts Entscheidendes heraus. Dann marschierte Wallace selber an der Spitze der schottischen Hauptarmee in England ein, er nahm den Weg durch das Tynedale nach Bywell und Corbridge. Am 7. November erreichte er Hexham. Von dort zog er gegen Carlisle. John Halton, der Bischof von Carlisle, hatte Robert Bruce of Annandale als Kommandeur der Garnison ersetzt. Unzweifelhaft mißtraute Edward I. der Familie Bruce. Wallace erschien vor der Stadt und ließ in Ermangelung von Belagerungsmaschinen ein Detachement zurück, das einen Monat lang mit der Garnison Katz und Maus spielte. Wallace zog weiter nach Süden bis nach Cumberland, überquerte die Pennines ostwärts und verheerte die Ländereien des Bischofs von Durham. Ein Schneesturm zwang ihn umzukehren. Eine Belagerung Newcastles, die dessen Einwohner schon befürchteten, wurde nicht mehr unternommen. Wallace nahm noch Mitford Castle und überschritt die Grenze nordwärts. Irgendwann im Winter 1297 wurde Wallace zum Ritter geschlagen; sicher ist, daß cin Earl die Zeremonie durchführte. Es könnte Robert the Bruce gewesen sein. Wallace erhielt den Titel des „Guardian" von Schottland, und den Auftrag, Schottland im Sinne König Johns (Balliols) zu regieren.

Als die ersten Nachrichten von Stirling Bridge bei Edward I. eintrafen, berief er eine Versammlung seiner Magnaten nach York ein, die schottischen Barone kamen nicht. Warenne erhielt den Befehl, sofort zuzuschlagen, er nahm Berwick und entsetzte Roxburgh. Roxburgh wurde zum Ausgangspunkt für den Gegenangriff, diesmal unter dem direkten Befehl des Königs. Edward verfügte über rund 2000 schwere Kavalleristen aus England und eine nicht mehr bestimmbare Anzahl von Rittern aus der Gascogne. Daneben betrug die Anzahl der Infanteristen rund 11.000 Mann aus Wales und rund 15.000 Mann aus England. Die Armee rückte nordwärts. Fürstbischof Bek nahm mit seinen Soldaten das schwerbefestigte Dirleton Castle und einige kleinere Burgen, darunter wahrscheinlich Hailes Castle. Der Bischof war besorgt über den totalen Mangel an Belagerungsmaschinen und bat den König um Rat. Der antwortete, der Bischof solle einfach alle Gebote der christlichen Nächstenliebe vergessen und die Burgen stürmen. Was er tat. Die Versorgung der Armee funktionierte aber nicht sehr gut, die Transportschiffe aus dem Süden waren ausgeblieben. Als endlich einige eintrafen, waren sie mit Wein beladen. Der Effekt war vorhersehbar. Betrunkene Soldaten zettelten Streit an, Engländer und Waliser griffen zu den Waffen, am Ende waren fast einhundert Tote zu beklagen. Dann erhielt Edward eine elektrisierende Nachricht. Patrick Dunbar, der Earl of March, und Gilbert de Umfraville trafen im Lager des Königs ein und meldeten, Wallace sei mit seinen Leuten gerade 30 Kilometer entfernt bei Falkirk. Wallace war entschlossen zu kämpfen. Seine Guerillaaktionen bedeuteten dem Adel nichts, und wenn er den Zusammenhalt des schottischen Widerstands aufrechterhalten wollte, mußte er eine Feldschlacht riskieren und gewinnen.

Die Engländer kampierten bei Linlithgow, Edwards Schlachtross ging durch und brach dem König zwei Rippen. Wallace stellte seine Armee im Juli 1298 *(6)* bei Falkirk auf einem nicht sehr hohen Bergrücken auf. Seine Infanterie war in vier sogenannte Schiltrons formiert. Ein Schiltron war eine taktische Formation lanzenstarrender Infanterie, nicht unähnlich dem Fähnlein der Landsknechte in der Frühen Neuzeit. Meist waren die Schiltrons von einer Palisade umgeben, so auch hier. Die Bogenschützen aus dem Ettrick Forest posticrte Wallace zwischen den Schiltrons, die Kavallerie der Adligen dahinter. Die waren allerdings nur in beschämend geringer Anzahl auf dem Felde erschienen. Die Engländer griffen von Süden an. Die englische Vorhut geriet in einen Sumpf und umritt ihn in westlicher Richtung. Fürstbischof Beks zweite Kolonne wich ostwärts aus, der Bischof verlangte Halt, damit die Nachhut unter Edward aufschließen könne. Seine Ritter aber rieten ihm, lieber Messe zu feiern, und das Kämpfen ihnen zu überlassen. Die schottische Kavallerie unter dem Lord of Badenoch, John the Red Comyn, wurde überflügelt und verließ fluchtartig das Feld. Die englische Kavallerie ritt die schottischen Bogenschützen nieder, ohne daß denen die Infanterie (in das enge taktische Konzept der Schiltrons eingezwängt) hätte helfen können. Der Beschuß durch die Bogenschützen riß große Lücken in die schottischen Reihen, die den Rittern Angriffspunkte lieferten. Dann griffen auch noch die Waliser Infanteristen, bislang als Reserve zurückgehalten, in die Schlacht ein. Vom schottischen Adel starben nur wenige, eigentlich nur die, die zu Fuß kämpfend bei ihren Leuten geblieben waren: Andrew Murray of Bothwell, MacDuff of Fife, James Graham of Abercorne und John Graham of Dundaff, ein enger Vertrauter Wallaces und Onkel des bei Dunbar gefallenen Patrick Graham of Kinkardine. *(7)* Unter den einfachen Soldaten gingen die Verluste in die Tausende. Am schlimmsten traf es die Kontingente aus Fife und von der Insel Bute. Wallace rettete sein eigenes Schiltron nordwärts in die Wälder von Callander *(8)*, wohin ihm die Engländer nicht folgten. *(9)* Die Verluste der englischen Ritter waren leicht, angeblich fielen nur der Meister des Tempelordens, Brian de Jay, und ein weiterer Templer. Edward sandte Expeditionskorps quer durch Schottland, die aber nur zerstörte Städte, aber keine schottische Armee antrafen. Dann schickte Edward seine Armee an die schottische Südostküste nach Ayr, hier vermutete man Robert the Bruce, der hatte aber Ayr verlassen, nachdem er Burg und Stadt eigenhändig angezündet hatte.

Edward I. verließ im September Schottland, nachdem er noch ein paar Burgen im Grenzgebiet zerstört hatte. Wallace gab die Funktion des Guardian auf (oder wurde dazu gezwungen), dann tauchte er unter. 1299 verließ er Schottland, um beim französischen König Hilfe zu erbitten, die er auch erhielt. Bei seinem Frankreichaufenthalt begleitete ihn der Laird of Guthrie. *(10)* Danach suchte er möglicherweise den Papst in Rom und den König von Norwegen, Haakon, auf. Die Regierung in Schottland brach nicht zusammen, fiel auch keineswegs an die Engländer. Der größte Teil des Landes war frei von englischen Garnisonen. Die Magnaten rissen nun die Macht an sich. Ende 1298 wurden Robert the Bruce und John the Red Comyn of Badenoch zu Guardians ernannt. Comyn und Bruce arbeiteten nur zähneknirschend zusammen. Comyn unterstützte König John Balliol, Bruce nur sich selbst. Im August 1299 kam es zum offenen Konflikt. Der (englische) Gouverneur von Edinburgh berichtete aufgeregt nach Süden, nördlich des Forth hätte sich eine große schottische Streitmacht versammelt, um einen Angriff auf die Grenzfestung Roxburgh zu unternehmen. Außerdem mißtraute er dem Kommandeur der königlichen Truppen im Selkirk

Wallace Memorial (Fotos: Hagen Seehase, Antje Mismahl)

Forest, Alexander Fraser (einem Schotten). Die Schotten erreichten Peebles und hielten (durch Fraser nicht gestört) eine Versammlung ab. Wallace hatte bereits das Land verlassen oder war im Begriff, das zu tun. Jedenfalls hatte er nicht um die Erlaubnis der Guardians ersucht. David Graham verlangte als Strafe die Einziehung seiner Güter, was Bruce wohl ablehnte, in dessen Gefolge sich William Wallaces Bruder befand.

Während einer längeren Diskussion, in der Malcolm Wallace seinen Bruder erregt verteidigte, wurden Dolche gezückt. Der Earl of Buchan prügelte sich mit Bischof Lamberton von St. Andrews, John Comyn the Red packte Bruce an der Kehle. Nur mühsam erzielten die erhitzten Gemüter einen, wenn auch minimalen, Konsens. Der geplante Angriff auf Roxburgh wurde abgeblasen. Im Norden hatte Alexander Comyn, der Bruder des Earls of Buchan, eine Fehde mit Lachlan MacRuaridh, einem gälischen Lord. Die schottischen Magnaten waren also uneins, im Norden wie im Süden. Die Lords verließen Peebles und wendeten sich heimwärts, einzig der Marschall von Schottland, Sir Robert Keith, blieb mit 100 leichten Kavalleristen und vielleicht 2000 Fußsoldaten zurück. Edward I. hatte der Sieg über Wallace kaum etwas gebracht. Im Gegenteil fand sich die notorisch zerstrittene schottische Nobilität leichter mit Ihresgleichen als Anführern des schottischen Widerstandes ab, als mit dem Aufsteiger Wallace. Allerdings hatte der charismatische Wallace die Fähigkeit, Begeisterung für die schottische Sache gerade beim einfachen Volk zu wecken. Das war auch Edward I. bewußt. 1300 begann er, unauffällig die Garnisonen in Schottland zu verstärken.

Die Grenzburgen baute er in großem Stil aus. Bei der Verteidigung der Grenze legte er immer stärkeres Gewicht auf professionelle militärische Führung. Er ernannte erfahrene Ritter des königlichen Haushalts zu Unterführern, die mit ausreichenden Geldmitteln zur Unterhaltung stehender Kontingente an schwerer Infanterie und Kavallerie versorgt wurden. Die Unterstützung des schottischen Adels für die englische Besatzung war dort am größten, wo sich viele englische Garnisonen befanden, etwa in Lothian. Dort gab es kaum aktiven Widerstand. Einige schottische Magnaten hielten zur englischen Krone, wie Alexander Balliol, die Earls von Angus und March.

Ddie Aufmerksamkeit des englischen Königs wurde 1299 von den Ereignissen in Frankreich gefesselt. Zwischen der englischen und der französischen Krone wurde ein Waffenstillstand geschlossen, der durch eine Doppelheirat bekräftigt wurde. Edward I. heiratete Margaret, die Schwester des französischen Königs Philip; der Kronprinz sollte Isabella ehelichen, die Tochter des französischen Königs, wenn sie heiratsfähiges Alter erreichte. *(11)* Es wurde weiterhin vereinbart, König John Balliol freizulassen, er wurde nach Frankreich gebracht und dort päpstlichen Legaten übergeben. Edward I. plante zwar einen großangelegten Sommerfeldzug in Schottland, verschob ihn aber mehrfach und sagte ihn schließlich ganz ab. Edward gab sich aber damit nicht zufrieden, sondern bereitete einen Winterfeldzug vor, der zwar begonnen wurde, aber nicht über Berwick hinauskam. Der Adel war unzufrieden, die Soldaten der nördlichen Aufgebote desertierten en Masse. Edward ließ die verbliebenen Truppen Defensivpositionen beziehen. Das bedeutete das Ende für die Garnison von Stirling Castle. Sie wurde ausgehungert, der Sheriff von Stirling, Gilbert Malherbe, zog in die Burg ein. In einer sehr ritterlichen Geste eskortierten die Schotten die 90 Mann der Besatzung nach Berwick und ließen sie frei.

Im Frühjahr 1300 begab sich der Earl of Buchan nach Galloway und berief dort Zusammenkünfte ein. Robert the Bruce gab die Funktion des Guardian auf. Er entfernte sich innerlich von der Sache der Patrioten, vermutlich weil in deren Lager die Rolle der Comyns immer dominanter wurde. Buchan suchte die Unterstützung der Leute Galloways, die ohnehin viele Spannungen mit den Earls von Carrick (also der Familie Bruce) hatten. Immerhin hielten der Earl of Atholl, John Strathbogie, und James the Steward zu ihm. Aber eine besondere politische Funktion hatte er nicht mehr inne. Auf einer Versammlung in Rutherglen im Mai 1300 wurden Bischof Lamberton von St. Andrews und Sir Ingram de Umfraville neben Comyn zu Guardians von Schottland ernannt. Inzwischen hatte Edward eine neue Streitmacht aufgestellt. Das erste Ziel seine Feldzuges war Caerlaverock Castle, das 1299 von Robert the Bruce genommen worden war. Bruce hatte unmittelbar danach versucht, auch Lochmaben Castle zu nehmen, war aber gescheitert. Caerlaverock Castle war erst in den letzten Dekaden des 13. Jahrhunderts erbaut worden und von großer strategischer Bedeutung. Seine Besatzung lieferte sich mit der englischen Garnison von Lochmaben heftige Gefechte, in deren Verlauf der Constabler von Caerlaverock, Robert Cunningham, ein Neffe von James the Steward, getötet worden war. Edward zog 2000 Kavalleristen zusammen, die in vier Divisionen eingeteilt wurden. Die Stärke der Infanterie war nicht sehr beeindruckend, sie dürfte höchstens 10.000 Mann betragen haben. Edward I. hatte das System des feudalen Aufgebots bereits überstrapaziert.

So dachte bestimmt auch Hugh FitzHeyr, dessen Verpflichtung darin bestand, mit Pfeil (nicht Pfeilen) und Bogen gegen die Schotten zu kämpfen. Das tat er auch, er marschierte zur Grenze, schoß den Pfeil auf die ersten Schotten ab, die er sah, und kehrte nach Hause zurück.

40 Schiffe des Städtebundes der Cinque Ports und der irischen Häfen brachten Versorgungsgüter nach Carlisle. Die Armee brach Anfang Juli 1300 nach Schottland auf und belagerte Caerlaverock Castle. 60 Verteidiger hielten noch eine Zeitlang gegen die Engländer aus, mußten dann aber aufgeben: angeblich hielten die 60 Mann zwei Tage lang gegen die Angriffe einer Sturmtruppe von 3000 Mann aus. *(12)* Einige der Besatzungsmitglieder wurden gehängt, andere eingesperrt.

Nach der Einnahme der Burg wendete sich Edward I. nach Galloway, allerdings leisteten die Schotten keinen nennenswerten Widerstand. Bei Kirkcudbright stieß Edward auf die Truppen der Comyns. Die boten Verhandlungen an, welche sich tagelang hinzogen. In der Zwischenzeit zogen englische Versorgungskommandos nach Westen. Dort stießen sie auf den Marschall von Schottland, Sir Robert Keith, der nach einem kurzen Gefecht gefangengenommen wurde. Die Hauptmacht der englischen Armee erreichte den Schauplatz des Gefechts, wo inzwischen auch die Schotten unter Ingram de Umfraville, dem Earl of Buchan, und John the Red Comyn eingetroffen waren. Die Attacke der Engländer war unkoordiniert und entwickelte sich aus einer eigenmächtigen Aktion einiger Infanteristen, die einfach die Schotten auf eigene Faust angriffen. Nichtsdestoweniger war Edward I. erfolgreich, die Schotten zogen sich in die Wälder zurück. Ohne die leichte walisische Infanterie, die Edward auf früheren Feldzügen begleitet hatte, nun aber nicht, war er nicht in der Lage, die Schotten weiter zu verfolgen. Also ließ er den Rückzug antreten, Ende August war Edward wieder in England.

Eine weitere Invasion in Schottland unternahm er 1301. Edward hatte aus der Kampagne des letzten Jahres eine bittere Lehre ziehen müssen. Große Truppenansammlungen konnten nur schwer aus den Lande ernährt werden. Wurde die Versorgungslage kritisch, stiegen die Zahlen der Deserteure bei der Infanterie stark an. Die Schotten entwickelten eine relativ erfolgreiche Methode, englische Invasionsarmeen zu bekämpfen. Sie vermieden offene Feldschlachten und verwüsteten den englischen Vormarschweg, was unmittelbar Versorgungsprobleme zur Folge hatte. König Edward wollte dem durch eine Teilung seiner Armee in zwei Expeditionskorps begegnen. Edward I. reinstallierte den alten Titel „Prince of Wales“, den er seinem Sohn Edward verlieh. Jener sollte stärker in die Führung der königlichen Streitmacht einbezogen werden. Der König bot 10 englische Earls und ihr Gefolge auf, die auf zwei Armeen, eine unter dem König, eine unter dem Prinzen, verteilt wurden. Infanterie wurde in Nordengland ausgehoben und in Wales (die Waliser waren weniger anfällig für Fahnenflucht). Die Aufgebote aus den Grenzgebiet unter John de St. John wurden dem Prinzen unterstellt, ebenso wie 2200 Infanteristen aus Irland. Der Earl of Ulster hatte sie geschickt, aber trotz des Angebots eines Schuldenerlasses hatte sich der Earl geweigert, das Kommando über das irische Kontingent selbst zu übernehmen. Die vom König

Selbst kommandierte Kolonne stieß entlang des Tweed vor und rückte dann durch das Zentrum der Southern Uplands auf Bothwell Castle vor, das der König samt Ländereien Sir Aymer de Valence versprochen hatte. Dazu mußte es aber erst erobert werden, was keine leichte Aufgabe war. Bothwell Castle war eine der stärksten Burgen Schottlands. Ihre Architektur war eng an die des mächtigen Chateau Coucy in Nordfrankreich angelehnt. Die königliche Armee zog ins nahegelegene Glasgow. Zimmerleute bauten eine Brücke über den Clyde. Dann gingen sie daran, einen beweglichen Belagerungsturm zu errichten, der mehrere Stockwerke hoch war und dessen Flanken mit Leder und Rohhäuten gegen Brandpfeile geschützt war. Auf den einzelnen „Decks" des Belagerungsturms waren Katapulte verschiedener Art und Größe aufgestellt. Der König selbst zeigte großes Interesse an Belagerungsmaschinen und die großen Belagerungstürme wurden zum Charakteristikum des englischen Königs, wie sie es im Altertum beim Diadochen Demetrios Poliorketes gewesen waren. *(13)* Es dauerte zwei Tage, den monströsen Belagerungsturm „Berefrey" von Glasgow nach Bothwell zu schaffen. Bothwell Castle kapitulierte am 24. September. Dann zog der König über Stirling nach Linlithgow, wo er das Winterquartier aufschlug.

Der Kronprinz stieß an der Westseite Schottlands vor. Von Carlisle rückte er durch das zentrale Galloway bis nach Ayr und Turnberry Castle, wo Garnisonen zurückgelassen wurden. Wie aus dem Nichts tauchten schottische Kontingente im Rücken und an den Flanken der Division des englischen Prinzen auf. Kommandiert wurden sie vom Earl of Buchan, von Simon Fraser (der die Seiten gewechselt hatte) und von Sir John de Soules *(14)*, seit Frühjahr 1301 (alleiniger) Guardian von Schottland. Im September griffen Ingram de Umfraville und Soules die von Engländern gehaltene Burg Lochmaben an, konnten sie aber nicht nehmen. Soules attackierte Ayr und Turnberry, konnte die Burgen aber ebenfalls nicht einnehmen. Edward I. blieb mit einem Großteil der Armee fast den ganzen Winter über in Linlithgow. Er entwickelte den Plan, die Linie der gut funktionierenden englischen Grenzverteidigung einfach nordwärts zu verschieben. Eine Linie von Befestigungswerken sollte quer durch Schottland gebaut werden, ähnlich war von Edward schon äußerst erfolgreich in Wales verfahren worden. Allerdings fehlte diesmal das Geld für ein derartig ambitioniertes Projekt. Linlithgow jedoch sollte zu einer Festung ausgebaut werden, eigens ließ Edward seinen Chefarchitekten, den genialen Master James of St. George, anreisen, der das Projekt leitete. Dieser gebürtige Schweizer oder Savoyarde hatte das gewaltige Burgenbauprogramm Edwards in Wales geleitet. Fieberhaft wurde gearbeitet, wo die Verwendung von Stein zuviel Zeit kostete, wurden provisorisch Erdwälle und Holzpalisaden aufgeworfen. Und trotzdem hatte der Feldzug von 1301 seine Ziele nicht erreicht, Schottland war keineswegs unterworfen. Da geschah etwas Dramatisches.

Von Robert the Bruce hatte man seit längerer Zeit wenig gehört. Er verbrachte seine Tage in Annandale, als ihn die Nachricht erreichte, König John Balliol sei aus päpstlicher Verwahrung freigelassen worden. Robert the Bruce erklärte sich für Edward I. Mit der Unterwerfung von Bruce hatte Edward einen mächtigen Trumpf der Hand. Auch im Norden Schottlands hatte die Rivalität der schottischen Magnaten dem englischen Monarchen in die Hände gespielt. 1301 hatten die MacDougalls, die mit den MacDonalds rivalisierten, ein Abkommen mit Edward geschlossen. Ewen (oder Lame John) MacDougall of Lorne verpflichtete sich, den Loch Awe gegen die schottischen Patrioten zu halten. An den Ufern dieses langgestreckten Sees befanden sich drei Burgen, Innischonnail Castle, Fincharn Castle und Fraoch Eilean, letzteres befand sich sogar auf einer Insel im See. Nordwestlich des Sees erstreckt sich ein hohes Gebirge (mit dem Ben Cruachan), durch das ein Paß in Richtung Oban führt. Dort lagen die Burgen Dunollie Castle und Dunstaffnage Castle in unmittelbarer Meeresnähe. In dieses Reduit einzubrechen, erschien fast unmöglich, zumal die MacDougalls zu den seefahrenden Clans gehörten und über eine Reihe von Langbooten verfügten. Etwas weiter südlich hielten die MacSweens im Bündnis mit den MacDougalls Sween Castle. Ein gälischer Stamm in Galloway, die MacDowalls, stammte von den MacDougalls ab, und paktierte nun ebenfalls mit Edward I. Der hatte einen Friedensvertrag mit Frankreich geschlossen und konnte sich nun zur endgültigen Eroberung Schottlands nach Norden wenden.

Der König nahm weit weniger Soldaten mit, als bei früheren Feldzügen. Er plante aber, sie länger im Feld zu behalten. Er zielte auf eine systematische Zerstörung aller schottischen Hilfsquellen ab, so wurde die Brandschatzung Merkmal dieses Feldzuges. Die größte Kolonne führte der König, kleinere der Kronprinz, Robert the Bruce und der Earl of Ulster. *(15)* Die schottischen Patrioten unternahmen kleinere Gegenangriffe, als die englische Armee sich nordwärts bewegte. John the Red Comyn schlug in Melrose Abbey gegen ein kleines englisches Detachement los, in Galloway unternahmen William Wallace, Edmund Comyn und Simon Fraser begrenzte Unternehmungen. Den Hauptstoß der englischen Armee konnten sie aber nicht einmal verzögern. Edward hatte drei vorgefertigte Pontonbrücken mit 28 Schiffen bis nach Edinburgh bringen lassen, am 23. Mai setzte die englische Armee über den Forth. Den leichteren Weg über Stirling schlug Edward nicht ein, weil er sich nicht durch eine Belagerung von Stirling Castle aufhalten wollte. Im Gegenteil sollte Stirling Castle in der Hand der Schotten bleiben, weil Edward so, während er sich in Nordschottland aufhielt, Desertionen seitens seiner Soldaten verhindern wollte. Den ersten Widerstand traf Edward in Brechin Castle, das am 9. August 1303 fiel. Von der Hauptmacht expedierte Streifkorps erzwangen die Kapitulationen von Urquhart Castle und Cromarty.

Im September erreichte Edward I. Kinloss am Moray Firth, dann wendete er sich durch die Highlands südwärts, wobei er sich noch des Besitzes von Lochindorb Castle und Kildrummy Castle versicherte. In Dunfermline bezog er Winterquartier. Allerdings wurden die militärischen Aktionen während des Winters nicht eingestellt. Man sandte Streifkorps nach Galloway und eines in den Selkirk Forest. Dort kam es bei Happrew zu einem Gefecht mit schottischen Soldaten unter Simon Fraser und William Wallace. Beide entkamen, obwohl das Scharmützel siegreich für die Engländer endete. 1304 unterwarf sich der Earl of Atholl, 1303 hatte es schon der Earl of Ross getan. Nun suchte auch der Lord of Badenoch, John the Red Comyn um Frieden nach. Im Februar 1304 wurde ein Abkommen ausgehandelt, das die Unterwerfung der schottische Patrioten vorsah. Comyn sollte für ein Jahr ins Exil, Steward und Soules für zwei, Fraser für drei usw. Soules waren diese Bedingungen einfach zuviel, er blieb für immer in Frankreich.

Fast ganz Schottland unterwarf sich. Mit drei bemerkenswerten Ausnahmen: Stirling Castle unter dem Kommando von Sir William Oliphant, Simon Fraser und William Wallace. Der versteckte sich irgendwo im Selkirk Forest mit einem Haufen Desperados. Dann gab auch Fraser auf, Wallace hielt jedoch mit der Hilfe der örtlichen Bevölkerung weiter aus. Edward I. konzentrierte sein Kräfte nun um Stirling. Die Burg hielt unter Oliphant aus, was selbst die Bewunderung der englischen Belagerer fand. Doch Edward I. fühlte sich nicht in der Lage, dem noch weiter zuzusehen. Im Frühjahr 1304 wurden alle möglichen Belagerungsmaschinen um Stirling Castle zusammengezogen, darunter 19 Belagerungstürme mit so illustren Namen wie Tout le Monde oder Robinett. Einen hatte auch Robert the Bruce beigesteuert. Drei Monate lang wurde Stirling Castle belagert. In der Stadt hatte man eigens Häuser herrichten lassen, von denen aus die englische Königin und ihre Hofdamen dem Beschuß der Katapulte beiwohnen konnten. Es wurde Griechisches Feuer eingesetzt und man kann vermuten, daß Schwarzpulver ebenfalls verwendet wurde, denn in der Gegend um Stirling war Holzkohle vorhanden - Schwefel und Salpeter waren ohnehin Bestandteile des Griechischen Feuers.

Die Verteidiger der Burg schossen mit Bogen und ließen Steine herunterfallen, zweimal wurde der englische König nur knapp von Geschossen verfehlt. Es spricht wenig für die Vermutung, Robert the Bruce (den der Englische König 1304 mit Bischof Wishart zum Guardian von Schottland ernannt hatte) habe die Belagerungsmaschinen kommandiert (außer vielleicht seine eigene). Allerdings war er in Stirling, er führte Gespräche mit anderen schottischen Magnaten , deren Inhalt Edward I. vermutlich als Hochverrat interpretiert hätte. Die große Belagerungsmaschine Warwolf brachte schließlich die Entscheidung. Oliphant und seine Leute (nicht viel mehr als fünfzig Mann) kapitulierten und erschienen in Sack und Asche vor Edward I. Einen (einen englischen Deserteur) ließ er aufhängen, die anderen wurden arretiert. Edward verließ Schottland (er betrat es niemals wieder) und ließ ein Land zurück, das fast ganz unterworfen war. Nur Wallace hielt noch irgendwo aus, stellte aber keine besondere militärische oder politische Bedrohung mehr dar. Der englische König zeigte sich trotzdem unversöhnlich. Edward I. forderte sie auf, ja erpreßte die schottischen Barone geradezu, Wallace zu fangen. Er ließ die exilierten Barone solange nicht nach Schottland zurück, wie Wallace in Freiheit war. Am 3. August 1305 wurde Wallace von den Leuten von John Stewart of Menteith, dem Sohn des Earls of Menteith, gefangen.

Der Sage nach war es Stewart of Menteith selber. Er kannte Wallace und verabredete sich mit ihm in einer Taverne in der Nähe von Glasgow. Als Wallace erschien, gab er ein Zeichen, indem er das Tuch auf einem Tisch wendete.

Wallace wurde gefangengenommen und nach England gebracht. Über seine letzten Tage sind wir dank der umfangreichen Überlieferung genau informiert. Am 22. August wurde er nach London geschafft. Der englische König lehnte es ab, mit ihm zu sprechen. Wallace wurde am 23. nach Westminster gebracht. Dort erschien er vor einem Gericht, dessen Mitglieder der Bürgermeister von London, John Blunt, der alte Troupier John Segrave und der Justiziar von England, Peter Mallore, waren. Er wurde des Hochverrats, Mordes usw. angeklagt. Wallace nahm zum Punkt Hochverrat Stellung. Er hatte dem König niemals die Treue geschworen. Das Gericht folgte ihm sogar ein Stück weit bei dieser Argumentation, verurteilte ihn aber trotzdem zum Tode. Er wurde gehängt, gestreckt, gevierteilt. Seine Hinrichtung war ein obszönes Schauspiel, das einen fast noch bizarreren Epilog hatte. Seinen Kopf steckte man auf eine Stange, die man auf der London Bridge aufstellte, Körperteile wurden in Berwick, Newcastle, Perth und Stirling ausgestellt, zur Abschreckung aller potentiellen Rebellen. Entgegen weitverbreiteter Meinung war Wallace keineswegs der erste, der auf diese Art exekutiert wurde. Der walisische Fürst David ap Gryffydd und noch einige andere vorher wurden auf ähnlich barbarische Art und Weise hingerichtet. Wallace war also nicht der erste, er sollte auch keineswegs der letzte bleiben (die letzte Hinrichtung nach dieser Methode fand in den 1750er Jahren statt). Welchen Eindruck der Tod von Wallace auf Robert the Bruce machte, kann man nur vermuten.

Dirleton Castle (Foto: Crown Copyright)

Caerlaverock Castle (Foto: Antje Mismahl)

"King Hobbe"

Daß Robert the Bruce von langer Hand geplant hätte, was nun geschah, ist eine irrige und keineswegs glaubwürdige Unterstellung. Wahrscheinlich hatten er und sein Gegenüber absichtlich diesen Ort gewählt, weil sie Übergriffe der jeweils anderen Seite befürchteten. Immerhin war die Fehde zwischen den Bruce und den Comyn schon jahrzehntealt. Jedenfalls hielten im Februar 1306 königliche (des heißt Edwards) Beamte eine Sitzung in Dumfries ab. Zu dieser Zeit hielt sich Robert the Bruce (seit dem Tod seines Vaters 1302 Chef der Familie) in seiner Burg Lochmaben auf, John the Red Comyn in seiner Burg Dalswinton. Am 10. Februar 1306 trafen sie sich zu einem Treffen in der Greyfriars Church in Dumfries. Sie mißtrauten sich wohl derart, daß ihnen nur heiliger Boden sicher schien. Er war es nicht. Die Sterne standen schlecht für Robert, den Earl of Carrick. König Edward hatte ihn als Guardian abgelöst und einen Teil seiner Besitztümer (diejenigen, die vorher Ingram de Umfraville gehört hatten) wieder eingezogen. Als er sich in der Kirche Comyn allein gegenübersah, eskalierte die Situation. Dolche wurden gezückt und dann lag John the Red Comyn, der Lord of Badenoch, verwundet am Boden. Bruce verließ die Kirche und erzählte seinen Männern, er hätte Comyn getötet. Sein Freund Roger de Kirkpatrick fragte: „Glaubst du? Dann will ich sichergehen!“ Er stürmte mit eine paar Gefolgsleuten die Kirche. Ein paar Leute von Comyn, die außerhalb der Kirche standen, hatten das Gespräch belauscht, sein Onkel (Robert Comyn) zog ein Schwert und wurde auf der Stelle niedergehauen. *(16)* In der Kirche stießen Kirkpatricks Leute die Mönche weg, die sich um den schwerverletzten Comyn kümmerten, und erledigten den Verwundeten mit ihren Dolchen. Was nun? Es war klar, daß sich Robert the Bruce in eine Situation gebracht hatte, die fatale Folgen haben könnte. Er hatte einen der führenden Magnaten Schottlands getötet, und was schwerer wog, er hatte es in einer Kirche getan, auf heiligem Boden. Die Geschichte der schottischen Clans ist voller Anekdoten, in denen sich Clans bekämpfen und die geschlagene Partei in eine Kirche flieht. Oft belagerten die Sieger dieses Sanktuarium, besonders Clevere zündeten es gar an, um nicht eine Waffentat innerhalb einer Kirche begehen zu müssen, ein Sakrileg. Dem Clan Grant beispielsweise wurde eine solche Untat nachgesagt.*(17)* Bruce hatte diese Untat begangen, einen Affront wider König und wider Gott. Der gerissene Earl of Carrick stand am Ende seines ambitionierten politischen Weges oder auch vielleicht am Wendepunkt. Robert the Bruce hatte nur eine Möglichkeit und die nutzte er. Er machte seine Sache zu der Schottlands und umgekehrt, der politische Opportunist Bruce verwandelte sich in den Patrioten Bruce. Diese Verwandlung hatte schnell zu geschehen, Bruce mußte in kurzer Zeit Kräfte sammeln, noch bevor der englische König und der Clan der Comyns zurückschlagen konnten. Auf Bruces Befehl stürmten seine Brüder mit einigen Männern die Burg von Dumfries und jagten die Ratsversammlung der königlichen Beamten auseinander. Dann zog die Truppe das Clydesdale hinab, um weitere Burgen in ihre Hand zu bekommen. Robert the Bruce ritt seinen Leuten voraus, er eilte geradewegs nach Glasgow und bat Bischof Wishart um Absolution. Der tat mit der ihm eigenen Konsequenz ein Übriges: er rechtfertigte von der Kanzel herab noch die Bluttat und rief die Gläubigen zur Unterstützung Bruces auf.

Auch Bischof Lamberton war auf der Seite von Bruce. Schon während der Belagerung von Berwick hatten beide gegenseitige Unterstützung vereinbart. Diese Unterstützung durch die Kirche war für Bruce von entscheidender Bedeutung. Als möglicher Anführer der schottischen Patrioten war Bruce eine keineswegs naheliegende Option. Er hatte, natürlich auch bedingt durch den Einfluß seines inzwischen verstorbenen Vaters, eine opportunistische Schaukelpolitik betrieben. Die Familie Bruce war nicht piktischen oder gälischen Ursprungs, sondern stammte aus normannischer Wurzel. Seine Heirat mit Elizabeth de Burgh band ihn eng an den anglo-normannischen Adel. Als Earl of Carrick und Lord of Annandale war er einer der reichsten Männer Britanniens. Zu seinen Besitztümern gehörten auch riesige Ländereien in England, ein Haus in London und eines in Tottenham. Seine Familie, und der galt in erster Linie die Loyalität Roberts (in diesem Punkt war er ein echtes Kind des Mittelalters), hatte den Anspruch auf den schottischen Thron nie aufgegeben, selbst in Phasen, in der sie Edward I. von England unterstützte. Der war sich über diese Tatsache durchaus im Klaren und mißtraute dem gerissenen Earl of Carrick. Und dann war da noch der exilierte König John Balliol, dem viele schottische Barone die Treue hielten. Bruces Griff nach der Krone war der Startschuß für eine neue Runde im englisch-schottischen Krieg, er war auch der Beginn eines schottischen Bürgerkrieges, in den die alte Fehde zwischen den Familien Bruce und Comyn nun einmündete.

Daß Bruces Biograph John Barbour in seinem Epos „The Brus“ (verfaßt 1375) Bruces erste Schritte als König Schottlands verklärt, ist verständlich. Seine Krönung in Scone am Palmsonntag 1306 war von einem eher spartanischen Ambiente. Aber noch bevor der Akt der Krönung vollzogen war, verbreiterte Bruce in rasanter Geschwindigkeit seine Machtbasis. Er verfügte als Hausmacht über die Aufgebote von Carrick und Annandale, der junge Earl of Mar war sein Mündel, also unterstand ihm auch die Grafschaft Mar.

Barbour

John Barbour (oder Barber) war ein schottischer Dichter und der Autor des Versepos „The Brus". Er wurde um das Jahr 1316 geboren und starb am 13. März 1395. Barbour studierte und lehrte in Oxford und Paris, seit 1357 war er Archidiakon von Aberdeen. 1364 und 1368 bereiste er Frankreich, um nach seiner Rückkehr Ministeriale des schottischen Königs Robert II. zu werden. 1375 schrieb er das Heldenlied „The Brus", in dem er das Leben und die Taten von Robert the Bruce und James Douglas verherrlichte. Als besonderes Meisterwerk gilt die Beschreibung der Schlacht von Bannockburn. Eingefügt in die Schilderung der historischen Begebenheiten sind zahlreiche Anekdoten. Das Werk wurde zum schottischen Nationalepos. Barbour wurden auch die „Legend of Troy" und die „Legends of the Saints" zugeschrieben, beides Übersetzungen von Guido da Colonna.

Bruce ließ Mobilisierungsorder herausgehen, ein Privileg, das nur dem König zustand. Dann nahm er im Südwesten die königlichen Burgen Ayr und Tibbers und die Burg der Comyns (Dalswinton). Die Kräfte, sie auch zu halten, standen Bruce nicht zur Verfügung. Er ließ alle Waffen und Ausrüstungen aus den Burgen entfernen, um damit seine Burg Loch Doon Castle *(18)* und die Burg, die er von Malcolm MacQuillan erhalten hatte, Dunaverty Castle, zu verstärken. Sein Unterführer Roger Boyd nahm Rothesay Castle. Der Sturm auf Inverkip Castle, gehalten von Adam de Gordon für den englischen König, mißlang jedoch. Bruce hatte sich ein Verteidigungsreduit im Südwesten Schottlands geschaffen (mit den Burgen Ayr, Loch Doon, Turnberry, Dunaverty und Rothesay), das es ihm ermöglichte, Söldner aus Irland und vielleicht auch Hilfe aus Frankreich ins Land zu bringen. Trotzdem war Galloway in weiten Teilen Bruce feindlich gesinnt. Der gälische Stamm der MacDowalls war mit den Mac Dougalls verwandt und begann sofort den Kampf gegen Bruce. Der überquerte mit 60 Men-at-arms den Forth in Richtung Norden, hielt kurz bei Dumbarton Castle, um dessen Kommandeur, John Stewart of Menteith, zur Kapitulation zu überreden. Der lehnte ab. Das Königreich mußte sich Bruce erst also noch erwerben, die Krönung am 25. März 1306 verlief reibungslos, allerdings wohl kaum mit dem Glanz, den sich Robert the Bruce gewünscht hätte.

Der Krönungsstein von Scone war fort, seit Edward I. ihn geraubt hatte. Der Bischof von St. Andrews war nicht anwesend, ebensowenig wie die anderen Bischöfe. Selbst der Bruce-Anhänger Wishart war nicht zugegen, er hatte Bruce aber in einer sehr noblen Geste das alte Löwenbanner Schottlands mitgegeben, das er einst vor den gierigen Blicken Edwards I. hatte verbergen können. Der Earl of Fife wurde schmerzlich vermißt. Nach alter piktischer Tradition war die Inauguration eines schottischen Königs das Vorrecht der Earls of Fife aus dem Clan der MacDuffs. Unglücklicherweise war der damals sechzehnjährige Earl Mündel König Edwards I. und hielt sich in London auf. Aber immerhin war seine Schwester, Isabel MacDuff, die Countess of Buchan, anwesend. Sie war mit dem Earl of Buchan, einem Todfeind Bruces aus der Familie der Comyns, verheiratet. Der hielt sich auf seinen Gütern in Leicester auf, als seine Gemahlin ihn heimlich Richtung Scone verließ. Damit er nicht folgen konnte, nahm sie alle seine Pferde mit. Als Vollstreckerin uralter Familientradition setzte sie König Robert I. von Schottland einen Kronreif aufs Haupt: das war auch eine alte schottische Tradition, erst Roberts Nachfolger erhielten eine „richtige“ Krone. Die Krönung hinterließ einen faden Beigeschmack, Bruces Neffe Thomas Randolph äußerte Besorgnis, selbst seine Frau Elizabeth, nun immerhin Königin von Schottland, sagte, die Krönung komme ihr vor wie das Spiel von Kindern. Bruce verlor aber keine Zeit. Sein Anhänger John Strathbogie, Earl of Atholl, belagerte Brechin Castle. Bischof Wishart nahm selbst das Schwert und stürmte Cupar. Der König höchstpersönlich nahm die Stadt Dundee, die Burg jedoch konnte aushalten. Hinter Bruce standen die Earls von Atholl, Menteith und Lennox. Die Bischöfe Wishart und Murray unterstützten ihn. Sie gingen soweit, zum Kreuzzug gegen die Engländer von den Kanzeln herab aufzurufen.

Aber Bruce hatte auch mächtige Gegner. Da waren die Earls von Strathearn, Buchan, March, Angus und Ross. David Strathbogie, Sohn und Erbe des Earls of Atholl, war ein Gegner Bruces. Die Earls von Sutherland und Caithness standen unter der Kontrolle des Earls of Ross. Die wenigsten dieser Magnaten waren Anhänger von Edward I., deshalb standen sie aber keineswegs auf der Seite von Robert the Bruce. Immerhin konnte der die Unterwerfung des Earls of Strathearn militärisch erzwingen. Auch Edward I. blieb nicht untätig. Auf die Nachricht von Bruces Unternehmungen konfiszierte der englische König Bruces Ländereien und gab sie seinem Schwiegersohn Humphrey de Bohun, Earl of Hereford. Dann ernannte er fähige Kommandeure für eine Strafexpedition gegen Bruce, an deren Spitze er Aymer de Valence setzte. Dieser ausgezeichnete Kom-

Der König erläßt ein Gesetz (aus einer Handschrift des 14. Jahrhunderts)

Hinrichtungsszene (aus einer Handschrift des 15. Jahrhunderts)

mandeur, der selbst von schottischen Autoren als ritterlicher Edelmann geschildert wurde, setzte seine Truppe nach Norden in Marsch. Groß war seine Armee nicht: 50 Ritter und rund 2000 Bogenschützen. Valence begleiteten nicht nur Geharnischte sondern auch geharnischte Briefe seines Königs. Er hatte schriftliche Order, namhafte Anhänger von Bruce (etwa Gilbert Hay oder Michael Wemyss, denen einst der König am Londoner Hofe große Höflichkeit und Gunst erwiesen hatte) zu exekutieren. Valence nahm zu Beginn seiner Kampagne Bischof Wishart gefangen, Bischof Lamberton ergab sich von selber. Beide wurden zur sicheren Verwahrung nach England gebracht.

Trotz dieser Erfolge war die Lage von Valence mit seiner Hauptbasis Perth gefährlich exponiert. Robert the Bruce verfügte nämlich über ein zahlenmäßig größeres Heer. Allerdings war Valence ein gewiefter Kommandeur, der seine Soldaten im Griff hatte. Robert the Bruce näherte sich am Sonntag, den 19. Juni 1306 von Westen der Stadt Perth, er hatte seine Truppe in zwei Kolonnen aufgeteilt. Sein Heer bot ein eigenartiges Bild. Die Ritter trugen weiße Hemden über den Waffenröcken. Normalerweise war die Zurschaustellung der Familienwappen nicht nur Frage des Stolzes sondern auch der Selbsterhaltung. Wie leicht konnte ein Ritter im Kampfgetümmel sonst mit einem Angehörigen einer niederen Schicht verwechselt und getötet werden. Bei einem erkennbar Adligen war Schonung denkbar, da Lösegeld winkte. Bruces Ritter nun waren sozusagen „inkognito“, da sie Repressalien gegen Familie und Besitz von der Seite des englischen Königs fürchteten. Offensichtlich waren Details aus Valences schriftlichen Ordern bekanntgeworden, ob nicht der gerissene Valence sie absichtlich hatte durchsickern lassen, ist zumindest denkbar.

Bruce wartete außerhalb von Perth, Valence nahm die Schlacht aber nicht an. Daraufhin zog sich Bruce mit seinen Truppen gegen Mittag in den Wald von Methven zurück. Hier lockerte die Truppe die Ordnung auf, man begann, nach Nahrung und Quartier zu suchen. Nun schlug Valence zu. Seine Soldaten stürmten das schottische Lager. Bruce schaffte es noch, seine Kavalleristen aufsitzen zu lassen, es kam zu heftigen Nahkämpfen. Valence verlor sein Schlachtross, das unter ihm getötet wurde. Trotzdem war der Schlachtverlauf sehr einseitig, die schottischen Fußsoldaten hatten kaum eine Chance, während ein Großteil der Kavallerie entkommen konnte, wurden viele von Bruces Leuten getötet, andere gefangen. Das Los der Gefangenen war hart, Edward I. ließ beispielsweise Bruces Bannerträger Alexander Scrymgeour (die Scrymgeours hielten das erbliche Amt des Bannerträgers der schottischen Könige) nebst einem Dutzend anderer in Newcastle hängen. Bruces Neffe Thomas Randoph fiel ebenfalls in die Hände von Valence, er wurde in Inverkip Castle (befehligt von Adam de Gordon) gefangengehalten, bis er sich bereit erklärte, für Edward I. zu kämpfen. Edward I. hatte bewiesen, daß er den richtigen Mann mit dem schottischen Feldzug betraut hatte. Valence war tapfer und besonnen, außerdem war er ein Schwager des von Robert the Bruce getöteten Comyn. König Robert hatte sich bei seiner ersten Bewährungsprobe nicht besonders achtbar aus der Affäre gezogen. Er hatte seine Truppe geteilt, er hatte das Lager nicht befestigt, er hatte keine Feindaufklärung betrieben. Die Konsequenz war die Niederlage seiner kleinen Armee und der Verlust vieler Anhänger. Es sollte noch schlimmer kommen.

Edward I. schickte eine zweite Armee nach Schottland. Er versammelte 300 Edelknappen in London, wo sie zum Ritter geschlagen wurden - zusammen mit dem Kronprinzen Edward. Der verbrachte die Nacht vor dem Ritterschlag mit den engsten seiner Freunde bei stiller Andacht in einer Abtei. Das Gelage war so laut, daß die Mönche nicht schlafen konnten! Der Kronprinz wurde an die Spitze der zweiten Armee gesetzt, da Edward I. selbst zu krank war. Die Armee überschritt die Grenze, nahm Lochmaben Castle und stoppte. Der Prinz erklärte, er habe keine Nachschubgüter mehr, tatsächlich waren die erfahrenen Logistiker des königlichen Schatzamtes abwesend. Einige Versorgungsschiffe wurden schließlich in die Häfen von Galloway geschickt, die Armee des Prinzen neu versorgt, so daß er schließlich nach Perth weitermarschieren konnte. Valence war Bruce dicht auf den Fersen. Irgendwo am Loch Tay kam es zu einem Scharmützel (das englische Schatzamt notierte den Verlust teurer Schlachtrösser). Robert the Bruce entzog sich Valences Zugriff mit einer relativ intakten Truppe; was nach Methven übriggeblieben war, war ohnehin klein genug. König Roberts Fluchtweg führte in den gälischen Westen. In Dail Righ südlich des öden Moores von Rannoch wurde der Weg von Lame John MacDougall of Lorne blockiert. Der war nicht nur Verbündeter von Edward I., sondern auch verschwägert mit dem von Bruce getöteten Comyn. Dieses dritte Gefecht war für König Robert und sein Gefolge zuviel. Es wurde zersprengt. Der Earl of Lennox wurde von der Hauptgruppe abgetrennt. Es gelang dem König noch, seine Frau Elizabeth, seine Tochter Marjorie und sein Mündel (den jungen Earl of Mar) unter dem Schutz seines Bruders Nigel auf Pferden gen Kildrummy Castle zu senden. Dann mußten Bruce und seine Handvoll Leute sich ihren Weg freikämpfen. Der König verlor bei diesen Kämpfen angeblich eine Brosche, die Broch of Lorne, welche bis auf den heutigen Tag eine Familienreliquie der MacDougalls darstellte.

Bruce und 200 Anhänger, vielleicht weniger, gelangten an das Ufer des Loch Lomond. Bruces Unterführer, darunter James Douglas und Neil Campbell, suchten fieberhaft nach einer Fähre. Douglas fand schließlich eine, die drei Leute fassen konnte, eigenhändig soll er den König und das Gefolge übergesetzt haben. Vom Loch Lomond begab er sich zur Isle of Bute und dann nach Dunaverty Castle. Jenes fiel am 9. September, Robert the Bruce war nicht mehr anwesend, seine Spur war auch anderswo nicht zu finden, er schien einfach verschwunden.

Die Anhänger von Bruce, deren man habhaft werden konnte, erwartete ein grimmiges Schicksal. Tibbers Castle fiel, John Seton wurde dort gefangen und wegen seiner Beteiligung an der Ermordung Comyns exekutiert. Loch Doon Castle fiel, dort fing man Christopher Seton, der ebenfalls gehängt wurde. Simon Fraser wurde in dem Gefecht von Kirkencliffe bei Stirling gefangen und in London hingerichtet: er wurde wie Wallace gehängt, gestreckt, gevierteilt.

Diese grauenvolle Art der Bestrafung wurde in erster Linie bei den walisischen und schottische Feinden des englischen Königs angewendet. Im Falle Sir Simons sind Einzelheiten überliefert: man hängte den Delinquenten am Hals auf, schnitt ihn aber noch lebend wieder ab. Dann streckte man ihn, wobei mehrere Gelenke ausgerenkt wurden. Dem Verurteilten wurden die Genitalien abgeschnitten, die Bauchdecke aufgeschlitzt und die Gedärme herausgerissen, die man vor seinen Augen verbrannte. Dann wurden ihm Beine, Arme, zuletzt der Kopf abgeschlagen. Das Blutgerüst und den zerstückelten Körper Frasers verbrannte man, der Kopf wurde auf eine Stange gespießt und neben dem von Wallace ausgestellt.

Im Gewahrsam des englischen Königs befand sich seit Jahren schon ein schottischer Ritter, Herbert Moreham. Leichtsinnigerweise hatte der seinen Kopf verwettet, der König würde Simon Fraser nie fangen können. Der König nahm ihn beim Wort. Kildrummy Castle hielt einige Tage gegen die vom Kronprinzen Edward kommandierte Belagerungsarmee aus. Immerhin war es eine der stärksten Burgen des Landes, nach dem Vorbild des berühmten Chateau Coucy in Nordfrankreich gebaut. Nigel Bruce war ein tüchtiger Kommandeur, doch der Verrat des Burgschmiedes wurde seine Nemesis.

Schmied Osbarn erlag der Verlockung englischen Goldes und legte an den in der Burghalle gelagerten Vorräten Feuer, die Burg fiel. Osbarn bekam das versprochene Gold in flüssiger Form in den Mund gegossen.

Nigel Bruce wurde hingerichtet. Der Earl of Atholl und die Damen befanden sich nicht mehr in der Burg. Bei Sichtung des Belagerungsheeres waren sie nach Norden geflohen, möglicherweise um auf die Orkneys und von dort nach Norwegen zu gelangen. Sie kamen bis nach Tain. In der Kirche von St. Duthac suchten sie Refugium. Der Earl of Ross, seit seiner langen Gefangenschaft beim englischen König kein Freund dieses Zeitgenossen, aber vorsichtig genug, sich nicht mit ihm anzulegen, brach das Sanktuarium und lieferte die Gefangenen an Edward I. aus. Da der Earl of Atholl erstens ein Earl und zweitens von königlichem Blute war, hängte man ihn an einem höheren Galgen als gewöhnliche Rebellen. Der Rachedurst des englischen Königs erreichte skurrile Dimensionen, die Schwester König Roberts (Mary Bruce) wie die Countess of Buchan ließ man in speziell angefertigten Käfigen in den Burgen von Berwick und Roxburgh zum Ergötzen des Publikums ausstellen (bis 1310). Die Frau und die Tochter von Robert the Bruce erfuhren eine bessere Behandlung. Die zwölfjährige Tochter Marjorie kam in ein Kloster, Elizabeth auf ein königliches Gut. Der König konnte es sich nicht erlauben, die Loyalität des Earls of Ulster zu strapazieren, der war der Schwiegervater von Robert the Bruce. Wo letzterer sich aufhielt, war nicht bekannt. Spätere Chronisten berichten, er hätte sich bei Christiana MacRuairidh in den westlichen Highlands versteckt, andere vermuteten ihn zusammen mit Neil Campbell auf Rathlin Island. Die Sage, daß der König sich dort dem Studium der Lebensgewohnheiten von Spinnen widmete, können wir ruhig ins Reich des Unsinns verweisen. Auf Rathlin Island hätte Robert the Bruce sozusagen auf der Schwelle des Earls of Ulster gesessen. Selbst wenn der sich nicht aktiv an der Jagd auf seinen Schwiegersohn beteiligte, hätte ihm dessen Aufenthalt bei ihm nur Schwierigkeiten bereitet, ohne ein einziges von Bruces Problemen zu lösen. Vielleicht verbrachte Bruce einige Zeit als Gast des Königs Hakoon von Norwegen auf den Orkneys, dort wäre er zwar in Sicherheit gewesen, aber die Aktionen im Jahr 1307 lassen diese Version unwahrscheinlich erscheinen.

Moot Hill, der tratitionelle Krönungsplatz der schottischen Könige in Scone (Foto: S. Berger)

Das Zeichen des Clan Wallace mit dessen Motto: Pro Libertate,
Foto:Kampfszene des Clan Wallace aus „Braveheart" (Copyright: Lang Syne Publishers LTD. 1996)

Guerillakrieg im Heideland

Nehmen wir an, es hätte einen Mann in Schottland gegeben, der über riesige Hilfsquellen verfügte und den Unabhängigkeitskrieg bislang aus einer Zuschauerrolle verfolgte. Nehmen wir weiter an, dieser Mann hätte in Äquidistanz zum englischen wie zum schottischen Thron gestanden, befürchtete nun aber ein Übergreifen der Auseinandersetzung auf seinen Machtbereich. Nehmen wir auch an, dieser Mann haßte die mit den Engländern verbündeten MacDougalls. Es gab diesen Mann, sein Name war Angus Og MacDonald.

Der Clan der MacDonalds kam aus dem Stamme des legendären Somerled. Somerled war halb skandinavischer, halb gälischer Herkunft. In Somerleds Stammbaum finden sich Könige von Dublin und der Insel Man, die ihrerseits ihre Herkunft auf den sagenhaften König Ingiald von Uppsala zurückführten. Somerled verstand sich als Hüter keltischer Traditionen. Selbstbewußt nannte er sich „Lord of the Isles“, und wenn auch dieser Titel von der schottischen Krone nicht anerkannt wurde, auf seinem Territorium rings um die Machtbasis Islay herrschte er unumschränkt, nachdem er konkurrierende Kleinkönige in die Schranken gewiesen hatte. 1156 besiegte er in einer Seeschlacht Godred the Black, den norwegischen König der Insel Man, in der irischen See. Die südlichen Hebriden wurden ihm zugesprochen, Godred behielt Lewis und Skye. Die Grenzlinie beider Territorien bildete die Halbinsel Ardnamurchan. Somerleds Feldzug gegen den schottischen König 1164 scheiterte jedoch, Somerled wurde getötet: Shakespeare nahm dieses Motiv in seinen Macbeth auf, wenn auch der historische Macbeth schon ein Jahrhundert früher aus dem Leben geschieden war.

Ein Sieg Somerleds hätte die beginnende Feudalisierung Schottlands vermutlich empfindlich gestört. Gegen Ende des 11. Jahrhunderts hatte König Malcolm III. Canmore die Schwester des 1066 bei Hastings getöteten englischen Königs Harold, Margaret Atheling, geheiratet. Diese war mit dem Ritus der Columbanischen Kirche so gar nicht einverstanden und zog aus England und vom Kontinent bretonische und normannische Familien ins Land, hauptsächlich zur personellen Aufstockung der schottischen Kirche. So gelangten auch die späteren Herrscherdynastien, die Familien FitzAlan (später Stewart oder Stuart) und Bruce nach Schottland. Aber Schottland wurde nur zum Teil dem Lehnsrecht unterworfen. Jenseits einer Linie, die das Gebiet unter der Kontrolle des Königshauses von dem Territorium, das unter dem Einfluß von Somerleds Sohn Ranald stand, trennte, blieben die gälischen Traditionen weitgehend Intakt. Diese imaginäre, aber für Schottlands Geschichte entscheidende Linie war die Highland-Line, Schottlands Teilung in Highlands und Lowlands war geboren. Ranald hatte die Reste von Somerleds Macht zusammenhalten können. Nach seinem Tod 1207 erbte sein ältester Sohn Donald, nach dem sich der Clan forthin nannte, mit Islay und Kintyre den Großteil des Ranaldschen Imperiums.

Donald begründete auch so etwas wie eine kulturelle Identität der MacDonalds. 1213 hatte Muiredach O'Daly, Poet und Barde des Königs von Connacht, dessen Hof verlassen müssen, weil er einen unverschämten Diener erschlagen hatte. Muiredach, Abkömmling der berühmtesten Dichterfamilie des keltischen Kulturkreises, begab sich nach Islay, wo ihn Donald mit offenen Armen begrüßte. Muiredachs Nachkommen, der Clan Currie, bekleideten über Jahrhunderte das Amt der Hofpoeten der „Lords of the Isles", in der Hierarchie des Lordship standen sie gleich an zweiter Stelle nach der Familie des Chiefs. Donald leitete eine stetige Expansion nordwärts ein, die sein Sohn Angus Mor (gestorben 1296) weiterführte. Dessen Sohn Angus Og war schon so mächtig, daß er ein entscheidender Machtfaktor im Kampf Bruces gegen Edward I. wurde. Angus Og besaß eine der stärksten Kriegsflotten Europas (Somerled hatte einstmals 58 Schiffe zum Kampf gegen die Norweger auf Kiel legen lassen), die er in einer ständigen, von einer Burg geschützten Basis, Lagavulin Bay auf der Insel Islay, stationiert hielt. Ganz in der Nähe, auf einer Insel im Loch Finlaggan tagte eine Art Parlament der Clanchiefs unter dem Vorsitz des „Lord of the Isles". Wenn auch dieser Titel erst 1354 von der schottischen Krone anerkannt wurde, regierte Angus Og doch autonom. Robert the Bruce tat gut daran, an diesem Zustand nicht zu rütteln, denn sein Bündnis mit Angus Og konnte entscheidend für sein Königtum sein.

Mit einer großen Wahrscheinlichkeit hielt sich Bruce bei Angus Og auf und reorganisierte hier seine Truppe. Immerhin gebot der Chief der MacDonalds über eine Flotte von Langbooten, er war Herr über die wilden Galloglases (Streitaxtkrieger von den Hebriden), hatte ungeheuren Einfluß auf die gälischen Clans. Anders als die bäuerlichen Aufgebote aus Schottland und Nordengland, die in den Schlachten des Schottischen Unabhängigkeitskrieges soviel Blut ließen, bestanden die Clans zumindest zu einem Teil aus professionellen Kriegern. Die waren genau richtig für den Guerillakrieg, den Bruce 1307 entfachte. Im frühen Februar 1307 tauchte er mit einer Kampfgruppe im Süden der Halbinsel Kintyre auf. James Douglas und Roger Boyd unternahmen einen Angriff auf Brodick Castle auf der Insel Arran. Douglas fiel aus dem Hinterhalt über eine Kompanie her, die Brodick Castle verstärken sollte. Robert the Bruce landete nun ebenfalls auf Arran. Sein Unterführer James Douglas war ein schillernder Charakter. Er sah in seiner Unterstützung für den schottischen König die

Chance, den konfiszierten Familienbesitz zurückzubekommen. Außerdem muß er wohl den Kampf gegen die Engländer als eine Art persönliche Vendetta (man erinnere sich an die Behandlung seines Vaters durch die Engländer) aufgefaßt haben. Auch Quellen, die den jungen Douglas (1307 war er Anfang Zwanzig) als ritterliches Ideal preisen, schildern Aktionen, die düstere Charakterzüge deutlich werden lassen. Er war hart (wie Bruce), er zeigte Anfälle von Jähzorn (wie Bruce), aber im Gegensatz zum diplomatischen und großmütigen König neigte er auch zu fast pathologischer Wildheit und Grausamkeit. Kurz und bündig: er war genau der Mann, den Robert the Bruce brauchte.

Bruce teilte seine Truppen und landete mit der nördlichen Division in Carrick auf dem schottischen Festland. Die südliche Division, angeführt von seinen Brüdern Alexander und Thomas, landete in Galloway. Achtzehn Langboote brachten diese Truppe an Land, woraus geschlossen werden kann, daß sie mehrere hundert Mann stark war. Dazu gehörten ein irischer Kleinkönig, der Lord of Kintyre (Malcolm MacQuillan) und Reginald de Crawford. Die Landung wurde ein Desaster. Örtliche Partisanen unter Dungal Mac Dowall zerschlugen die Truppe. Nur zwei Schiffe entkamen. MacDowall schickte die Köpfe des irischen Kleinkönigs und des Lords of Kintyre nach Lanercost, wo sich gerade Edward I. aufhielt. Crawford und die Gebrüder Bruce waren lebend in die Hände MacDowalls gefallen, er schickte sie Edward zur weiteren Veranlassung. Sie wurden meilenweit an den Schweifen von Rossen geschleift, dann gehängt und enthauptet. Die königliche Sammlung an schottischen Rebellenköpfen wurde um zwei prominente Exemplare reicher. Auch die Landung von der von Robert the Bruce persönlich geführten Truppen verlief nicht reibungslos. Man ging in gefährlicher Nähe zu einer englischen Abteilung von 300 Mann unter Henry Percy bei Turnberry an Land. Der schottische König leitete selbst einen Nachtangriff auf die englischen Soldaten, die in der Stadt kampierten. Percy jedoch konnte die Burg halten. Bruce zog sich zurück und erfuhr vom Schicksal seiner Brüder.

Douglas verließ mit einer kleinen Kommandotruppe die Hauptgruppe und eroberte Douglas Castle, die Burg seiner Väter. Die Besatzung ließ er abziehen. Inzwischen war Valence in Galloway eingetroffen, Bruce gelang es, ihm (d.h. einer Kavalleriegruppe unter John Mowbray) am Glen Trool in einem Hinterhalt Verluste zuzufügen. Die Leute von Bruce rollten Felsbrocken von den steilen Hängen. Etwas weiter östlich bei Rapploch Moss am Clatteringshaws Loch erreichte Bruce wenig später einen ähnlichen Erfolg. *(19)* Besonders die Verluste an Pferden machten den Engländern zu schaffen. Was der schottische König aber jetzt brauchte, war ein propagandistisch verwertbarer Sieg in einem größeren Gefecht. Am 10. Mai 1307 kam es am Loudon Hill bei

Kilmarnock zur Schlacht. Bruce stellte seine knapp 1000 Speerträger auf einem Höhenrücken auf, dessen Flanken von tiefen Geländeeinschnitten geschützt waren. Valence führte eine weit stärkere Truppe ins Feld, obwohl die Angabe von 3000 Kavalleristen in den Chroniken wohl übertrieben ist (realistischer erscheinen 1500 Mann). Valence führte die Attacke persönlich an. Mit geschlossenem Visier und gefällter Lanze griffen die Ritter an, allerdings verlangsamten der tiefe Boden und die Steigung den Galopp fast bis zum Stillstand. Die schottischen Speerträger waren nun im Vorteil. Wenn die Kavallerie nicht in ein Schiltron einbrechen konnte, hatte sie zumeist verloren. Diese taktische Lehre beherzigte Bruce. Valence räumte das Feld ungeordnet, seine Leute wurden bis Ayr von Bruces Truppe verfolgt. Die überwältigte noch ein englisches Streifkorps aus Kavalleristen. König Robert begann, die Stadt zu belagern, mußte sich aber zurückziehen, da ein englisches Entsatzheer erschien.

Vermutlich sind diese Angaben nur Fiktion der Chronisten. Denn wenig später war König Robert wieder in den wilden Mooren Galloways. Ihm auf den Fersen befand sich John MacDougall mit 800 seiner Clansmen, die für den Guerillakrieg genauso geeignet waren wie Roberts Leute. König Edward I. sprach von Bruce nur abschätzig als „König Hobbe", der so Geschmähte bereitete aber soviel Sorgen, daß der kranke König höchstselbst gen Schottland aufbrach. Die Erholung von seiner Krankheit war nur scheinbar oder kurzzeitig, am 2. Juli 1307 war er mit seinem Gefolge von Carlisle aufgebrochen, am 6. Juli hatte man gerade wenige Meilen zurückgelegt. In Burgh-on-Sands, von wo man über den Meeresarm des Solway Schottland sehen konnte, starb Edward I., König von England, Hammer of the Scots.

Mit dem Tod des alten Königs wurde Edward II. zum Hauptwidersacher von Robert the Bruce. Edward II. war kein grausamer Despot, er war auch kein so entsetzlicher Schwachkopf, als der er oft porträtiert wird. Ihm fehlten einfach alle Eigenschaften, die ihn zur Regierung Englands und zur Unterwerfung Schottlands befähigt hätten. Beim Tode Edwards I. hatte der in der schottischen Angelegenheit im Grunde wenig erreicht. Die englische Position hing im wesentlichen von einigen Festungen im Süden und der Haltung schottischer Magnaten im Norden ab. Nur ein ausgedehnter Feldzug wie der von 1296 beispielsweise mit anschließender Festungsbaupolitik (wie etwa in Wales) hätte daran etwas ändern können. Edward II. fehlten dazu die Einsicht, die Tatkraft und das Geld. Am 19. Juli 1307 erreichte er Carlisle. In drei Marschsäulen marschierten seine Truppen unter seiner persönlichen Führung in Schottland ein, um in Dumfries halt zu machen. Dort nahm er die Huldigung schottischer Barone entgegen. Dann ließ der neue englische König durch das Nithtal bis Cumnock vorrücken. Dann machte er kehrt und verließ Schottland, immerhin hatten Beerdigung des Vaters und eigene Krönung noch nicht stattgefunden. Wenige Wochen später löste Edward II. Valence als Oberkommandierenden in Schottland ab und ersetzte ihn durch John of Brittany, den Earl der Bretagne. Das war eine keineswegs gelungene Personalentscheidung, einzig die enge Verwandtschaft zwischen Edward und Brittany qualifizierte ihn als Nachfolger von de Valence. Nicht einmal die Nordgrenze Englands konnte gegen die Blitzangriffe von Bruces kleiner Schar gesichert werden.

König Robert wandte sich zunächst gegen die MacDougalls, denen er schwere Verluste zufügte. Dann kam die elektrisierende Nachricht, Bruce habe Galloway verlassen und seine Operationsbasis nach Norden, nach Argyll verlegt. Dabei kann ihm nur Angus Og MacDonald geholfen haben. Seine Langboote tauchten am Loch Linnhe auf und zwangen die MacDougalls zu einem befristeten Waffenstillstand. Lame John MacDougall of Lorne, der krank in Dunstaffnage Castle daniederlag, erklärte sein Verhalten gegenüber dem englischen König damit, daß er nur 800 Leute habe (die er zum Teil aus eigener Tasche bezahlen müsse) während Robert the Bruce über 15.000 verfüge. Der marschierte das Great Glen hinauf und nahm die Burg der Comyns, Inverlochy Castle, weil die Besatzung zu ihm überlief. Urquhart Castle am Loch Ness wurde zerstört, ebenso Inverness Castle. Der Earl of Ross hielt nun die Zeit für gekommen, auf die Seite des schottischen Königs überzuwechseln (später wurde er zu einem engen Freund von König Robert). Nun wendete er sich gegen die Comyns und ihre Verbündeten. Nach der Einnahme mehrerer Burgen erlitt der Feldzug des Königs einen herben Rückschlag, Robert the Bruce wurde sehr krank. Zeitweise mußte er auf einer Trage transportiert werden. Viele seiner Anhänger verließen nun desillusioniert und hoffnungslos sein Heer, die wenigen, die blieben, waren aber wohl die tapfersten und treuesten Gefolgsleute, die König Robert je hatte. Im März 1308 zerstörten sie Balvenie Castle (das dem Earl of Buchan gehörte), dann Duffus Castle. Dann verlagerte Bruce seinen Operationsraum nach Südosten in die Nähe von Inverurie. Dort kam es zu Scharmützeln mit den Leuten des Earls of Buchan.

Edward Bruce hielt mit seinen Leuten tapfer aus und verteidigte den kranken König, schließlich zog man sich in die Strathbogie-Berge zurück. Buchan griff Bruce entlang der Straße von Oldmeldrum an. Diesmal nahm Robert the Bruce den Kampf selbst auf. Er ließ es sich nicht nehmen, sich in den Sattel zu schwingen. Tatsächlich wurde er gehoben, zwei Männer mußten ihn stützen, damit der Schwerkranke nicht herunterfiel. Der Anblick des Königs zu Pferde (Gerüchte liefen um, er läge im Sterben) entsetzte Buchans Leute derart, daß sie sich nach kurzem Widerstand zur Flucht wendeten. Die Kavallerie Buchans griff erst gar nicht in die Kämpfe ein. Nun begann eine Phase, die das „Herschip of

Buchan“ genannt wurde. Bruce gab den wilden Gälen seiner Armee freie Hand zu plündern, tatsächlich waren sie äußerst knapp an Nahrungsmitteln. Eine Burg nach der anderen wurde genommen, die Getreuen Comyns verfielen dem Schwert. Die Zerstörungen waren so schwerwiegend, daß später Siedler nach Buchan gerufen werden mußten, den Distrikt neu aufzubauen. Robert the Bruce nahm Aberdeen und hatte damit eine Verbindung nach Frankreich und Flandern.

Derweil hatte in Galloway James Douglas von sich reden gemacht. Zu Beginn der Kampagne hatte er keinen besonderen Erfolg, ja er hatte sogar Verhandlungsbereitschaft erkennen lassen. Aber er konnte im Verlauf des Winters 1307/1308 den Engländern und ihren schottischen Verbündeten in der Region Verluste zufügen. Valence und 24 weitere Ritter verloren in einem Gefecht ihre Pferde.

Douglas, Douglas!

Die Familie der Douglas war die mächtigste Familie Schottlands - nach den Stewarts, die sie haßten.
Der Name Douglas war ursprünglich eine Landschaftsbezeichnung. Es handelte sich dabei um einen Flecken in Lanarkshire. Der erste namentlich erwähnte Douglas war William de Douglas, der im letzten Viertel des 12. Jahrhunderts in den Urkunden auftauchte. Sein ältester Sohn Archibald hatte zwei Söhne, William und Andrew. Williams Sohn William the Hardy, der erste Lord Douglas, war der Gründer der beiden großen Zweige der Familie Douglas: gemeint sind die Schwarzen Douglases und die Roten Douglases. Williams ältester Sohn war Sir James Douglas, der Freund und Adjutant von König Robert the Bruce. Nach dem Tode von Sir James im Jahre 1330 gingen seine Besitzungen an seinen Bruder Hugh, denn James´ Sohn Archibald „the Grim“ war illegitim. Nach dem Tode Hugh gingen die Besitztümer an seinen Neffen Sir William, der seinen Patenonkel Wil liam Douglas (ein jüngerer Bruder von Sir James) 1353 erschlagen hatte. Weil aber William (der Ältere) mit dem englischen König verbündet war, blieb die Bluttat nicht

Kildrummy Castle (Foto: Hagen Seehase)

Inverlochy Castle (Foto: Antje Mismahl)

nur ungesühnt, sie galt noch als patriotische Tat. 1357 wurde William in den Grafenstand erhoben, er wurde der erste Earl Douglas und erhielt durch seine Eheschließung auch noch die Earlswürde von Mar. Sir William war der erste der Schwarzen Douglases. Er starb 1384. Sein Sohn James kämpfte 1388 bei Otterburn und fiel. Aber der erste Earl Douglas hatte noch einen unehelichen Sohn, George, der zum Earl of Angus erhoben wurde und 1403 verstarb.

Er war der erste der Red Douglases. Als der 2. Earl Douglas starb, kam sein Titel zu Archibald the Grim. Der starb 1400. Sein Nachfolger wurde sein Sohn Archibald, der 4. Earl, der eine Tochter König Robert III. geheiratet hatte. Er kämpfte in Frankreich, wurde zum Duc de Touraine erhoben und fiel in der Schlacht von Verneuil im Jahre 1424. Sein Sohn hieß ebenfalls Archibald und wurde der 5. Earl. Er wurde 1430 auf Befehl des Königs James I. eingesperrt, später freigelassen. Nach dem Mord an König James I. wurde er während der Minderjährigkeit des neuen Königs James II. Regent von Schottland. Der 5. Earl starb 1439 an der Pest und wurde von seinem achtzehnjährigen Sohn William beerbt. Dieser wurde 1440 von einer Fraktion um Crichton und Livingston, Berater des Königs, ermordet. Die Earlswürde der Douglas ging nun an den Großonkel des letzten Earls, den Bruder Archibald the Grims, James the Gross. Der war nicht nur fett, sondern auch einfältig und träge. Er ging nicht gegen die Livingstons vor. Aber sein Sohn tat es. Seit 1443 war William Douglas der neue Earl. Er schloß einen Pakt mit dem Earl of Crawford und dem Lord of the Isles. Sie planten nichts weniger als die Aufteilung Schottlands unter ihnen und die Ersetzung von König James. Der ging die Krise mit der ihm eigenen Ruchlosigkeit an. Er offerierte Douglas freies Geleit zu Verhandlungen, und als Douglas erschien, erdolchte er ihn. William Douglas wurde von seinem Bruder James beerbt, der Bischof von Aberdeen war. Er legte geistliche Pietät zusammen mit den Meßgewändern ab und sammelt Anhänger für einen Rachefeldzug. Er nahm Stirling ein. Der König antwortete mit einen Strafexpedition gegen Douglas Castle. James II. amnestierte Douglas, doch der letzte Showdown kam noch. 1455 kam es zur Schlacht von Arkinholm. James II. zersprengte die Streitkräfte der Douglases. Zwei Brüder des Earls wurden getötet. Earl Douglas entkam, verlor aber seine Titel und Ländereien. 1498 starb er im Exil. Das war das Ende der Black Douglases.

George aus der Linie der Red Douglases, der 1. Earl of Angus, hatte ebenfalls eine Tochter König Robert III. geheiratet. Sein Enkel George, der 4. Earl of Angus, unterstützte James II. gegen die Black Douglases. Dafür bekam er einen Teil deren Ländereien. Archibald, der 5. Earl of Angus, trug den Spitznamen „Bell the Cat". Einer seiner Söhne war Gavin Douglas, der die Aeneis ins Englische übersetzte. „Bell the Cat" führte eine Adelsfronde gegen den schottischen König James IV. in die Schlacht von Sauchieburn 1488 und siegte. Bei der Katastrophe von Flodden 1513 war er nicht beteiligt, aber drei seiner Söhne fielen. Einige Monate später starb er, wie es heißt vor Gram. Sein Enkel Archibald wurde der 6. Earl, der die Witwe von James V. (auch bei Flodden gefallen) heiratete: Margaret Tudor. Ihre Tochter Margaret (sie hatten keine Söhne) heiratete den Earl of Lennox. Aus dieser Verbindung entstammte der exekrable Henry Stewart, Lord Darnley.

Der 6. Earl of Angus war ein Zeitlang der mächtigste Mann Schottlands. Der junge König James V. (sein Stiefsohn) war praktisch sein Gefangener auf Edinburgh Castle, von seiner Faru Margaret hatte er sich getrennt. James V. floh 1528 aus Edinburgh Castle, sammelte mit Hilfe seiner Mutter (inzwischen geschieden) eine kleine Armee und griff Douglas an. Der hielt drei Wochen in Tantallon

Castle aus, kapitulierte dann und ging nach England. 1543 kehrte er zurück. In der Stunde schwerer Not, als englische Armeen den Süden Schottlands verheerten und die Clans des Westens in blutigem Aufruhr waren, rettete der Earl of Angus die schottische Krone. Er wendete sich gegen seine früheren englischen Freunde. Englische Truppen hatten bei Plünderungen die Gräber der Douglas in Melrose Abbey verwüstet. Angus schlug die Engländer im Februarnebel bei Ancrum Moor. Dann führte er ein großes Kontingent seiner Leute in die Schlacht von Pinkie am 10. September 1547, eine der großen schottischen Niederlagen. Als der 6. Earl of Angus starb, ging sein Titel an eine andere Linie der Familie. Der 11. Earl of Douglas wurde 1633 Marquess of Douglas, der 3. Marquess wurde 1703 der 1. Duke of Douglas. Er starb ohne Nachkommen. Das Erbe ging an die Hamiltons.(20)

Tantallon Castle, im Hintergrund Bass Rock (Foto: Antje Mismahl)

Im November 1307 gelang es Douglas in einem weiteren Gefecht, Alexander Stewart und Thomas Randolph (den Neffen König Roberts) gefangenzunehmen. Am Palmsonntag des Jahres 1308 eroberte er Douglas Castle zum zweiten Mal. Diesmal ließ er niemanden laufen.

Er überraschte mit seinen Männern die Garnison in der Kirche und massakrierte sie. Dann ließen sich die Sieger in der Banketthalle der Burg zum Essen nieder. Alle wertvollen Vorräte, die man tragen konnte, nahmen sie mit, den Rest warfen sie in den Keller. Dort zerschlugen sie die Weinfässer und warfen auch noch die Kadaver der getöteten Pferde in die Masse. Dann wurden die Gefangenen heruntergebracht, enthauptet und ebenfalls in die unappetitliche Brühe hineingeworfen. Diese Episode wurde bekannt als „Douglas Larder".

Dann schloß sich Douglas Edward Bruce, Alexander Lindsay und Robert Boyd an, die mit frischen Truppen von den Hebriden kamen. Es kann vermutet werden, daß Angus Og MacDonald die Krieger zur Verfügung gestellt hatte. Die Strafexpedition durch Galloway war kurz und äußerst heftig. Am 29. Juni 1308 schlug Edward Bruce Donald MacCan. Dungal MacDowall wurde von seinen Besitzungen vertrieben. Für seine Erfolge erhob Robert the Bruce seinen Bruder Edward zum Lord of Galloway, allein Galloway mußte erst noch richtig erobert werden, denn die größten Burgen (Caerlaverock, Turnberry, Dumfries, Loch Doon, Ayr, Tibbers, Dalswinton, Lochmaben) blieben in englischer Hand - bis 1313.

Lindsay/Crawford

Der Familienname der Earls von Crawford und Balcarres lautet Lindsay. Der derzeitige Chief der Lindsays ist der 29. Earl of Crawford und der 12. Earl of Balcarres. Der Name Lindsay stammt aus der Normandie. Das Domesday Book von 1086 erwähnt einen „Baldric de Lindesay". Er besaß Ländereien in Lincolnehire und in der Normandie. Sein Enkel Walter Lindsay war ein enger Freund des schottischen Königs David I. Er erwarb das Land von Crawford in Lanarkshire. Er war außerdem

Mitglied des königlichen Rates. Die Lindsays erwarben großen Landbesitz, darunter auch den Distrikt Glenesk. Im Schottischen Unabhängigkeitskrieg unterstützten sie Robert the Bruce. 1398 erhob König Robert III. Sir David Lindsay zum Earl of Crawford. Sir David war mit Katherine, der Halbschwester des Königs, verheiratet. 1403 wurde er Admiral von Schottland.

Der 3. Earl, David Lindsay, nutzte das Machtvakuum nach der Ermordung von James I. 1437, um seinen Einfluß zu vergrößern. 1446 wurde er in einer Fehde mit den Ogilvies getötet. Sein Sohn Alexander, der 4. Earl, wurde nicht umsonst „Tiger Earl" genannt. Er schloß sich einer Revolte der Douglas' gegen König James II. an, wurde aber vom Earl of Huntly 1452 geschlagen. Er erhielt königlichen Pardon. Sein Sohn, der 5. Earl, unterstützte die Krone und bekleidete folgende Ämter: Admiral of Scotland, Master of the Household, Lord Chamberlain. 1488 machte ihn James III. zum Duke of Montrose. Crawford schenkte dem König jenes graue Pferd auf dem dieser in die Schlacht von Sauchieburn ritt. 1495 starb Crawford. Andere wichtige Lindsays waren der Poet David Lindsay (1490-1567), der Historiker Robert Lindsay of Pitscottie (1500-1565). David Lindsay, der 10. Earl of Crawford, half Lord Darnley bei der Ermordung des Vertrauten Queen Marys, David Rizzio (1566).

Sir David Lindsay, der 11. Earl, erwarb Edzell Castle und baute es in großem Stile aus. Er wurde zum Lord Edzell erhoben und bewies bei der Anlage der Burggärten von Edzell Castle großen Geschmack. Im Bürgerkrieg unterstützten die Lindsays den Covenant gegen König Charles I. Alexander Lindsay, 1. Earl of Balcarres, führte die Kavallerie der Covenanter in die Niederlagen von Alford und Kilsyth (1645).

Als Kunstmäzene sind die Lindsays ebenfalls renommiert.

Im August 1308 wendete sich Robert the Bruce von den Grampians in Richtung Westen. Sein Ziel waren die MacDougalls of Lorne. Er bewegte sich auf Oban zu. Auf dem Wege lag der Pass of Brander. Der Weg führte durch unwegsames Gelände, mit dem River Awe auf der einen, den steilen Hängen des Ben Cruachan auf der anderen Seite. Lame John MacDougall war noch nicht ganz von seiner schweren Erkrankung genesen, er kreuzte mit einer Flotte aus Langbooten auf dem Loch Awe. Den Großteil seiner Highlander hatte er an den Hängen des Ben Cruachan verborgen, von wo sie Felsen auf Bruces Leute schleudern sollten. Robert the Bruce war aber vorgewarnt. Er schickte James Douglas mit einer Schar leichtbewaffneter Highlander über den Gipfel des Ben Cruachan. Douglas fiel den Männern MacDougalls in den Rücken. Diese ergriffen die Flucht und überquerten die hölzerne Brücke über den River Awe. Bruces Leute waren ihnen schon so dicht auf den Fersen, daß die Brücke nicht mehr zerstört werden konnte. Die MacDougalls erlitten schwerste Verluste. Lame John zog sich mit seiner Flotte nach Innischonnaill Castle zurück. Alexander MacDougall verschanzte sich in Dunstaffnage Castle, das von Bruce im September oder Oktober genommen wurde. Dunollie Castle fiel, ebenso Sween Castle (die älteste steinerne Burg Schottlands). Bruce setzte die MacNeills als Constabler der Burg ein. Alexander MacDougall schwor Bruce die Treue, Lame John zog die Flucht nach Süden vor. Robert the Bruce verlagerte das Zentrum seiner Operationen nach Moray, in dieser Grafschaft war der Titel des Earl schon seit vielen Jahren vakant, Robert the Bruce konnte als König direkt auf die Gefolgschaft der Leute aus Moray zählen.

Es war ein langer Weg gewesen. Der Kern seiner Truppe bestand aus vielleicht 50 bis 200 Kriegern, sehr erfahrenen und ihm treu ergebenen allerdings. Darunter befanden sich sowohl Gefolgsleute der ersten Stunde aus Carrick, als auch einige Hochländer aus dem Lordship der MacDonalds. Diese Truppe reichte, um kleinere Burgen im Handstreich zu nehmen und Hinterhalte zu legen. Man konnte sie aber auch aufgrund ihrer überschaubaren Größe blitzschnell über weite Strecken (mit dem Langboot oder zu Pferde) verlegen. Vor Ort stießen dann die Aufgebote loyaler Verbündeter zu Bruce, im Westen die MacDonalds, im Norden (allerdings erst später) die Leute des Earls of Ross. Der König erfreute sich steigender Popularität bei dem „Small Folk", die kleinen Leute sahen in ihm einen Mann, der die englische Herrschaft beenden konnte. Sie versorgten seine Streitkräfte mit Nahrungsmitteln und griffen auch selbst zu den Waffen. Ihre Loyalität zum König war selbst dann evident, wenn der lokale Lehnsherr oder Chief zu den Gegnern des Königs gehörte. Am Weihnachtsabend 1308 kletterten die Hirten und Köhler aus den Wäldern von Platane über die Mauern von Forfar Castle und töteten die Besatzung. Das taten sie aus eigenem Antrieb und ohne Unterstützung durch Bruces Truppen. Die Verwüstungsfeldzüge richtete Bruce nur gegen Buchan und Galloway, in den anderen Regionen Schottlands erfreute er sich immer breiterer Unterstützung. Instinktiv muß er erkannt haben, daß in der Unterstützung des gälischen Bevölkerungsanteils der Schlüssel zur Herrschaft über Schottland lag. Mächtige Chiefs wie Angus Og MacDonald traten in Allianz zu Bruce. Sie wurden Verbündete, keine Untertanen. Robert the Bruce war weise genug, nie den besonderen Charakter dieser Zusammenarbeit in Frage zu stellen. Gegen die wilden Highlander reichten die kleinen englischen Garnisonen der Burgen im nördlichen Schottland kaum aus, die englischen Kräfte waren zu weit verstreut, um König Robert wirklich behindern zu können. Das nächste bemerkenswerte Charakteristikum von König Roberts Heeresmacht war das Vorhandensein von fähigen und selbständigen Unterführern. In der Person von James Douglas und in der Person von Edward Bruce offenbarte sich ein großes militärisches Führungspotential. Thomas Randolph hatte bei seiner Gefangennahme durch Douglas noch die Stirn gehabt, kundzutun, die ganze Familie Bruce bestehe aus Feiglingen und Betrügern. Die Gefangenschaft brachte ihn zur Revision dieser Einschätzung, er trat an die Seite seines Onkels und wurde einer dessen bester Kommandeure. Im Norden Schottlands hatte König Robert leichtes Spiel mit den englischen Garnisonen und opponierenden schottischen Adligen. Derer gab es noch einige wenige, z.B. in den Grampians, wo Thomas Randolph besonders effektiv gegen sie vorging. Im südlichen Schottland war die Situation ganz anders. Hier geboten mächtige Earls, die sich auf die großen englischen Garnisonen der Burgen stützen konnten, ebenso wie auf die relativ gut funktionierende Verteidigung des englischen Grenzlandes. Voraussetzung dafür war aber eine zumindest mehr als sporadische militärische Hilfeleistung durch den englischen König. Aber der hatte domestische Probleme, die an den Grundfesten seiner Herrschaft rüttelten.

Moderne Historiker neigen dazu, die Rolle der Persönlichkeit geringer zu schätzen, als es traditionelle Geschichtsschreiber getan haben. Tatsächlich verschaffte sich aber Robert the Bruce nicht zuletzt durch sein Charisma in Schottland eine Machtbasis, die es ihm erlaubte, dem englischen König Edward II. gegenüberzutreten. Der wiederum brachte sich durch seine persönlichen Neigungen und Defizite ständig in Schwierigkeiten. Angesichts dieser Probleme, die schon in den ersten Jahren seiner Regierung zu einer regelrechten Staatskrise auswuchsen, war die Auseinandersetzung mit Schottland und Robert the Bruce für den englischen König zweitrangig. Seit Edward dreiundzwanzigjährig den Thron bestiegen hatte, überschattete ihn der Einfluß seines mächtigen Cousins, des Earls of Lancaster. Seine Zeitgenossen sahen Edwards

Hingabe für Sport, Landleben und Feiern als unköniglich an. Als Edward den Thron bestieg, zeigten die Barone noch ein großes Maß an gutem Willen. Der Gascogner Piers Gaveston wurde zurückgerufen (Edward I. hatte ihn vom Hof verbannt), obwohl Edwards Neigung zu diesem Günstling seinem Rufe nicht gerade frommte, um es vorsichtig auszudrücken. Edward II. erlaubte Fürstbischof Anthony Bek die Rückkehr aus dem Exil. Bald schon brachte Edward durch seine Favoritenwirtschaft die Barone gegen sich auf. Er ernannte Gaveston, der nicht zur anglo-normannischen Führungselite gehörte, zum Earl of Cornwall. Dieser Titel war eigentlich für einen der jüngeren Brüder Edwards vorgesehen. Die Ernennung eines Landfremden war ein zusätzlicher Affront. Gaveston erhielt außerdem die Hand von des Königs Nichte, Margaret de Clare, Schwester des Earls of Gloucester. Das Weihnachtsfest feierte der junge König mit - natürlich - Gaveston, bevor er nach Frankreich aufbrach, die zwölfjährige Isabella (Tochter des französischen Königs) zu heiraten.

Die Ehe war im Vertrag von Montreuil-sur-mer 1299 vereinbart worden. Während der Abwesenheit des Königs führte in England Gaveston die Amtsgeschäfte. Die englischen Barone dachten nicht daran, sich mit der Sonderrolle des Emporkömmlings Gaveston abzufinden. Auf dem Parlament im April 1309 erschienen die Earls von Lincoln, Lancaster, Warwick, Hereford nebst Valence und Warenne in Waffen. Sie forderten Gavestons Verbannung. Der König war nicht geneigt, seinen Baronen nachzugeben, im Gegenteil, er begann mit militärischen Vorbereitungen für einen Bürgerkrieg. Allerdings war die Opposition zu mächtig. Edward II. gab nach und schickte Gaveston als seinen Stellvertreter nach Irland. Schon im Juli gelang es Edward, die Opposition auszumanövrieren und Gaveston an den Hof zurückzuholen. Leider hatten beide nichts dazugelernt. Gaveston betitelte die stolzen Earls mit ausgedachten Spitznamen. Die waren gar nicht amüsiert. Sie weigerten sich rundweg, zu einem Parlament zu erscheinen, solange dort auch Gaveston weilte. Gaveston wurde vom König fortgeschickt. Die Earls erschienen, und zwar in Waffen, ein direkter Affront gegen den König. Edward hatte nicht nur Probleme mit den eigensinnigen Baronen, seine Kassen waren trotz der immensen Steuern leer. An weitere Feldzüge gegen König Robert von Schottland war vorerst nicht zu denken, trotz der immer lauter werdenden Rufe der Barone, denen Edward I. Ländereien in Schottland gegeben hatte (und denen sie Robert the Bruce wieder genommen hatte).

Die englischen Positionen in Schottland waren schon sehr prekär geworden. Zwischen Berwick und dem Forth standen rund 120 Men-at-arms unter Robert de Umfraville, Henry Beaumont und William Ros; zwischen dem Forth und der schottischen Nordspitze standen weitere 120 unter Alexander Abernethy, Edmund Hastings und John FitzMarmaduke; in Galloway wieder

Dunstaffnage Castle (Foto: Antje Mismahl)

Edinburgh Castle (Foto: Antje Mismahl)

120 Men-at-arms unter John Comyn of Buchan, John Mowbray und Ingram de Umfraville. Englischer Militärbefehlshaber war Robert Clifford mit 100 Men-at-arms und 300 Infanteristen. Clifford löste sich im Kommando mit John Segrave ab. Im Spätherbst 1309 kam es zu einer militärischen Aktivität der Engländer in Schottland, der Earl of Gloucester entsetzte Rutherglen Castle. Nach einiger Zeit fiel es jedoch in die Hände von Edward Bruce. Diplomatische Bemühungen hatten kaum Erfolg. Der Earl of Ulster (immerhin Schwiegervater des schottischen Königs) wurde zu ihm geschickt. Die Verhandlungen (schottischerseits geführt von Nigel Campbell und John Menteith) führten zu nichts. Der englische König erteilte den Kommandeuren bedrängter Stützpunkte die Erlaubnis, befristete Waffenstillstände zu schließen.

Robert the Bruce war klug genug, die schottischen Magnaten taktvoll zu behandeln. Wenn es nötig war, hatte er keine Skrupel, die Bevölkerung hinter ihrem Rücken zum Kampf aufzubieten, er konnte aber auch sehr diplomatisch vorgehen, wenn ihm das nützlich erschien. Der Earl of Ross hatte beispielsweise im Oktober 1308 dem König die Treue geschworen. Es war gar nicht lange her, da hatte derselbe Earl die Familie von Robert the Bruce (unter Druck zwar) an die Engländer ausgeliefert. Bruce bestätigte die Ländereien des Earls und gab ihm noch Dingwall hinzu. Der Earl und sein Sohn Hugh wurden Bruces Freunde fürs Leben. Bruce gewann die Unterstützung von James the Steward, der alte Herr war zwar zu hinfällig, selbst noch in die Schlacht zu reiten, aber der Name hatte Gewicht. Außerdem wuchs sein Sohn Walter zu einem Kämpfer heran. Sein Verwandter John Stewart of Menteith *(21)* (der bei den Verhandlungen mit dem Earl of Ulster eine Rolle spielen sollte) ging zu Bruce über und brachte Dumbarton Castle mit. Thomas Randolph, der nicht immer mit König Roberts Politik einverstanden gewesen war, wurde dessen wichtigster Kommandeur. Er erhielt 1312 die Grafschaft Moray. Auch die Countess of Buchan war inzwischen aus der Käfighaltung entlassen worden. Sie schloß sich Bruce an und erwies sich in der Folgezeit als wertvolle Verbündete. *(22)*

Robert the Bruce hielt im März 1309 ein Parlament in St. Andrews ab. Bruce hatte einen Brief vom französischen König erhalten, der die Schotten zu einem Kreuzzug drängte. Höflich wiesen die Schotten auf ihre Begeisterung für diese Idee hin, leider sei man nur zeitweise mit anderen Angelegenheiten beschäftigt. Der Klerus, der von einer starken brucefreundlichen Partei dominiert wurde, gab eine unmißverständliche Erklärung ab, wonach Robert the Bruce der rechtmäßige König Schottlands sei. Der Papst hingegen konnte sich immer noch nicht von der für die schottischen Geistlichen offensichtlich antiquierten Vorstellung lösen, Comyns Beseitigung durch Bruce (in einer Kirche!) sei nicht rechtmäßig und gottesfürchtig gewesen.

Der englische König hatte im August 1310 endlich einige Earls (Warenne, Gloucester und Cornwall) aufbieten können und eine Armee in Marsch gesetzt. Die anderen Earls schickten gerade das Minimum ihrer feudalen Dienstverpflichtung, de Valence z.B. einen einzigen Ritter. Da die königliche Armee nur auf einen kümmerlichen Bestand von rund 400 Berittenen anwuchs, wendete sich Edward II. an den Earl of Ulster. Der versprach zunächst Hilfe, landete aber mit seinen 500 Mann auf der Insel Man. Im Herbst 1310 überschritt Edward II. mit seinen Leuten die Grenze und zog bis Linlithgow. Dann zog er sich nach Berwick zurück, wo er bis Juni 1311 blieb. Von der schottischen Armee war in dieser Zeit wenig zu sehen. Die Mannen von Robert the Bruce tauchten nur blitzartig auf, um Fouragekommandos der Engländer niederzumachen und verschwanden dann wieder. Als Edward II. sich in Berwick aufhielt, unternahm Bruce einen Raid gegen die Region Lothian. Die englischen Gegenmaßnahmen liefen zu langsam an, um wirklich gefährlich zu werden. Die Aktionen des englischen Königs in Schottland waren wirkungslos, daheim braute sich Unheil zusammen. Der Earl of Lancaster wurde Führer der Opposition. Er erbte die Grafschaft Lincoln und mußte deshalb dem König den Lehnseid leisten. Er lehnte es aber ab, dies außerhalb Englands zu tun. Schließlich gab der König nach und zog ihm aus Berwick entgegen. Es wurde Zeit für Edward ein Parlament einzuberufen, denn die Barone ignorierten seine Aufrufe immer häufiger. Edward ließ Gaveston in Berwick zurück und reiste nach Westminster.

Edward wurde unter die Kontrolle eines Rates aus Baronen gestellt. Gaveston wurde ins Exil geschickt, kehrte aber schnell zurück, zu schnell. Edward unternahm einen kühnen politischen Schachzug, der sich als selbstmörderisch erweisen sollte. Er bot Robert the Bruce die Anerkennung als schottischer König an, wenn der Angriffe gegen England unterlassen wolle. Weiterhin sollte er, so wurde gemunkelt, Gaveston einen sicheren Aufenthaltsort in Schottland verschaffen. Bruce lehnte rundweg ab. Selbstbewußt antwortete er Edward II.: „Wie soll der König von England mein Vertrauen rechtfertigen, wenn er nicht einmal seine Versprechungen gegenüber seinen Vasallen hält?“ Edward und Gaveston wollten sich in Newcastle verschanzen, aber Lancaster erschien mit einer Armee. Der Weg nach Norden war von den Kommandeuren der englischen Grenzverteidigung versperrt, die sich auf Lancasters Seite stellten. Gaveston floh nach Scarborough Castle, wo er sich nach zwei Wochen de Valence ergab. Der versuchte noch einen Appell für des Gascogners Leben, aber zwei von Lancaster bezahlte Iren schlugen Gaveston den Kopf ab. Gaveston war tot, damit hatte die Adelsopposition eine ihrer raisons d'etre verloren. Valence, Warenne und Percy versöhnten sich mit dem König. Trotzdem hing die Gefahr des Bürgerkriegs noch ein Jahr über England. Diese Zeit wußte Robert the Bruce zu nutzen.

Schon 1311 hatte der schottische König Raids *(23)* nach Nordengland unternommen. Im August hatte er acht Tage lang das Tynedale durchzogen. Im September war der Osten der englischen Grenzregion das Ziel. Die Bewohner Northumberlands kauften sich für 2000 Pfund von weiteren Heimsuchungen für einige Monate frei. Bruce spezialisierte seine Truppen auf derartige Blitzangriffe, indem er den Anteil der Kavallerie und der Hobilars erhöhte. Es wurde kein Gepäck mitgenommen, die Versorgung erfolgte aus dem Lande selbst. Massaker und Gewalttaten gegen die Zivilbevölkerung waren nicht intendiert, zumindest wenn Bruce persönlich das Kommando führte, kam es auch nicht dazu. Ziel war es vielmehr, Geld und Vieh einzutreiben und die militärischen Kapazitäten Nordenglands zu zerstören.

Im Januar 1312 begann Robert the Bruce die Belagerung Dundees. Die Garnison der Stadt war die zweitgrößte in ganz Schottland, nur in Berwick standen mehr englische Soldaten. Der Kommandeur, William Montfichet, übergab Bruce die Stadt. Damit war nördlich des Forth nur noch Perth in englischen Händen. Im Süden war die Lage anders. Berwick, Roxburgh und Jedburgh waren in englischem Besitz und stark verteidigt, gleiches galt für Edinburgh, Linlithgow, Livingston und Stirling. In Galloway hielten die Engländer Dumfries, Lochmaben und Caerlaverock sowie Dalswinton, Tibbers und Buittle. Loch Doon Castle fiel gegen Ende 1311, ebenso Ayr, wo König Robert 1312 ein Parlament abhielt. Der Earl of Atholl vereinbarte einen befristeten Waffenstillstand mit dem schottischen König. Der hatte nun den Rücken frei, sich gegen Nordengland zu wenden. *(24)* Schottische Streifkorps unter dem persönlichen Kommando des Königs brannten Hexham und Corrbridge nieder. Ein Stoßtrupp erschien an einem Markttag in Durham, tötete viele Menschen, richtete große Zerstörungen in der Stadt an und trieb Vieh weg. Durham kaufte sich mit einem Tribut von 2000 Pfund für ein Jahr von weiteren Heimsuchungen frei. Northumberland zahlte ebenfalls. Die ärmeren Grafschaften des englischen Nordwestens, Cumberland, Westmoreland und Copeland, konnten soviel Geld nicht aufbringen. Sie stellten deshalb Geiseln. Als sie aber auch kein Lösegeld zahlten, erschien Edward Bruce mit seinen Leuten, besetzte die Residenz des Bischofs von Carlisle (Rose Castle) und ließ drei Tage lang die Umgebung ausplündern. Der Bischof wurde ihn erst dadurch los, daß er die Freilassung der beiden Gebrüder Lindsay, treuer Anhänger des schottischen Königs, zusicherte.*(25)*

Das militärische Potential von König Robert war inzwischen derartig angewachsen, daß er den Direktangriff auf die Zentren der englischen Position in Schottland wagen konnte. Am 6. Dezember 1312 versuchten die Schotten den Sturm auf Berwick. In der Manier eines neuzeitlichen Kommandounternehmens schlichen sich die Schotten des Nachts unentdeckt heran. Sie hat-

Neidpath Castle (Foto: Antje Mismahl)

Edzell Castle, die Burg der Lindsays (Foto: Antje Mismahl)

ten die Sturmleitern schon angelegt, als ein bellender Wachhund die Garnison alarmierte. Die Schotten zogen sich zurück. Da Robert the Bruce nicht über die großartigen und bizarren Belagerungsmaschinen verfügte, die Edward I. berühmt gemacht hatten, mußte er es mit kühnen Überraschungsangriffen oder Bestechung und Diplomatie versuchen. Jeder Versuch, eine der vier wichtigsten englischen Bastionen in Schottland (Edinburgh, Stirling, Berwick und Roxburgh) auszuhungern, hätte Edward II. mit einer großen Invasionsarmee auf den Plan gerufen. Daran war aber dem schottischen König am Allerwenigsten gelegen, denn solange noch englische Garnisonen in Schottland aushielten (auf die sich eine Invasionsarmee stützen könnte) durfte sich Robert the Bruce keine unnötigen Provokationen leisten. Er marschierte auf Perth und begann irgendwann in der ersten Januarhälfte des Jahres 1313 mit der Belagerung. Inzwischen war David Strathbogie, der Earl of Atholl, mit seinen Kräften zu Bruce übergelaufen. Er soll, Barbour zufolge, großen Anteil an der Einnahme der Stadt gehabt haben. Perth war keine leichte Nuß. Die Stadt war an drei Seiten von breiten Wassergräben umschlossen, an der vierten Seite vom Flusse Tay geschützt. Seine Mauern waren stark und sein Kommandeur auch.

Der war seit 1311 kein Geringerer als Sir William Oliphant, der 1304 Stirling Castle verteidigt hatte. Nach vierjähriger Gefangenschaft hatten ihn die Engländer unter der Bedingung freigelassen, daß er auf ihrer Seite kämpfe. Bruce fingierte einen Rückzug seiner Truppen, kehrte des Nachts mit einem Stoßtrupp zurück und durchschwamm mit seinen Kriegern die eisigen Wasser eines Grabens. Bruce war der erste auf dem Wall, sehr zum Entsetzen eines französischen Ritters, der Bruce diente und über dessen todesverachtenden Mut sehr verblüfft war. Als die Garnison der Angelegenheit gewahr wurde, öffneten die Schotten gerade ein Stadttor für die Hauptmacht der königlichen Truppen. Der Widerstand brach schnell zusammen. Über das, was nun folgte, sind sich die Chronisten nicht einig. Angeblich ließ Robert the Bruce die englischen Soldaten frei und ordnete die Hinrichtung seiner schottischen Widersacher an. Eine andere Quelle (Fordun) berichtet davon, daß der schottische König die ärmeren Bewohner der Stadt verschont, die anderen dem Schwerte übereignet habe. Das erscheint nicht ganz unlogisch, da die Stadt die Kapitulation verweigert hatte. An dieser Entscheidung waren sicherlich nicht die einfachen Soldaten, noch weniger die Tagelöhner und Bettler der Stadt beteiligt. Außerdem verband Robert the Bruce ein „special relationship“ mit den unteren Schichten seines Volkes, ob nun von seiten des Königs aus Berechnung oder aus Neigung sei dahingestellt. Zwei Adlige überlebten das Massaker (wenn es denn eines war): der ehemalige Kommandeur William Oliphant und der Earl of Strathearn. Oliphant erhielt relativ schnell die Freilassung, er ging nach England, um das

Lösegeld aufzubringen, was er noch im selben Jahr getreu seinem Ehrenwort in Schottland ablieferte. Was den Earl of Strathearn betraf, gibt es eine (leider nicht sehr glaubwürdige) Anekdote.

Der alte Earl war Offizier der Garnison. Nachdem der Kampf vorbei war, führte ihn sein Sohn Malise, der tapfer in den Streitkräften des schottischen Königs diente, vor den König. Malise bat für das Leben seines Vaters und Bruce gewährte es ihm gnädig.

Tatsache ist, daß Strathearn den Fall der Stadt überlebte und daß Malise ab 1313 König Robert diente. Dann wendete sich der schottische König gegen Dumfries. Dungal MacDowall war der Befehlshaber der Burg. Seine Beteiligung war wahrscheinlich der Grund, warum sich König Robert persönlich an die Spitze der Belagerer setzte. Er bezwang den alten Feind im Februar 1313 - und ließ ihn getreu den Kapitulationsvereinbarungen unbehelligt ziehen. Bald darauf fielen Caerlaverock Castle und Buittle Castle. MacDowall tauchte auf der Isle of Man wieder auf, wo er das Kommando von Rushen Castle übernahm. Um den Oberbefehl auf der Insel stritten sich Henry Beaumont und Simon Montagu. Bruce griff in das Kompetenzgerangel ein und landete am 18. Mai schottische Truppen auf der Insel. Rushen Castle kapitulierte nach fünfwöchiger Belagerung. MacDowall mußte seinen Wirkungskreis erneut verlagern, diesmal zog er nach Ulster. Der Südwesten Schottlands war nun sicher. Der König wendete sich nun gegen den englischen Befestigungsbogen an der schmalen Taille des Landes zwischen Clyde und Forth. Robert the Bruce hatte durch Zähigkeit, persönliche Tapferkeit und menschliche Größe Respekt gewonnen. Keiner der schottischen Adligen, die noch mit der englischen Krone paktierten, konnte sich sicher sein, daß seine Vasallen nicht insgeheim für König Robert agierten. Die Burg von Linlithgow war eine wichtige englische Station auf dem Weg von Edinburgh nach Stirling. Ein örtlicher Bauer mit dem Namen Matthew Binnock blockierte das Tor von Linlithgow Castle mit seinem Heuwagen. Im Heu waren acht schottische Soldaten verborgen, die das Tor solange verteidigten, bis eine Entsatztruppe heran war. Die Besatzung wurde getötet, die Burg zerstört.

Der englische (oder walisische) Langbogen ist aus dem Schottischen Unabhängigkeitskrieg nicht wegzudenken. Auch über den vergleichsweise randständigen Einsatz der schottischen Bogenschützen (meist aus dem Ettrick Forest) berichten die Chronisten. Eine andere Waffe spielte keine derartig prominente Rolle: die Armbrust. Tatsächlich setzten die Engländer Armbrustschützen ein, zumeist nicht bei den Feldschlachten, eher als Garnisonstruppen. Diese

Armbrustschützen kamen aus den englischen Städten und aus der Gascogne. Die Treffsicherheit und relativ gestreckte Flugbahn des Armbrustbolzens hatten im Belagerungskampf ihre taktischen Vorzüge. Tatsächlich berichten die Chronisten des Schottischen Unabhängigkeitskrieges häufig von Gesichts- oder Kopftreffern im Zusammenhang mit Belagerungen. Und im Falle Berwicks wurden auch von schottischer Seite Katapulte mit armbrustähnlichem Mechanismus eingesetzt. Von regelrechten Armbrüsten im Einsatz auf schottischer Seite ist in den zeitgenössischen Berichten kaum die Rede: die Armbrust wird nicht mit den schottischen Kriegern assoziiert wie etwa das Zweihänderschwert oder der Speer. Das erscheint merkwürdig. Die römische Armbrust war fester Bestandteil des Arsenals der den Hadrianswall bewachenden Legionen. Die nordbritischen und die piktischen Stämme haben die Armbrust von den Römern übernommen. Diese Tatsache ist unbestreitbar, zeitgenössische Abbildungen zeigen Krieger mit solchen Waffen, es gibt auch archäologische Belege. Unklar ist nur, ob die Armbrust von den Pikten und den Strathclyde-Briten nur als Jagd- oder auch als Kriegswaffe benutzt wurde. Jahrhunderte später gehörte die Armbrust (in einer kleiner dimensionierten Version) zu den Waffen der sogenannten Border Reivers. Auf schottischer Seite schien sie eine ähnliche Bedeutung besessen zu haben wie der Langbogen auf englischer Seite. Letzteren verwendeten die schottischen Borderer natürlich auch. Warum sollte eine so effektive Waffe (wenn taktisch richtig eingesetzt) auf schottischer Seite während des Unabhängigkeitskrieges keine Rolle gespielt haben, zumal die Engländer sie nachweislich verwendeten?
Ein letzter Gedanke dazu: Wenn Robert the Bruce oder einer seiner Unterführer eine Burg eroberte, dann meist in handstreichartiger Überrumpelung. Zum Ausschalten von Wachposten ist die Armbrust geradezu ideal, noch heute trainieren Eliteformationen wie die französische Fremdenlegion mit dieser Waffe gerade dafür.

Die Ereignisse in Schottland schienen Edward II. nicht unmittelbar berührt zu haben, jedenfalls unternahm er in der schottischen Affäre in diesem Zeitraum wenig. Dann erschien Adam de Gordon am englischen Hof. Er hatte unermüdlich erst Edward I., dann Edward II. unterstützt. Dann hatte ihn überraschenderweise die Garnison von Roxburgh verhaftet. Freigelassen wurde er erst unter der Bedingung, vor dem König selbst zu erscheinen. Das tat er auch und brachte einen Bittbrief von Patrick Dunbar, dem Earl of March, mit. Gordon und Dunbar kalkulierten die materiellen Verluste der Grafschaft seit 1311 auf über 20.000 Pfund und richteten ihre Anschuldigungen nicht nur gegen die Soldaten der schottischen Armee, sondern auch gegen die Garnisonen von Berwick und Roxburgh. Tatsächlich hatten sich Disziplin und Ordnung seit dem Tode Edwards I. sehr gelockert, die Garnisonen fouragierten und verwüsteten dabei auch die Ländereien von de Gordon. *(26)* Gordons Auftritt beunruhigte

Elgin Cathedral (Foto: Hagen Seehase)

den König. Er hatte mit seiner nachlässigen Haltung in der schottischen Frage alle schottischen Adligen, die ihn noch unterstützten, vor die Wahl gestellt, entweder zu Bruce überzugehen oder den schottischen König mit den eigenen Mitteln zu bekämpfen. Und Robert the Bruce hatte politisch geschickt diese Zwangslage ausgenutzt, indem er auf dem Parlament von Dundee im November 1313 proklamierte, daß alle, die sich nicht innerhalb von Jahresfrist ihm anschlössen, Enteignung und fortwährende Enterbung fürchten müßten. *(27)*

James Douglas eroberte am 19. Februar 1314 Roxburgh mit einer Kriegslist. Er und seine Leute kleideten sich in Schwarz und näherten sich in der Dunkelheit der Burg - auf allen Vieren! Tatsächlich hielten die Wachen die eigenartigen Erscheinungen für Vieh, eine Sturmleiter wurde angelehnt, ein Wachsoldat, der nachsehen wollte, lautlos mit dem Dolch getötet. Der Rest der Garnison feierte in der Banketthalle, als der Kriegsruf „Douglas" das Fest jäh unterbrach. Der Kommandeur der Burg, der Gascogner William de Fiennes, konnte sich noch im Bergfried verschanzen. Dann traf ihn ein Pfeil im Gesicht. Die Burg wurde zerstört. Den Sturm auf Edinburgh Castle befehligte ein anderer von Bruces Unterführern.

Thomas Randolph de Moray hatte in seiner Truppe einen Mann namens William Francis. Er war der Sohn eines früheren Kastellans und hatte als Junge eine tiefe Neigung zu einem Mädchen in der Stadt verspürt. Da die Dunkelheit den Liebenden gehört, die Burgtore aber nachts immer verschlossen wurden, hatte er für nächtliche Ausflüge einen gangbaren Abstieg in die Stadt erkundet.

Der führte ausgerechnet über die steile Nordwand des Felsrückens, auf dem sich Edinburgh Castle erhebt. Dort rechnete niemand mit einem Angriff, die Garnison wurde durch einen Scheinangriff auf das Osttor abgelenkt. Francis, Randolph und 30 Soldaten kletterten den steilen Pfad hinauf und erklommen die Mauern mit Enterhaken und Strickleitern. Dann sicherten sie ein Burgtor und ließen Verstärkungen hinein. Die englische Garnison fiel, die Burg wurde zerstört. Jetzt blieb nur noch Stirling Castle, die letzte schottische Festung in englischer Hand und mit Sicherheit die stärkste Position. Die schottischen Truppen riegelten Stirling Castle (kommandiert von Sir Philip de Mowbray) weiträumig ab. König Robert überließ das Kommando seinem Bruder Edward Bruce. Und der leistete sich einen folgenschweren Fehler - oder einen Geniestreich. Konsequenz war die größte und vielleicht folgenschwerste Schlacht auf schottischem Boden.

Die Schlacht von Bannockburn

König Robert war entsetzt, als er die Neuigkeit erfuhr. Was sein Bruder da ausgehandelt hatte, widersprach diametral dem Sinn seiner Strategie. Sir Philip Mowbray, der Kommandant von Stirling Castle, hatte mit großem diplomatischem Geschick mit Edward Bruce ein Agreement getroffen. Edward Bruce versprach, am Mittsommertag 1314 die Belagerung abzubrechen, wenn bis dahin eine englische Entsatzarmee in Sichtweite der Burg auftauchen sollte. Umgekehrt wollte Mowbray die Burg kampflos übergeben, wenn dem nicht der Fall sein sollte. Damit wurde der englische König Edward II. in eine Situation gebracht, in der er handeln mußte. Mowbray selbst erhielt freies Geleit und unterrichtete den englischen König von der getroffenen Vereinbarung. Derartige Verabredungen waren im Mittelalter keine Seltenheit, diese aber brachte ein Zufallselement in die Strategie des schottischen Königs, das sie zunichte machen konnte. Im Februar entschied der englische König, einen Feldzug nach Schottland zu unternehmen. Mitte April sollte sich die Armee sammeln.

Am 17. Juni verließen die englischen Truppenabteilungen Berwick und Wark, erklärtes Kriegsziel war nicht allein die Befreiung der Garnison von Stirling, sondern auch die endgültige Unterwerfung Schottlands. Die Armee, die Edward II. zusammengebracht hatte, war tatsächlich beeindruckend. Schottische Kavallerietrupps unter Robert Keith und James Douglas sichteten das englische Aufgebot und erstatteten König Robert Meldung. Der hatte, nachdem er durch die Nachricht von der Vereinbarung seines Bruders mit Mowbray zutiefst erzürnt gewesen war, seine Kaltblütigkeit wiedergefunden. Er ließ im Lager der Schotten verbreiten, daß die Engländer sich in Unordnung und Auflösung näherten. Das war eine Kriegslist, entbehrte aber nicht vollständig der Grundlage. Die englische Armee marschierte auf dem kürzesten Weg durch das Landesinnere, deshalb war eine Versorgung über See nicht möglich. Der Weg an der Küste hätte zuviel Zeit in Anspruch genommen, das Ultimatum wäre abgelaufen, Stirling Castle kampflos gefallen. Da die Schotten wie üblich den Vormarschweg gründlich zerstörten und obendrein die Anwesenheit des englischen Königs dem Heerzug einen gewissen Komfort aufnötigte, wurde der Heerwurm von einem gewaltigen Train begleitet. Er bestand einer Quelle zufolge aus 110 Wagen (von jeweils acht Ochsen gezogen) und 106 weiteren Pferdewagen. Über die Gesamtstärke der englischen Armee gibt es höchst widersprüchliche Angaben. Edward hatte sogar die Aufgebote so weit entfernter Grafschaften wie South Wales oder Lincolnshire aufgerufen, aber zwischen den angeforderten Mannschaftsstärken und der Zahl der tatsächlich eingetroffenen Infanteristen

Bannockburn Memorial (Foto: Antje Mismahl)

klaffte eine breite Schere. Man sollte von 10.000 - 20.000 Infanteristen englischerseits ausgehen. Die Zahl der Kavalleristen ist auch nicht genau einzugrenzen. Edward II. hatte um die Heeresfolge von 95 Baronen nachgesucht, die insgesamt 300 Reiter (schwergepanzerte Ritter und leichte Kavalleristen, sog. Servientes *(28)*) aufbrachten. Dazu kamen die Angehörigen des königlichen Haushaltes (zwischen 500 und 1000 Reiter), angeworbene Söldner und Glücksritter, deren Anzahl kaum zu bestimmen ist.

Der Earl of Lancaster, der über nicht weniger als fünf Grafschaften gebot, erinnerte Edward daran, daß ohne Abhaltung eines Parlamentes der ganze Feldzug in seinen Augen nichts weiter als eine private Unternehmung des Königs sei. Er schickte das absolute Minimum seiner feudalen Heeresverpflichtung und blieb wie der Großteil seiner Ritter zuhause. Die Earls von Arundel und Warwick folgten seinem Beispiel, der Earl of Norfolk war mit seinen 14 Jahren zu jung, um am Feldzug teilzunehmen. Aus diesen Grafschaften kamen nur einige wenige Ritter. Der englische König versuchte, diesen Mangel durch verstärkte Anwerbungen in Irland, Aquitanien und Bayonne zu kompensieren, was ihm auch teilweise gelang. Aus Schottland stießen Ingram de Umfraville und der Earl von Angus zu Edward. Ebenfalls erschien John Comyn, der Sohn des von Bruce erschlagenen Red Comyn auf der Szene.

Patrick Dunbar, der Earl of March, hielt sich abseits. Immerhin waren unter den englischen Baronen, die Edward II. begleiteten, so erfahrene Soldaten wie Aymer de Valence und Sir Giles de Argentan. *(29)* Das Aufgebot Aymers de Valence ist in den Chroniken als einziges exakt und glaubwürdig notiert: 22 Ritter und 59 Men-at-arms. *(30)* Die Gesamtzahl der englischen schweren Kavallerie belief sich auf schätzungsweise 2000 Mann: davon waren rund 500 in der vom Earl of Gloucester kommandierten ersten Division, rund 300 in der von Clifford kommandierten zweiten Division, der Rest stand unter dem persönlichen Kommando des Königs.

Die Klänge der Great Highland Pipe sind aus der schottischen Militärgeschichte nicht wegzudenken. Der kilometerweit tragende Laut des Dudelsacks zermürbte die Gegner der schottischen Soldaten noch auf den Falkland-Inseln, die übrigens geographisch den Highlands nicht ganz unähnlich sind. Das ist allerdings erst seit der Neuzeit so. Im Jahre 1600 spielte bei einem Raid der Stewarts of Atholl gegen das Städtchen Coupar Angus ein Dudelsackpfeifer auf. *(31)* Vorher war der Dudelsack eher ein Instrument für gesellige Gelegenheiten und Feste, weniger ein „Instrument of war“. Tatsächlich spielte als solches während des Unabhängigkeitskrieges ein anderes Musikinstrument eine Rolle. Dabei handelt es sich, selbst wenn es unwahrscheinlich klingt, um ein Instrument, das man heute kaum für diesen Zweck einsetzen würde: die Harfe.

Die Stärke der schottischen Armee ist ebenfalls eine Frage der Spekulation, immerhin lassen sich hier die Zahlen etwas genauer eingrenzen. In einem Punkt glich die Situation von Robert the Bruce der von Edward II. Er konnte auch nicht auf die Gefolgschaft der großen Magnaten zählen. Nur fünf *(32)* politisch wichtige Adlige seines Reiches waren bei ihm: sein Bruder Edward, Lord of Galloway; der junge Walter the Steward; Thomas Randolph, Earl of Moray; James Douglas und Sir Robert Keith. Die Stärke von Bruces Armee beruhte auf der Gefolgschaft der kleinen Barone, Gutsbesitzer und Chieftains. Und die folgten ihrem König auch aus Überzeugung, nicht aufgrund feudaler Lehensverpflichtung. In den Familiengeschichten nobler schottischer Familien ist tradiert, wer alles in den Reihen König Roberts kämpfte. Erwähnen wollen wir an dieser Stelle den Fahnenträger Scrymgeour, Bruces Schildknappen William de Irvine und seine alten Gefolgsleute Neil Campbell, Gilbert Hay und Gilleculum MacLean.

Stirling Castle (Foto: Antje Mismahl)

Irvine

Der schottische Name Irvine stammt von zwei Ortsbezeichnungen ab: der Gemeinde Irving in Dumfriesshire und der Gemeinde Irvine in Ayrshire.
Der erste urkundlich erwähnte Irvine war Robert „de Hirwine“, der 1226 in einer Chronik aufgeführt wurde. 1260 tauchte ein Robert „de Iruwyn“ in den Urkunden auf, möglicherweise ein Sohn des ersteren.
Der Ahnherr der Chiefsfamilie, der Irvines of Drum, war William „de Irwyne“, der Schildknappe von König Robert the Bruce. Er erhielt für seine treuen Dienste 1324 den Forest of Drum. Sein Nachfolger Sir Alexander Irvine fiel in der Schlacht von Harlaw 1411. Er ist durch Balladen als „Gude Sir Alexander Irvine, the much renownit Laird of Drum“ unsterblich geworden. Angeblich markiert der Drum Stone bei Auchronie die Stelle, an der der „Knight of Drum“ auf seine Burg Drum Castle zurück- und zum Felde von „Reid Harlaw“ vorwärtsschaute, wo er sein Ende fand. Wie den Bruces hatten die Irvines auch den Stewarts getreu gedient. 1411 hatte der Lord of the Isles die Suprematie der Stewarts in Frage gestellt und war mit 10.000 Highlandern von Ardtornish Castle in Morvern aufgebrochen. Nach der Zerstörung von Inverness rückten die wilden Hochländer auf Aberdeen zu. Bei Harlaw trat ihnen am 24. Juli 1411 der Earl of Mar mit rund 6000 Lowlandern entgegen. In der Schlacht fielen auf beiden Seiten jeweils rund 1000 Mann, darunter auch der Knight of Drum.
In Ayrshir wurde 1455 ein Adam Irvine als Bürger des Ortes Irvine erwähnt. Eine Urkunde des Jahres 1587 benennt die Irvines of Boneshaw als Hauptlinie. Die Irvines in Ulster hatten sich während der Plantations im frühen 17. Jahrhundert dort angesiedelt. Einige Irvines ließen sich auf den Hebriden nieder, weitere auf den Orkneys.

König Robert hatte seine Armee schon im April oder Mai aufgeboten, er konnte nicht wissen, wann die englische Invasion stattfand. Er nutzte die Zeit, um seine Leute intensiv zu trainieren. Das Ergebnis war, daß die schottische Infanterie schließlich von erheblich höherem Kampfwert war als die englische. Leute, die sich zu spät den Reihen Roberts anschlossen und nicht mehr ausreichend bewaffnet und trainiert werden konnten, wurden in einem Camp abseits der Hauptarmee untergebracht. König Robert verfügte (neben den eben erwähnten 3000 sogenannten „Small Folks") über 4000 - 6000 Infanteristen in drei (oder vier) Divisionen. Jede Division bestand aus zwei Schiltrons. Das Schiltron war die taktische Formation der schottischen Infanterie. Die äußeren Reihen bildeten die Speerträger mit ihren rund 12 Fuß langen Speeren. Im Inneren eines Schiltrons waren Männer mit Streitäxten und Schwertern postiert. Das schottische Zweihänderschwert, das sogenannte Claymore, war gefürchtet, allerdings dürften nur einige Schotten im Besitz eines solch kostbaren Schwertes gewesen sein. Aber auch die zweihändig geführte Axt, die sogenannte Dänenaxt, war eine wirksame Waffe. König Robert hatte die Schiltrons durch abgessene Ritter und Men-at-arms verstärkt. Seine schwere Kavallerie war zu klein, um auf dem Schlachtfeld von besonderem Nutzen zu sein. In den Schiltrons waren diese kampferfahrenen Männer mit Kettenhemden und Panzerbrünnen aber eine höchst willkommene Verstärkung. Das galt auch für die Galloglasses, die Streitaxtkrieger von den Hebrideninseln, die Angus Og MacDonald geschickt hatte. Die schottische Infanterie bestand also zu einem großen Teil aus professionellen Kriegern, im Gegensatz zu der englischen. Über Bogenschützen verfügte König Robert kaum, ein paar Leute aus dem Ettrick Forest bildeten nur ein schwaches Gegengewicht zu den englischen und walisischen Bogenschützen auf der Gegenseite. Die schottische Kavallerie bestand aus vielleicht 500 leichten Reitern unter Sir Robert Keith. Ihr Angriffsziel waren nicht die schwergepanzerten englischen Ritter, sondern die Bogenschützen.

Über die taktische Gliederung der Schotten bzw. die Kommandoverhältnisse gibt es widersprüchliche Angaben. Folgt man Barbour, so waren die königlich schottischen Streitkräfte in vier Divisionen zu je zwei Schiltrons eingeteilt. Eine Division kommandierte der Bruder des Königs, eine weitere Thomas Randolph, die dritte der junge Walter the Steward und die Reservedivision der König selbst. Die Kavallerie der Schotten stand unter dem Befehl von Sir Robert Keith, der Train unter dem Kommando von Sir William Airth. Während die Angaben für Kavallerie und Train nachweisbar sind, können die Angaben Barbours für die Infanterie in Frage gestellt werden. Obwohl eine Einteilung in vier Divisionen militärtaktisch sinnvoll ist, war im Mittelalter eine Dreiteilung üblich. Der junge Walter the Steward als Kommandeur einer Division erscheint etwas unwahrscheinlich. Barbour zufolge soll das tatsächliche Kommando seiner Division der Kommandeur des zweiten Schiltrons, Sir James Douglas, geführt haben. Allerdings taucht Douglas am Vorabend der Schlacht und in deren Endphase als Kavalleriekommandeur auf (was seinem Temperament auch eher entsprochen haben dürfte).

Die Zusammensetzung der schottischen Divisionen ist nicht strittig. *(33)* Randolph kommandierte die Leute aus Moray, Ross, Sutherland, Caithness und Inverness (also fast ausschließlich Highlander). Unter Edwards Kommando standen die Krieger aus den Borders und aus Galloway, also Lowlander, aber ebenfalls mit einem starken gälischen Element. Die Division des Königs bestand aus einem Schiltron der westlichen Highlander und einem Schiltron seiner Leute aus Carrick nebst dem alten Kern seiner Guerillatruppe von 1307/08 (darunter auch einige Highlander). Die königliche Division dürfte die kampfstärkste gewesen sein. Die Division von Steward/Douglas bestand (so sie denn tatsächlich existierte) ebenfalls aus Hochländern und Lowlandern, was den Schluß nahelegt, beide könnten auch jeweils ein Schiltron der königlichen Division kommandiert haben. Verneint man die Existenz der Division von Steward/Douglas, so müssen ihre in dem Gefechtsbericht Barbours erwähnten Großtaten wohl der Division des Königs zugerechnet werden. Am Vorabend der Schlacht schlug König Robert James Douglas nebst einigen anderen zum Ritter. Bei Herannahen der englischen Armee hatten die Schotten den Belagerungsring um Stirling Castle aufgegeben, und sich bei Torwood, 8 Meilen südlich der Burg, gesammelt. Mit dem Näherrücken der Engländer, von dem König Robert durch Keith und Douglas berichtet worden war, verlegte der schottische König seine Truppen näher an die Burg zu dem Wald von New Park. Hier war das Gelände für Kavallerie ungeeignet. Das Gebiet zwischen dem Waldrand und dem mäandrierenden Bache Bannock Burn war von den Schotten mit Fußangeln (angeblich eine Idee von Malcolm Drummond) *(34)* präpariert worden.

Östlich des Waldes schloß sich das Moorgebiet des Carse an die Windungen des Bannock Burn an, ein für schwere Reiterei denkbar ungeeignetes Gelände. Unter der Voraussetzung, daß die Schotten den Engländern die Benutzung der Straße (eine alte Römerstraße) verwehren konnten, mußten diese abseits der Brücke über den Bannock Burn, um nordwärts nach Stirling Castle zu gelangen. Dem englischen König waren diese Tatsachen bekannt, Sir Philip Mowbray hatte ihn aufgesucht und die Lage erklärt. Allein, der König schien die Situation nicht so ernst zu nehmen. Er drängte auf eine rasche Entscheidung, anstatt die volle Entfaltung seiner Armee abzuwarten. Er hatte schon eine folgenschwere Personalentscheidung getroffen, die allen Traditionen und dem gesunden Menschenverstand widersprach. Der Earl of Hereford, Sir Humphrey de Bohun, war der erbliche Constabler von England und hatte damit das traditionelle Recht, die Vorhut anzuführen. Dieses Kommando hatte der König aber Herefords Rivalen, dem Earl of Gloucester, Sir Gilbert de Clare, übertragen. Hereford dachte nicht daran, hinter Gloucester zurückzustehen.

Drummond

Der Clan Drummond ist nach der Gegend von Drymen in der Grafschaft Lennox, östlich des Loch Lomond, benannt. Der ursprüngliche Titel des Chiefs lautete „An Drumanach Mor“, „Der große Mann von Drymen“.

Der Gründer des Clans, oder jedenfalls der erste bekannte Chief, war Malcolm of Drummond, der in den 1220er Jahren eine Position in Lennox innehatte. Sein ältester Sohn, auch Malcolm mit Namen, wurde bei der Belagerung Dunbars 1296 vom englischen König Edward I. gefangengenommen. Sein Sohn Malcolm focht an der Seite von Robert the Bruce. Er war für den Einsatz von Fußeisen verantwortlich, die bei Bannockburn 1314 den Einsatz der englischen Kavallerie so schlachtentscheidend behinderte. Malcolm Drummond erhielt für seinen Einsatz bei Bannockburn Ländereien um Perth, bis heute ist Perthshire das Herzland des Clans Drummond. Malcolm Drummonds Sohn Malcolm hatte zwei Kinder, Sir John und Margaret. Letztere heiratete Sir John Logie. Als dieser 1356 starb (vielleicht auch schon vorher), wurde sie die Geliebte von König David II. Bruce (1329-1371). Er heiratete sie, nachdem Königin Joanna 1362 gestorben war. Sir John Drummonds Tochter Annabella (gestorben 1401) war die Ehefrau von König Robert III. und die Mutter von König James I. James schlug seine Residenz in der Drummond-Hochburg Perth auf. 1488 wurde Sir John Drummond of Stobhall zum Lord Drummond erhoben. Seine älteste Tochter Margaret (geboren 1472) war die Geliebte, denn die Verlobte von König James IV., sie brachte 1497 seine Tochter zur Welt. 1502 wurde Margaret Drummond auf Drummond Castle zusammen mit ihren beiden Schwestern Opfer eines mysteriösen Giftanschlages. Das geschah kurz bevor der König seine Absicht verkündete, die Tochter des englischen Königs zu heiraten...

Der 4. Lord Drummond wurde 1605 zum Earl of Perth erhoben. Sein Onkel wurde 1609 zum Lord Maderty erhoben, der 4. Lord Maderty wurde 1686 zum Viscount Strathallan ernannt. Der 4. Earl of Perth war ein Gründer des 1687 (wieder)eingerichteten Orders of the Thistle.

Sir William Drummond, der erwähnte 4. Lord Maderty, ein Cousin des 4. Earls of Perth, war während der Regierungszeit von Charles II. Commander-in-Chief der königlichen Truppen in Schottland. Während des Commonwealth (1649-1659) hatte er sich in Rußland aufgehalten, wo er es bis zum Generalleutnant und Militärgouverneur von Smolensk gebracht hatte. Beide Branches (Perth und Strathallan) waren sehr jakobitisch gesonnen. Der 4. Viscount Strathallan fiel in der Schlacht von Culloden. Sein Verwandter, der 3. Duke of Perth, war einer der Kommandeure der Jakobitenarmee. Er war ein sehr kultivierter Mensch und bei den Highlandern sehr beliebt, vertrug sich leider nicht sehr gut mit Lord George Murray, dem militärischen Kopf der Jakobiten. Zu Beginn des Aufstandes wäre der Duke of Perth beinahe von einem regierungstreuen Gentleman aus dem (ansonsten jakobitischen) Clan Murray gefangengenommen worden. Er entkam durch einen Geheimgang. Der Duke wurde bei Culloden verwundet und starb während der Flucht nach Frankreich. Beide Familien verloren nach der Niederschlagung des Jakobitenaufstandes ihre Besitzungen und Titel. Die Angehörigen der Familie des Chiefs blieben lange in Frankreich. Die Chiefwürde kehrte 1902 nach Schottland zurück, als William Drummond (1871-1937), 11. Viscount Strathallan, als Chief eingestzt wurde. Die heutigen Earls of Perth stummen aus seiner Familie. Das Motto des Clans lautet „Gang warily". (35)

Am späten Nachmittag des 23. Juni 1314 erreichte die Vorhut den Bannock Burn. Der englische König ordnete ein Haltmachen an, das von Hereford und Gloucester in der Vorhut geflissentlich ignoriert wurde. In der gegenseitigen Eifersucht und dem Bestreben, den anderen durch Waffentaten zu überflügeln, drängten sie weiter vorwärts. Denn auf der anderen Seite des Baches formierte sich gerade die Division des schottischen Königs in Kampfaufstellung. Sie wurde dabei vom König inspiziert, der eine goldene Krone auf seinem Lederhelm trug. Er ritt in einiger Entfernung vor der schottischen Linie entlang, um Anweisungen zu geben. Er war klar zu identifizieren. Diese Versuchung war zu groß für Sir Henry de Bohun, einen jungen Ritter und Neffen Herefords. Bohun kommandierte einen Trupp walisischer Infanterie. Er ließ die Waliser an der Furt zurück, galoppierte in Richtung Bruce und senkte die Lanze. Robert the Bruce warf sein Pferd (vermutlich eine Kleinpferdrasse der Kategorie „Bog Trotter") herum und der Lanzenstoß ging ins Leere. Der König erhob sich in den Steigbügeln und versetzte de Bohun einen gewaltigen Hieb mit der Streitaxt, der Helm und Schädel spaltete. Der Schaft der Axt brach entzwei. Bohuns Knappe versuchte, den Körper seines Herrn zu bergen, wurde aber von den Schotten gestellt und erschlagen.

Den anderen englischen Rittern erging es nicht besser, die Vorhut wurde von den Speerträgern der Schotten zurückgetrieben. Die Fußangeln und Fallgruben vor der schottischen Front taten das Übrige. Gloucester verlor ein Pferd, einige seiner Ritter ihr Leben. Auf Bruces Kommando rannten die disziplinierten Soldaten seiner Division zurück und nahmen wieder die ursprüngliche Formation ein. Der König beklagte sich noch lapidar über den Verlust seiner guten Streitaxt, was die schottischen Infanteristen natürlich begeisterte, nicht aber die Barone. Sie hoben mit kräftiger Kritik an dem tollkühnen Verhalten des Königs an (ihre Sorge um sein Leben sollte weitere Nahrung bekommen). Natürlich steckte hinter dem Verhalten König Roberts auch kalte Berechnung. Er hatte seinen Leuten das blutige Fanal gegeben, das Siegeszuversicht stiftete. Hatte das Königtum Roberts noch weiterer Legitimation bedurft, der Axthieb von Bannockburn wischte jeden Zweifel hinweg - für Generationen. Mittlerweile hatte eine weitere englische Attacke stattgefunden. Als Edward II. realisiert hatte, daß der vorschnelle Angriff der Vorhut die Straße nicht hatte freikämpfen können, schickte er Robert Clifford und Henry Beaumont mit 300 Berittenen in einer östlich ausholenden Flankenbewegung Richtung Stirling Castle. Hätten sie ihr Ziel erreicht, hätte die verstärkte Garnison zur Bedrohung von Robert the Bruce werden können. Clifford überschritt mit seinen Leuten den Bannock, hielt sich aber in angemessener Entfernung zu den schottischen Linien. Sie passierten die Division von Thomas Randolph, der mit seinen Leuten nur äußerst langsam vorrückte, um die taktische Formation der Schiltrons nicht aufzubrechen. Das taktisch Sinnvollste für die englischen Reiter wäre es gewesen, die Schotten einfach zu ignorieren und den Weg bis zur Burg fortzusetzen. Aber es kam anders. Clifford wollte die Schotten herankommen lassen und in einer klassischen Kavallerieattacke niederreiten. Sir Thomas Grey bezweifelte laut den Sinn dieses Vorhabens, wurde prompt ein Feigling gescholten und gab seinem Pferd die Sporen. Grey ritt geradewegs zwischen Beaumont und William Deyncourt hindurch. Die anderen folgten ihm. Greys Pferd wurde getötet, er flog zu Boden und die Schotten nahmen ihn gefangen, Deyncourt wurde getötet.

Es war ein verbissener Kampf. Die englischen Ritter versuchten, im Nahkampf die Schiltrons Randolphs aufzureiben. Aber ihre Attacke hatte ihr Momentum verloren, die Verluste der Engländer stiegen, die der Schotten waren verhältnismäßig gering. Trotzdem war vom Standort des schottischen Königs die Schwere des Gefechts zu erkennen, ebenso die Gefahr, Clifford könne mit seinen Reitern Stirling Castle erreichen. James Douglas drängte den König, ihn mit Verstärkungen zu Randolph zu schicken. Robert the Bruce lehnte ab, gab aber dann schließlich die Erlaubnis, als er den Besitz der Römerstraße ungefährdet glaubte. Douglas bewegte sich mit einem Schiltron nordwärts zu Randolphs Position. Als die Engländer Douglas kommen sahen, gaben sie ihre Angriffe auf Randolphs Division auf. Sie zogen sich zurück. Auf diesen Moment hatte Thomas Randolph gewartet. Er gab seinen Infanteristen den Angriffsbefehl. Cliffords Truppe wurde in zwei Hälften geteilt, ein Teil erreichte Stirling Castle, der Rest wendete sich zum Rückzug. Douglas stoppte seinen Eilmarsch, als er sah, daß Randolph die Situation beherrschte. Vielleicht wollte er dem Freunde nichts vom Ruhm nehmen.

Am Abend beendete der englische König alle Attacken auf die schottischen Positionen. Er entschied, den Großteil des Heeres feindwärts über den Bannock Burn zu bewegen. Diese Entscheidung war so unbesonnen, dilettantisch, ja taktisch schwachsinnig, daß sie von vielen Historikern angezweifelt wurde. Die Chronisten sind sich aber einig, der Übergang fand statt. Einzige Entschuldigung für die Aktion könnte König Edwards unbedingter Wille gewesen sein, eine Entscheidungsschlacht herbeizuführen. Mit den Engländern in so gefährlicher Nähe konnte Robert the Bruce keinen nächtlichen Rückzug anordnen. Das Übersetzmanöver nahm fast die ganze Nacht in Anspruch, auch außer den Wachen fand englischerseits kaum jemand Schlaf. Das Biwak war feucht und ungemütlich. Man hielt sich mit Trinken warm und mußte auch schottische Angriffe befürchten. Die Kampfmoral sank, zwei Angriffe waren wirkungslos verpufft. Es war keine Zeit, die Pferde und die Männer ausreichend zu versorgen. Die Disziplin lockerte sich. Angeblich randalierten die walisischen Bogenschützen und machten sich über die Weinvorräte her. Selbst Edward II. mußte klar werden, daß sein anfänglicher Optimismus verfehlt gewesen war. König Robert wurde diese Tatsache jedenfalls schnell bewußt. In der Nacht stieß nämlich Alexander Seton zu ihm.

Seton hatte um 1310 mit Gilbert Hay und Neil Campbell in der Cambuskenneth Abbey einen feierlichen Eid geschworen, daß sie das Königreich Schottland und König Robert gegen alle Sterblichen verteidigen wollten. Hay und Campbell gehörten zu den treuesten Gefolgsleuten König Roberts. Neil Campbells Vater, Sir Colin Campbell, hatte den Familienbesitz derart vergrößert, daß er sich den Beinamen „Mar“ (der Große) erworben hatte. 1294 war er in einem Gefecht gefallen, er liegt in Kilchrennan am Loch Awe begraben. Neil Campbell wurde von Alexander III. zum Ritter geschlagen und schloß sich zwei Jahre später Robert the Bruce an. In zweiter Ehe heiratete er die Schwester Roberts, Mary Bruce. Nach der Schlacht von Bannockburn erhielt er alle Ländereien, die David Strathbogie, dem verräterischen Earl of Atholl, gehört hatten. Neils ältester Sohn, Sir Colin Campbell, begleitete Edward Bruce auf seinem irischen Feldzug. Von ihm stammen die Campbells of Argyll ab. Seton war irgendwann auf seine Güter in Lothian zurückgekehrt und hatte seinen Frieden mit Edward II. gemacht. Nun war er in der englischen Armee und erinnerte sich seines Schwures. Er wechselte die Seiten, um ein Wiedersehen mit seinen Eidgenossen zu feiern. Er berichtete Robert the Bruce von den Zuständen auf der englischen Seite und verwettete seinen Kopf, daß die Weiterführung des Kampfes am folgenden Tag den Sieg bringen würde. Der vorsichtige Bruce liebäugelte schon mit einem Rückzug nach Westen. Jetzt beriet er sich mit seinen Kommandeuren und überließ ihnen die Entscheidung, weiterzukämpfen oder nicht. Alle waren dafür weiterzukämpfen. Wahrscheinlich kannte der gerissene Schottenkönig die Antwort schon im voraus. Allerdings gab es in der Nacht auch besorgniserregende Vorkommnisse. David Strathbogie, der Earl of Atholl, übte Verrat und überfiel das schottische Versorgungslager bei Cambuskenneth. Bei diesem Überfall wurde neben vielen weiteren auch der Kommandeur des Depots, Sir William Airth, getötet. Die Motive Strathbogies sind nicht mehr zu klären. Vielleicht erwartete er einen englischen Sieg und wollte sich auf die Seite der vermeintlichen Gewinner schlagen. Vielleicht zielte seine Attacke auf Edward Bruce, der die Schwester des Earls erst verführt, dann verlassen hatte. Jedenfalls mußte der Verrat Strathbogies Robert the Bruce daran erinnern, daß keineswegs alle schottischen Earls auf seiner Seite standen.

Am Mittsommertag 1314 rückten die Schotten bei Anbruch der Dämmerung aus dem Schutz des Waldes vor. Es war gegen vier Uhr morgens und König Robert hatte die riskante Entscheidung getroffen, die englische Kavallerie zu einem Angriff zu provozieren. Die Schotten rückten so nahe wie möglich an die englische Position heran, achteten aber darauf, ihre Flanken durch Geländeeinschnitte gedeckt zu lassen. Die Schotten formierten sich wieder zu Schiltrons und im englischen Lager brach hektische Betriebsamkeit aus. Gloucester, der Kommandeur der englischen Vorhut, hatte keine Zeit, seinen Waffenrock anzuziehen.

> **Angeblich knieten die Schotten nach dem Vorrücken kurz nieder. Edward II. mißinterpretierte die Situation folgendermassen: „Diese Leute bitten um Gnade“ „Allerdings“, sagte Sir Ingram de Umfraville, der es besser wußtc, „aber nicht um Gnade von Euch. Sie erbitten sie von Gott.“**

Der erst dreiundzwanzigjährige Earl of Gloucester riet dem König zum Warten, was tatsächlich die angemessene taktische Maßnahme gewesen wäre. Edward allerdings drängte zum Angriff, wahrscheinlich machte ihn die Tatsache optimistisch, daß seine Bogenschützen die schottischen Bogenschützen vom Felde drängen konnten.

Schottische Fußsoldaten des 14. Jahrhunderts (nach einem Original aus dem Public Record Office)

Der Langbogen

Seit dem frühesten Altertum ist der Bogen als Kriegswaffe bekannt. In Europa fand er im größerem Maßstab Verwendung bis ins 17. Jahrhundert. Noch in den Kämpfen der französischen Krone gegen die Hugenotten in den 1620er Jahren wurde der Bogen von englischen Söldnern gebraucht, in Schottland tauchte er noch zwei Jahrzehnte später in großem Umfang auf. Die Reitervölker der Sarmaten, Hunnen und Mongolen setzten Bogen ein, zumeist handelte es sich dabei um kunstvoll angefertigte Reflexbögen. In Europa bedienten sich vor allem die Kelten des Bogens, bei den Wikingern war er ebenfalls verbreitet.

Der englische Langbogen war eine Erfindung der Waliser. Sie setzten Bogenschützen bei Hinterhalten ein. Edward I. machte auf seinen walisischen Feldzügen mit dem Langbogen der Waliser Bekanntschaft und übernahm ihn sofort ins eigene Arsenal. Er entwickelte die Taktik des Bogeneinsatzes weiter. Nicht mehr der Einzelschütze stand im Vordergrund, sondern der massierte Einsatz von Bogenschützen zum Salvenfeuer.

Im Idealfall hatte der Langbogen eine Länge, die der Größe des Schützen gleichkam. Bei waagerecht ausgestreckten Armen wurde der Abstand von Mittelfinger zu Mittelfinger gemessen. Der Bogen wurde der Anatomie des Schützen also regelrecht angemessen. Die Bögen wurden aus Eibenholz hergestellt, das z.T. aus Spanien und Italien, zum Teil aus den Hansestädten eingeführt wurde. Weißulmen, Haselnuß-, Eschen- und Walnußbaumholz wurde ebenfalls verwendet. Die Pfeile wurden mit großer Sorgfalt gefertigt und mit Gänsefedern befiedert.

Mit dem Langbogen war es möglich, auch Ziele in über 500 Meter Entfernung zu bekämpfen. Die Treffgenauigkeit war enorm. Geübten Bogenschützen gelang es, bis zu sieben Pfeile in die Luft zu bringen, bevor der erste im

Ziel einschlug. Auch die Durchschlagskraft war beachtlich. Ein Pfeil, abgeschossen von einem Langbogen mit 90 bis 100 englischen Pfund Zugkraft, konnte auf 200 m Entfernung noch ein 2,5 am dickes Eichenbrett durchschlagen. Ein Kettenhemd wurde mit einem Kriegspfeil auf Kernschußweite glatt durchschlagen, auch ein Plattenharnisch bot nur begrenzten Schutz. Den zeitgenössischen Berichten über Meisterschüsse sollte man durchaus Glauben schenken! Die Bogenschützen waren in England und Wales guttrainierte Spezialisten. Es gab landesweite Wettkämpfe, bei denen die besten Schützen ermittelt wurden. Es nimmt daher kaum Wunder, daß diese Spezialisten den englischen Königen die Siege gegen die französische Ritterschaft von Crecy (1346), Poitiers (1356) und Acincourt (1415) sicherten. Bei Crecy jagten die 6000 Bogenschützen Edward III. den herandonnernden Rittern der Franzosen in einer Minute 30.000 Pfeile entgegen. Natürlich beeilten sich die Franzosen ihrerseits, sofort ein Bogenschützenkorps aufzustellen. Es bestand aus angeworbenen Italienern und war den Engländern/Walisern weit unterlegen.

Auch die schottischen Könige versuchten, die Engländer zu kopieren. Ein Erlaß aus dem 15. Jahrhundert verbot bei hohen Strafen jede andere sportliche Betätigung als das Bogenschießen. Schottische Bogenschützen gab es gegen Ende des 13. Jahrhunderts kaum. Nur einige Leute aus dem Ettrick Forest dienten den Schotten als Bogenschützen. Später wurde der Langbogen von den Highlandern und den Borderern übernommen. Ein Bogenschütze trug seinen Bogen meist entspannt in einem Futteral. Die Pfeile hatte er im Gürtel stecken bzw. er trug sie in einem wetterfesten Beutel. Schulterköcher á la Robin Hood waren nicht verbreitet (im Gegensatz zur literarischen Figur Robin Hood gab es die Bogenschützen aus dem Sherwood Forest wirklich). Zu seiner Ausrüstung gehörten oft noch ein langes Kampfmesser und ein Streithammer, mit dem sich auch Palisadenpflöcke einschlagen ließen, und ein kleiner Schild (Buckler).

Die Schlachten im Spätmitelalter begannen auf der britischen Insel fast immer mit dem Duell der Bogenschützen. (36) Die Infanterie und auch die Kavallerie hatte kaum eine andere Chance, als den Pfeilhagel abzuwarten. Die erfahrenen Krieger duckten sich hinter ihre Schilde und hielten die Köpfe unten. Ein ungedecktes Gesicht konnte den Verlust eines Auges oder des Lebens bedeuten. Die Pfeile, die für große Entfernungen benutzt wurden, hatten leichte Spitzen und erzielten keine besondere Durchschlagskraft. Bei Nahdistanz wechselte man zu Kriegspfeilen, die hingegen entfalteten fürchterliche Wirkung, ihre Spitzen hatten oft Widerhaken. Um den Nachschub an Pfeilen zu gewährleisten, wurden die „Retriever" mit der nicht immer dankenswerten Aufgabe vorgeschickt, im Niemandsland zwischen den Armeen Pfeile einzusammeln. Der ärgste Feind der Bogenschützen war die leichte Kavallerie. Deren Attacken in gestrecktem Galopp waren für die Bogenschützen eine ernstzunehmende Gefahr, wie das Beispiel Bannockburn zeigt. Wenn das Angriffssignal für die Infanterie ertönte, schulterten die Bogenschützen ihre Bögen und nahmen ihre Seitenwaffen, um hinter der Infanterie eine zweite Linie zu bilden. Es kam aber auch vor, daß Bogenschützen mit Steilfeuer die eigene Infanterie von hinten überschossen.

Im Heiligen römischen Reich deutscher Nation besaßen vor allem die Bogenschützen aus Thüringen ein gewisses Renommee. Außerdem verdienen die sarazenischen Bogner aus Süditalien, die Brabanter Bogenschützen und die ungarischen berittenen Bogenschützen Beachtung.

Edward II. bezeichnete Gloucester zornig als Verräter, ein absolut absurder und ungerechter Vorwurf. Der erzürnte Gloucester ließ sofort aufsitzen und attackieren, dabei brachten seine Ritter die Linie der Bogenschützen völlig durcheinander. Gegen die schottischen Schiltrons konnten sie allerdings kaum etwas ausrichten. Die Kavallerieattacke geriet in Unordnung, weil viele Ritter ihren Kommandeur Gloucester (der ja keinen Waffenrock trug) nicht erkannten.

Die derart gebremste Wucht des Angriffs traf Edward Bruces Division. Gloucester wurde von einer schottischen Lanze aus dem Sattel geworfen und starb. Viele seiner Ritter ritten geradewegs in den Lanzenwald. Als die Attacke ihr Momentum verlor, zog sich die erste Linie der englischen Ritter nicht etwa zurück, sondern versuchte, aus dem Stand heraus den Nahkampf mit Schwert und Axt oder Streitkolben zu führen. Dadurch konnten Kavallerieverstärkungen von hinten nicht an den Feind gebracht werden. Die englischen Ritter auf ihren ungepanzerten Pferden wurden nun ein leichtes Ziel für die schottischen Infanteristen, die die Pferde töteten und damit die Reiter zu Fall brachten. Die englische Infanterie konnte nicht eingreifen. Edward II. befahl den Bogenschützen, den Fernkampf wiederaufzunehmen. Den Bogenschützen blieb wenig übrig, als im indirekten Feuer hoch über die Ritter hinwegzuschießen, nur wenige Pfeile fanden ihr Ziel. Diejenigen, die direkt schossen, trafen hingegen auch die eigenen Ritter, da klare Ziele in dem Gedränge kaum auszumachen waren.

König Robert ließ den rechten Flügel seiner Armee vorgehen und nach links einschwenken. Damit rollte er die englischen Reihen von der Seite auf. Allerdings bekamen nun die englischen Bogenschützen klare Ziele, die schottischen Verluste stiegen. Nun griff die schottische Kavallerie unter Sir Robert Keith in die Schlacht ein, sie ritt die englischen Bogenschützen nieder. Robert the Bruce warf seine eigene Division in die Schlacht, seine Highlander und seine Leute aus Carrick griffen die Engländer mit voller Wucht an. Diesem Angriff schlossen sich die Leichtbewaffneten aus dem Park an. Die englischen Reihen wankten und lösten sich auf. Aymer de Valence und Giles de Argentine führten den unwilligen Edward II. vom Schlachtfeld. Argentine machte seinem eigenartigen Titel alle Ehre, indem er zum Schlachtfeld zurückkehrte und dort bei einer Gegenattacke gegen die vorrückenden Schotten starb. Valence brachte den König bis an die Tore von Stirling Castle. Dessen Gouverneur Mowbray verweigerte dem König aber den Einlaß.

Nach den Vertragsbedingungen hatte er Stirling Castle den Schotten zu übergeben. Selbst wenn er sein Wort nicht hielte, wäre die Burg für den König nur ein Gefängnis gewesen, kein sicherer Zufluchtsort. Der König war nur mit knapper Not dem schottischen Zugriff entkommen, sein Siegel fiel in die Hände der Schotten, sein Schildknappe (Sir Roger Northburgh) wurde gefangen. Mit 500 Rittern unter Henry Beaumont umging Edward II. das schottische Heer in westlicher, dann südlicher Richtung. 60 schottische Reiter unter Sir James Douglas sorgten dafür, daß die Eskorte des Königs keine Ruhe fand. Douglas traf auf eine Truppe von 80 Kavalleristen unter Alexander Abernethy, der zum Schlachtfeld unterwegs war. Vermutlich beabsichtigte Abernethy, an der Seite der Engländer in den Kampf einzugreifen. Douglas aber berichtete ihm von den

Ereignissen, Abernethy gelobte König Robert die Treue. Douglas rekrutierte kurzerhand Abernethy samt Reitern und nahm mit dieser willkommenen Verstärkung die Verfolgung des englischen Königs wieder auf. Ein direkter Angriff wäre selbstmörderisch gewesen, dazu war selbst die nun vergrößerte Truppe Douglas' zu klein, aber die Engländer konnten sich ihren Verfolgern auch nicht einfach stellen, weil sonst andere schottische Kavalleristen hätten aufschließen können. Erst an der Burg des Earls of March (Dunbar Castle) erreichten sie einen sicheren Aufenthaltsort. Von dort nahmen sie ein Schiff nach Berwick.

Dunbar

Im 11. Jahrhundert erhielt Earl Gospatric die Grafschaft von Dunbar von König Malcolm Canmore. Seine Nachkommen hielten die Grafschaft bis 1435. Der Titel wurde für die Familie der Home 1603 wiederbelebt, aber 1611 erneut aufgegeben. Die Dunbars erwarben 1368 die Ländereien von Glenkens und Mochrum.

Die Dunbars of Caithness stammten von der Westfield-Linie der Familie ab. Der Sohn des 7. Earls kämpfte in der Schlacht von Largs gegen die Norweger (1263). Sein Sohn Patrick „Blackbeard" nahm den Titel „Earl of March" an, weil seine Ländereien die Grenze zu England bildeten. Im Schottischen Unabhängigkeitskrieg spielten Earl Patrick und seine Burg Dunbar Castle ein wichtige Rolle.

Die Grafschaft wurde 1435 durch König James I. aufgehoben, der die Dunbars als gefährliche Konkurrenten ansah. Allerdings war John Dunbar, der Cousin des letzten Earls of March, durch Einheirat in die königliche Familie seit 1372 Earl of Moray. Sein Enkel, der 4. Earl of Moray, wurde 1429 ermordet. Er hinterließ nur einen Sohn aus einer „Nebenehe", der nicht erbberechtigt war. Der Sohn dieses Sohnes heiratete die Erbin der Mochrum Dunbars. Ein Abkömmling dieser Linie wurde 1677 der 1. Baron von Nova Scotia. Sir Jean Dunbar of Mochrum, 13. Baron und Chief der Dunbars, war während des

II. Weltkriegs Sergeant der United States Army. Vorher war er einer Beschäftigung in Chicago nachgegangen. Er war der Chauffeur von Al Capone gewesen.

Dunbar Castle wurde 1488 zerstört, aber für den König James IV. von 1496 bis 1501 wiederaufgebaut.

Als die Reste der englischen Armee der Tatsache gewahr wurden, daß die königliche Standarte nicht mehr zu sehen war, lösten sie sich zu heilloser Flucht auf. Bruce verfügte nicht über genug Kavalleristen, um die versprengten englischen Abteilungen zu verfolgen. Diese Aufgabe hätte auch von den Leichtbewaffneten wahrgenommen werden können. Allerdings entdeckten die „Small Folks" den englischen Bagagetrain und begannen, ihn zu plündern. Die Beute war überwältigend. Die Niederlage der Engländer wurde zur Katastrophe, als Flüchtende versuchten, den Bannock Burn bzw. den Forth zu überqueren. Viele englische Soldaten ertranken oder wurden im panischen Gedränge erdrückt. Die Schotten verloren zwei Ritter, William Vipont und Walter Ross.

Die englischen Verluste waren exorbitant hoch. Es waren mehr englische Ritter ums Leben gekommen als jemals zuvor in den englisch-schottischen Kriegen. Darunter befand sich Gloucester, dessen Leichnam von einem Franziskanermönch gefunden wurde. Man ließ ihn in einer Kirche aufbahren, wo König Robert höchstselbst die Totenwache hielt (Gloucester war sein Schwager gewesen). Der englische Baron Marmaduke Tweng hatte sich unter den Toten auf dem Schlachtfeld verborgen. Er erhob sich erst, als Robert the Bruce das Schlachtfeld inspizierte. König Robert erlaubte ihm die ungehinderte Heimreise nach England. Die Earls von Angus und Hereford, Sir Ingram de Umfraville, Segrave und Anthony de Lucy schlugen sich nach Süden bis zum für den englischen König gehaltenen Bothwell Castle durch. Dessen Kommandeur, der gebürtige Schotte Walter Gilbertson, entdeckte seine patriotische Ader. Er nahm die Barone gefangen, um sie später König Robert auszuhändigen. Ihre Begleiter überfiel er bei einem Ausfall und machte sie nieder. Ein großes Kontingent Waliser konnte sich bis nach Carlisle durchkämpfen.

Von Bannockburn nach Berwick

Wie so oft in den englisch-schottischen Kriegen brachte eine siegreiche Schlacht noch nicht das Ende des Krieges. Edward II. verbrachte zwei Wochen in Berwick und versuchte verzweifelt, die Verteidigung des englischen Nordens gegen die anrückenden Schotten zu organisieren. Er übertrug diese Aufgabe schließlich Henry of Lancaster. Viel Erfolg hatte er nicht. Am 1. August 1314 überschritt eine schottische Invasionsarmee unter Edward Bruce und Thomas Randolph die englische Grenze bei Norham. Northumberland wurde verheert. Die Schotten verbrachten drei Tage in Newburn, bevor sie sich gegen Durham wendeten. Die Einwohner des Fürstbistums kauften sich frei. In Richmont wurde ein Detachement weiter südlich geschickt. Brough, Appleby und Kirkoswald wurden niedergebrannt, die Felder zertrampelt, das Vieh fortgetrieben.

Die Garnison von Carlisle unter Andrew Harcla war von dem Desaster von Bannockburn nicht betroffen. Sie fing die Schotten ab, die von ihrem Raid wieder heimwärts strömten. Allerdings erlitten die Engländer in dem Gefecht größere Verluste als die Schotten. Harcla regruppierte seine Truppen und unternahm seinerseits einen Raid gegen Dumfriesshire. Gegen die schottischen Raids konnte Edward II. wenig tun. Er ernannte Aymer de Valence zum Befehlshaber der englischen Truppen nördlich des Trent, aber es waren einfach zuwenig davon vorhanden, um die schottischen Einfälle wirksam abzuwehren. Die wurden immer zahlreicher. An 1314 konnte Northumberland kein Geld mehr aufbringen, um sich durch Tribute von den Überfällen freizukaufen. Ab 1314 drangen die schottischen Streifkorps immer tiefer nach England ein. Einerseits war das ein Zeichen für das gestiegene Selbstbewußtsein der Schotten, andererseits reflektierte es die Tatsache, daß die nördlichen Grafschaften Englands gründlich leergeplündert waren.

Berwick geriet jetzt in das Visier der Schotten. Die Befestigungsanlagen wurden hastig ausgebessert. Im November schickten die Städte London, Northampton, Lincoln und York gepanzerte Armbrustschützen nach Berwick, der Sold dieser Soldaten wurde aus der königlichen Kasse bezahlt. Die Stadt lebte in ständiger Alarmbereitschaft. 1315 wurde Carlisle erfolglos belagert und die Ernte war zum zweiten Male armselig. Die Folge war eine schlimme Hungersnot, die England schlimmer betraf als Schottland (dort war Fleisch, nicht Korn das Hauptnahrungsmittel). Die Hungersnot verstärkte noch die durch die schottischen Überfälle verursachte Landflucht der Bewohner des englischen Nordens. Prominente Vertreter des nordenglischen Adels, die Bannockburn überlebt hatten, verstarben 1314 (Henry Percy). Andere, wie Roger de Umfraville, verkauften ihre Güter. Die Lords des Tynedale schworen dem Schottenkönig die Treue. Ganze Landstriche in Nordengland versanken in Anarchie. Der Kastellan von Barnard Castle, John Ireys, entführte Lady Clifford (ihr Mann war bei Bannockburn gefallen) und kam vorerst straflos davon. 1315 trat in York ein Parlament zusammen, an das Robert the Bruce ein Friedensangebot adressierte. Weder der englische König, noch seine Barone waren geneigt, darauf einzugehen. Man vereinbarte aber einen Gefangenenaustausch. Die Familienangehörigen von König Robert (seine Frau, seine Tochter, seine Schwester), Bischof Wishart und Donald, der Earl of Mar, kamen frei. Letzterer blieb freiwillig in England. Verschiedene schottische Magnaten, die bislang zu König Edward II. gestanden hatten, schworen nun König Robert die Treue. darunter befanden sich Patrick Dunbar, der Earl of March, und Sir Ingram de Umfraville. Der junge Earl of Fife, seit über einem Jahrzehnt am englischen Hofe, kehrte 1315 nach Schottland zurück (und ließ seine Ehefrau in England). Andere Adlige waren unversöhnlich. Dazu gehörten David Starthbogie (Earl of Atholl) und Robert de Umfraville (der Earl of Angus). Sie wurden von der schottischen Krone enteignet. Das Erbe der Comyns fiel an die Earls of Ross und an die schottische Krone. 1315 regelte König Robert auf einem Parlament in Ayr neben den anstehenden Eigentumsfragen auch die Thronfolge. Sollte König Robert kein Sohn geboren werden (das ließ bis 1324 auf sich warten), würde sein Bruder Edward den Thron erben. Die Tochter Marjorie, die aus der ersten Ehe des Königs stammte, wurde von der Thronfolge ausgeklammert. Sie heiratete wenig später den jungen Walter the Steward. Für den Fall, daß sowohl König Robert wie Edward Bruce nur minderjährige Erben hinterlassen sollten, wurde Thomas Randolph zum Guardian bestimmt.

Nach der Klärung dieser wichtigen innenpolitischen Fragen wurde Berwick zum wichtigsten Punkt auf der politischen Agenda. Die Stadt war der letzte Flecken englisch gehaltenen Landes in Schottland. Ihr Hafen wurde von den Schiffen flämischer Piraten und den Langbooten Angus Og MacDonalds blokkiert. Versorgungsschiffe wurden abgefangen. Die Leute des Stadtkommandanten Berkeley schlugen im Januar 1316 einen großangelegten kombinierten Land-/Seeangriff der Schotten zurück. Sir James Douglas kam nur knapp mit dem Leben davon. Am St. Valentinstag 1316 verließ ein Streifkorps unter dem Gascogner Raymond de Caillau die Stadt, um zu fouragieren. *(37)* Ihr Auszug wurde von Adam de Gordon beobachtet, der sich jetzt vollends auf die schottische Seite schlug. Gordon informierte Douglas, der sofort mit einigen Soldaten aufbrach, Caillau abzufangen. Der ließ zunächst seine Leute zum Schiltron formieren, als er jedoch sah, wie klein die Truppe von Douglas war, befahl er den Angriff. In verzweifelten Nahkämpfen gewannen Douglas' Leute die Oberhand.

Douglas tötete Caillau eigenhändig. Insgesamt verloren 80 Engländer (20 Men-at-arms und 60 Infanteristen) ihr Leben. Als ein zweites Streifkorps ebenfalls von den Schotten aufgerieben wurde, begannen die Leute Berkeleys zu desertieren. Das Jahr verging mit englischen und schottischen Streifzügen über die Grenze, ohne daß sich die Lage dramatisch veränderte. Der Earl of Arundel, neuernannter Kommandeur der englischen Grenztruppen, führte eine Streitmacht über den kaum benutzten Paß von Carter Bar nach Schottland. Sir James Douglas hielt sich nur ein paar Meilen in seinem neuerrichteten Gut Lintilee auf. Er hatte nur seine persönliche Leibgarde von 50 Men-at-arms und eine Kompanie Bogenschützen zur Verfügung. Doch auf Verstärkung zu warten, fiel Sir James nicht ein. Er legte einen Hinterhalt und griff die englische Vorhut unter Thomas de Richmond an. Mit gefällten Lanzen ritten sie aufeinander los, Richmond fiel vom Pferd. Douglas sprang aus dem Sattel und erdolchte Richmond, dann verschwand er mit seinen Leuten im Wald. Arundel zog sich ein paar Meilen zurück.

Als Douglas nach Lintilee zurückkehrte, fand er dort ein englisches Fouragekommando unter dem Schreiber Ellis vor, das sich zum Essen niedergelassen hatte. Die Reaktion Douglas' auf diesen Besuch kann man sich vorstellen. Die meisten Engländer wurden enthauptet, ein paar ließ man laufen, ihre Landsleute zu warnen. Ein Schotte nahm Ellis abgeschlagenen Kopf und ließ ihn seinen Hintern küssen.

Danach versuchte Arundel, über See Streitkräfte nach Schottland einzuschleusen. Mit fünf Schiffen und über 300 bewaffneten Seeleuten landete er irgendwo nördlich von Edinburgh. Der Sheriff von Fife riskierte kein Gefecht, obwohl er 500 Männer zur Verfügung hatte. Einige Meilen entfernt weilte Bischof William Sinclair, der von den Ereignissen erfuhr, sich mit 60 erfahrenen Kriegern auf den Weg machte und den übervorsichtigen Sheriff zur Rede stellte. Der furiose Bischof nannte den Sheriff einen Feigling. Er warf die geistlichen Gewänder fort und griff sich eine Lanze. Er gab Befehl, ihm zu folgen und griff an. Die Engländer wurden ins Meer geworfen, einige ertranken. Arundel gab weitere Invasionsversuche auf.

Die Verantwortung für die Verteidigung Berwicks wurde 1317 den Bürgern der Stadt übertragen. Der König von England empfing als Pfand für dieses Versprechen (und den Zuschuß, den er für die Verteidigungsausgaben gezahlt hatte) Geiseln. Ein Bürger, wie die meisten Schotte von Geburt, war mit Sir Robert Keith verschwägert. Der hatte den Oberbefehl über die Belagerungsarmee,

Randolph und Douglas waren mit den Belagerungen von Wark und Harbottle beschäftigt (diese Burgen fielen im Mai 1317). Piers Spalding, der Schwager von Robert Keith, war der Befehlshaber eines Stadttores, durch das er in der Nacht von 2. April einer schottischen Sturmtruppe unter Douglas (den der schottische König kurzfristig von Wark Castle abgezogen hatte), Einlaß gab. Es folgten heftige Straßenkämpfe, in denen Spalding fiel und William Keith of Galston, ein Cousin von Sir Robert Keith, sich durch besondere Tapferkeit auszeichnete. Nach der Einnahme der Stadt trieb man alle Engländer bis auf die Haut ausgeplündert, aber lebend aus der Stadt. Die Burg hielt noch elf Wochen aus, dann kapitulierte sie, die Besatzung erhielt freien Abzug. Im Januar 1319 besuchte König Robert die Stadt, um die Befestigungsarbeiten zu überwachen und von hier Überfälle auf Dunstanburgh Castle, die Burg des Earls of Lancaster, zu organisieren. Sein Schwiegersohn Walter the Steward (oder Walter Stewart) wurde Stadtkommandeur, der flämische Freibeuter John Crabbe leitete die Ausrüstung der Stadt mit Katapulten und ähnlichen Kriegsmaschinen, die Stadt sollte nicht mehr leicht in englische Hände fallen. Schottland war frei.

Die Krone von Irland

Noch vor der vollständigen Befreiung Schottlands hatten die Brüder Bruce mit einem Unternehmen begonnen, das einerseits die schottischen Bemühungen, das englische Kriegspotential zu schwächen, unterstützen konnte. Andererseits kann man den irischen Feldzug auch als das wohl ehrgeizigste Projekt der Familie Bruce ansehen: der Griff auch nach der irischen Krone.

Irland stand im 13. Jh. partiell unter englischer Herrschaft. Gegen Ende des Jahrhunderts hatten die Anglo-Normannen zwei Drittel der Insel unter ihrer Kontrolle. Einige dieser Barone handelten allerdings unabhängig von der englischen Krone. Daneben gab es noch mächtige irische Herrscher z.B. in Connacht und in Teilen Ulsters. Irische Clans wie die O'Connor konnten sich gegen die Expansion der Anglo-Normannen behaupten. Auch in den bergigen Regionen Munsters und Leinsters sowie in der bewaldeten, sumpfigen Zentralebene gab es unabhängige bzw. nur nominell abhängige irische Herrschaften. Der Rechtsanspruch der Lordschaftsregierung und des Parlamentes erstreckte sich über die ganze Insel, tatsächlich galt sie nur für den englisch besiedelten Teil. Edward I. hatte die allzu selbständigen anglo-normannischen Lords enger an den englischen Thron binden können, trotzdem befanden die sich in wechselnden Bündnissen mit und gegen irische Kleinkönige in einem kaum zu durchschauenden Dauerkonflikt um Land und Einfluß. Für den englischen König war Irland, d.h. vor allem Ulster und Dublin, wichtige Ressource im Kampf gegen Schottland. Der Abfluß von Steuern und Soldaten schwächte allerdings die englische Position in Irland. *(38)* Je dringlicher die Forderungen Englands nach Truppen aus Irland wurden, desto schwerer fiel es der Dubliner Verwaltung bzw. den anglo-normannischen Lords, sich zu versagen.

Das Parlament von York hatte Lame John MacDougall of Lorne zum Admiral der westlichen Flotte ernannt. Er hatte das Kommando über 12 Schiffe, bezahlt aus der Kasse der Dubliner Lordschaftsregierung. Um die Mitte des Februars 1315 eroberte sein Stellvertreter Duncan MacGoffrey die Isle of Man mit ihrer schottischen Garnison. Dieser einsame Erfolg versetzte Edward II. in Hochstimmung, er ordnete die Aushebung von 10.000 Soldaten in Irland an mitsamt 60 Schiffen, um im Westen Schottlands zu landen. Doch es kam andersherum. Eine schottische Flotte verließ am 26. Mai 1315 Ayr und trug Edward Bruce und Thomas Randolph mit einer Invasionsarmee von 6000 Mann nach Irland, wo sie bei Larne in der Provinz Ulster landte.

Die Normannen in Irland

In der Mitte des 12. Jahrhunderts war die politische Situation in Irland angespannt. Die Dynastien der O'Connors, O'Briens und der MacLochlains (aus Ulster) rangen um das Hochkönigtum. Bischof Malachias war 1148 zu einer Romreise aufgebrochen, unterwegs besuchte er das Kloster des Heiligen Bernhard in Clairveaux und starb dort. Bernhard von Clairveaux verfaßte eine Vita des heiligen Malachias, die ein sehr unvorteilhaftes Bild von den Zuständen in der irischen Kirche abgab. Papst Hadrian IV., selbst englischer Abstammung, gab Heinrich II. von England die Erlaubnis, die irische Kirche mit Waffengewalt zu disziplinieren. Auf dem Konzil der englischen Bischöfe von Winchester (1154/1155) wurde eine Invasion Irlands vorgeschlagen.

1166 nahm Ruadri Ua Conchobair (oder Rory O'Connor) den Titel des ard ri, des Hochkönigs, an. Er hatte Muirchertach MacLochlainn (Hochkönig von 1156 - 1166) besiegt. Rory O'Connor verbündete sich mit Tigernan Ua Ruairk (O'Rourke), dem König von Breifne, und den Leuten aus Dublin gegen den König von Leinster. Letzterer, Diarmaid MacMurchada (Dermot Mac Murrough), wurde aus Leinster vertrieben und suchte Hilfe bei Henry II., dem König von England. Der verwies ihn an die anglo-normannischen Lords in den walisischen Grenzlanden. Dermot gelang es, den Earl of Pembroke, Richard FitzGilbert de Clare, genannt „Strongbow", anzuwerben. Im Mai 1170 schickte Strongbow eine Vorhut von 90 Mann unter dem Kommando seines Bruders Raymond FitzGilbert Le Gros nach Südostirland. Die Vorhut landete am Baginbun Point bei Wexford, wo sie ihren Brückenkopf mit einem Wall und einem Graben befestigte: die erste anglo-normannische Befestigungsanlage in Irland. Drei Monate später (am 23. August) landete

Strongbow selber bei Waterford, etwas weiter westlich. Er brachte 200 Ritter und 1000 walisische Bogenschützen mit sich. Zwei Tage später nahm er die Stadt. Dermot MacMurrough, der sich in Ferns aufhielt, begab sich nach Waterford und gab Strongbow seine Tochter Aiofa zur Frau. Strongbow führte seine Truppen und die Dermot loyalen irischen Krieger gegen Dublin und nahm die Stadt. Im nächsten Frühjahr starb Dermot. Strongbow reklamierte den Thron von Leinster für sich und seine Frau. Die Leute von Leinster unterstützten aber einen Neffen Dermots, die Bewohner Dublins wurden unruhig und Rory O'Connor sah die Zeit gekommen, mit aller Macht zu intervenieren. Rory sammelte 30.000 Mann, Iren keltischer und skandinavischer Herkunft, und begann die Belagerung Dublins. Strongbow gelang es eine kleine, ausgesuchte Truppe von nicht mehr als 600 Leuten durch die Linien des Belagerungsheeres sickern zu lassen. Die Iren, alles Fußsoldaten, wurden von der Attacke in ihrem Rücken überrascht und zersprengt.

Die Schlacht von Dublin ist leider nicht sehr gut historisch dokumentiert. Vielleicht zum allerersten Mal zeigte sich die Überlegenheit schwergepanzerter Kavallerie im Zusammenspiel mit Bogenschützen auf den europäischen Schlachtfeldern. Sie stellt in gewisser Weise das taktische und waffentechnische Bindeglied dar zwischen der Schlacht von Hastings 1066 und den Siegen der Engländer in den Schottenkriegen bzw. im Hundertjährigen Krieg gegen Frankreich.

Als die Nachricht von Strongbows Sieg den englischen König erreichte, zeigte sich dieser besorgt. Die Barone der Marches waren stets äußerst selbstbewußt gewesen. Nun warf sich der vielleicht mächtigste dieser Lords zum Herrscher eines Teiles von Irland auf. Strongbow schwor einen Treueid, aber Henry war nicht ganz überzeugt. Zögernd entschied sich Henry II. zu einem Besuch in

Irland. Er versammelte 500 Ritter und 3000 Fußsoldaten zusammen mit Belagerungsgeräten und zerlegbaren hölzernen Türmen. Mit 400 Schiffen setzte er am 16. Oktober 1171 nach Irland über. Henry nahm die Treueide von irischen Königen und anglo-normannischen Lords ab. Er schlug sein königliches Hauptquartier in Dublin auf und erwartete hier die Treuebekundungen der irischen Bischöfe, die auf einer Synode in Cashel weilten. Der nominelle irische Hochkönig Rory O'Connor unterwarf sich nicht dem englischen König. Er residierte in dem Kloster Cong im Westen Irlands, das er von Zeit zu Zeit zu Kriegszügen verließ: das letzte Mal im Jahre 1185. In Cong war Rory O'Connor fast unangreifbar, im Winterhalbjahr war für Henry II. an einen Feldzug quer durch die Grüne Insel nicht zu denken. Im März gelangten Nachrichten von einer Rebellion des Kronprinzen Henry nach Dublin, Der König setzte Hugh de Lacy als Justiziar von Irland ein (er traute Strongbow nicht) und segelte am 17. April 1172 nach England. De Lacy heiratete eine Tochter Hochkönig Rorys und entwickelte ein relativ harmonisches Verhältnis zu den Iren. Offenkundig sah sich König Henry von der Diplomatie de Lacys ebenso bedroht wie von den militärischen Fähigkeiten Strongbows. Er berief de Lacy ab und setzte den eigenen Sohn John als Vizekönig von Irland ein, und als der in den 1180er Jahren Irland besuchte, hatten die anglo-normannischen Lords schon große Teile des Landes erobert. Die Anglo-Normannen breiteten ihr Herrschaftsgebiet stetig aus, vermischten sich aber mit der gälischen Bevölkerung und nahmen die keltische Sprache an. 1261 wurde mit der Schlacht von Calann in Munster die normannische Expansion vorerst gestoppt.

Besonderen Anteil am Vordringen der Anglo-Normannen hatte die Familie de Burgh, die sich bis an die Atlantikküste in Mayo ausbreitete und das Erbe der Grafen von Ulster antrat. Elizabeth de Burgh heiratete einen schottischen Adligen nach dem Tod dessen erster Frau. (39)

Ihr erstes Ziel war Carrickfergus, die Stadt fiel sofort, die Burg (die am stärksten befestigte Burg Irlands) hielt aus. Sie wurde bis zu ihrem Fall im September 1316 belagert. Edward Bruce ließ eine Besatzung in Carrickfergus zurück und wendete sich südwärts zur Eroberung Dundalks. Seine kampferfahrenen Veteranen hatten kaum Mühe, örtlichen Widerstand am Moirie Pass zu überwinden und dann die Stadt in blutigen Straßenkämpfen zu nehmen. Es wurde zum Markenzeichen der schottischen Invasion: Widerstand wurde sofort äußerst gewalttätig niedergeschlagen. Edward Bruce wurde in Dundalk 1316 zum König von Irland gekrönt. Mit feierlichen Worten übertrug Domnall O'Neill aus dem Geschlecht der alten irischen Hochkönige seine Ansprüche auf das irische Königtum an Edward Bruce. Doch die Herrschaft über Irland hatte Edward Bruce damit noch nicht. Lokale Chieftains schlossen sich ihm an, ebenso kleinere anglo-normannische Adlige. Allerdings war die Versorgungslage in Irland so extrem schlecht, daß viele Anglo-Normannen und Iren aus reinem Selbsterhaltungstrieb Widerstand gegen die Schotten leisteten. Sie konnten mit ihren schmalen Ernten einfach keine fremde Armee und sich selbst ernähren.

Die Unterstützung der Bevölkerung Irlands war lokal begrenzt, ein allgemeiner Aufstand gegen die englische Herrschaft brach nicht aus. Jene war ja sowieso nur auf Teile Irlands beschränkt. Trotzdem war die schottische Invasion in Irland ein schwerer Schlag gegen den englischen König. Erst als der John de Hotham nach Dublin schickte, die Situation zu untersuchen, und der sofort um 500 Pfund bat, die er brauchte, um Gegenmaßnahmen zu organisieren, wurde Edward II. der Ernst der Lage bewußt. Allerdings konnte er keine Truppen nach Irland senden. Die Dubliner Regierung unter Edmund Butler hatte eine Armee aufstellen lassen, die sich mit den Leuten des Earls of Ulster in Louth vereinigte. Der überoptimistische Earl of Ulster überzeugte Butler davon, er könne mit den schottischen Truppen allein fertig werden. Butler entließ seine Truppen, die er ohnehin nicht mehr bezahlen oder versorgen konnte. Edward Bruce fingierte einen Rückzug und lockte den Earl in die Falle. Bei Connor besiegte er die Streitkräfte des Earls of Ulster gründlich. Die Schotten schlugen ihre Operationsbasis im freundlichen Ulster auf, wo die lokale Bevölkerung ihnen gewogen war. Aber Edward Bruce verfügte nicht über die Kräfte, die nötig gewesen wären, um aus der Provinz auszubrechen. Im Herbst kehrte Thomas Randolph de Moray nach Schottland zurück, um Verstärkungen zu holen. Im Dezember war er mit frischen Truppen wieder in Irland. Nun brachen die Schotten in südlicher Richtung aus Ulster aus, sie gelangten bis nach Leinster, wo sie gegen die Truppen Roger Mortimers in Meath gewannen und die königliche Armee in der Schlacht von Skerries schlugen. Der Sieg war hartumkämpft und nutzte den Schotten wenig. Ihre Verluste zwangen sie, nach Ulster zurückzukehren. Randolph kehrte ein zweites Mal nach Schottland zurück. Er brachte im Februar 1317 erneut frische Truppen - und König Robert. Der wußte Schottland relativ sicher vor englischen Angriffen und nahm den irischen Feldzug selbst in die Hand. Die Brüder Bruce führten ihre Soldaten bis vor die Tore Dublins und in den Süden Irlands. Ihre Absicht war klar: der gälische Teil Irlands sollte zur Rebellion bewogen werden. In Dublin brach Panik aus. Um freies Schußfeld von den Mauern zu haben, wurden ganze Stadtteile niedergerissen, ja niedergebrannt. Die Brände weiteten sich aus. Dublin wurde schwer beschädigt. Der Bürgermeister Dublins warf den Earl of Ulster in den Kerker, er machte ihn für die mißlungene Abwehr der schottischen Invasion verantwortlich. Robert the Bruce versuchte gar nicht, die Stadt zu nehmen. Statt dessen wandte er sich mit seiner Armee nach Munster und durchquerte ganz Irland. Schließlich erreichte er Limerick. Hier erhoffte man Unterstützung durch Donough O'Brien, doch statt seiner hielt der feindselige Murtough O'Brien die Kontrolle über das Unterkönigreich der O'Briens.

Die Schotten kehrten nach Ulster zurück, Robert the Bruce und Thomas Randolph verließen Irland. Thomas Dun, der Kommandeur der schottischen Marine, hielt die Versorgungswege nach Schottland offen. Allerdings konnte Schottland nicht viel an Nachschubgütern schicken. Die Hungersnot in Irland macht Edward Bruce zu schaffen. Die Kopfstärke seiner Armee schwand dahin, ebenso der Kampfwert seiner verbleibenden Soldaten. Dun, der 1315 zusammen mit flämischen Piraten den walisischen Hafen Holyhead angegriffen hatte und dort ein englisches Schiff gekapert hatte, fiel 1317 in die Hände des neuen Admirals der westlichen Flotte Edwards II., John of Athy. Dun wurde exekutiert. Thomas Randolph konnte 1317 die Isle of Man erobern. Das brachte zwar Edward Bruce in Irland keine Entlastung, aber immerhin gelang es, Lame John MacDougall zu fangen, der auf Loch Leven Castle eingekerkert wurde. Inzwischen hatte Edward II. von England Roger Mortimer zum Lieutenant von Irland ernannt. Mit einer kleinen Kampfgruppe landete er in Irland. Edward Bruce erhielt keine Verstärkungen aus Schottland mehr, alle Reserven des schottischen Königreiches wurden bei Berwick gebraucht.

Als er im Oktober 1318 erneut versuchte, aus Ulster auszubrechen, wurde er von königlich englischen Truppen unter John Bermingham bei Faughart (in der Nähe Dundalks) gestellt. Edward Bruce wurde geschlagen.

Bermingham sandte den abgeschlagenen Kopf des Schotten (zur Konservierung eingesalzen) an Edward II. Der war so erfreut, daß er Bermingham zum Earl of Louth erhob.

Der irische Feldzug war vorüber. Für manchen irischen Chronisten war das Ende Edward Bruces eine Erleichterung.

„Eduard Bruce, der Zerstörer des normannischen und gälischen Irland, wurde durch Kampf und Heldentum von den Fremdlingen bei Dundalk erschlagen - und seit Erschaffung der Welt wurde keine bessere Tat für die Männer von ganz Irland begangen.“*(40)*

Dieser Kommentator zeigte sich wie die meisten seiner Zunft entsetzt über die Grausamkeit der Kriegsführung und das Elend, das der irische Feldzug brachte. Edward Bruce mit seinen Schotten, verbündeten irischen Chiefs und anglo-normannischen Baronen stand einer ganz ähnlich strukturierten Allianz von Gegnern gegenüber: irischen Chiefs (die einen schottischen Lehnsherrn genauso ablehnten, wie einen englischen); normannischen Baronen, die das von Bruce propagierte keltische Königtum fürchteten; schließlich den Gall-oglaigh *(41)*, schottischen Söldnern von den Hebriden und den Orkneys im Solde der Dubliner Regierung und der irischen Magnaten.

Wenn es tatsächlich darum gegangen wäre, analog dem schottischen ein irisches Königreich für die Familie Bruce zu erobern, dann war die Unternehmung ein kostspieliger Fehlschlag, der mehrere Tausend schottische Soldaten und einen fähigen Kommandeur gekostet hatte. In anderer Hinsicht war das Abenteuer aber ein unendlicher Gewinn für Schottland. Für Jahre behinderte der irische Feldzug zwar die schottischen Streifzüge nach Nordengland, weil er militärische Kräfte band. Allerdings war Nordengland kein sehr lohnendes Ziel in den Jahren unmittelbar nach Bannockburn. In Irland konnte man der englischen Krone schweren Schaden zufügen und genau das gelang Edward Bruce. Bis 1322 konnte der englische König keine Soldaten in Irland für seine schottischen Feldzüge ausheben, so nachhaltig hatte die schottische Invasion das militärischen Potential der englischen Krone in Irland geschwächt - leider sehr auf Kosten der irischen Zivilbevölkerung, was den zitierten feindseligen Kommentar über den Tod Edward Bruces erklärt.*(42)*

Streifzuege nach Nordengland

Nach dem Fall von Berwick, Wark und Harbottle eroberten die Schotten auch Mitford. Die großen Burgen von Alnwick und Bamburgh wären beinah gefallen. Dann brachen Douglas und Randolph zu einem der verheerendsten Streifzüge nach England auf. Northumberland litt derart unter den Plünderungen, daß es von kirchlichen Abgaben befreit wurde. Das schottische Streifkorps zog durch das Teesdale über Barnard Castle bis nach Ripon. Die Schotten respektierten die Reliquien des heiligen Wilfrid - das kostete die Bewohner Ripons allerdings 1000 Mark Silber. Ein Detachement verließ die Hauptgruppe und attackierte erst Hartlepool und dann Northallerton. Bei Knaresborough stieß es wieder zu der Hauptgruppe. *(43)*

Mittlerweile hatte sich Edward II. mit seinem größten innenpolitischen Widersacher, dem Earl of Lancaster, wieder versöhnt. Der englische König plante einen Angriff zur Rückeroberung Berwicks und ließ im Frühjahr 1318 einen Aufmarsch bei Newcastle verkünden. Edward forderte die Aushebung von rund 25.000 Fußsoldaten. Rund 8500 konnte er im August in Newcastle versammeln. Das große Kontingent aus der Grafschaft Cumberland wurde als Eingreifreserve gegen schottische Streifkorps detachiert. Mit dem Rest seiner Armee (darunter 1400 Kavalleristen) zog Edward II. gegen Berwick. Neben den Landstreitkräften hatte er auch noch 77 Schiffe aufbieten können. Allerdings war die Kampagne nicht besonders gut vorbereitet, erst als die Armee vor Berwick eingetroffen war, ergingen Befehle, auch Belagerungsgerät herbeizuschaffen. Edward II. hoffte, Robert the Bruce zu einer offenen Feldschlacht herausfordern zu können. Der hatte immerhin versichert, daß Berwick niemals in die Hände der Engländer fallen würde.

Der Beschuß der Stadt mit Katapulten leitete den Generalangriff ein. Sturmtruppen mit Leitern und anderen Geräten griffen die Mauern an. Gleichzeitig wurden englische Schiffe von Ruderbooten in Richtung Hafen geschleppt. Ein Schiff ging längsseits der Hafenmauer. Langsam wurde eine Zugbrücke vom Vorderkastell des Schiffes herabgelassen - zu langsam, ein Ausfall der Verteidiger aus der Stadt, ein paar Brandpfeile und das Schiff stand in Flammen. Der Angriff wurde abgebrochen. Im englischen Lager wartete man tatenlos auf die Belagerungstürme, die von Bamburgh Castle und Northampton eintreffen sollten. Der König ernannte schon einmal die zukünftigen Kommandanten von Berwick (so dachte er sich das): Despenser als Burg-, Amory als Stadtkommandant. Beide waren Feinde des Earls of Lancaster. Der alte Groll kam wieder hoch. Am sechsten Tage der Belagerung wurde ein weiterer, diesmal kraftvollerer, Angriff unternommen. Beim ersten Angriff war ein Belagerungsingenieur in schottische Hände gefallen (er war auf dem unglücklichen Schiff gewesen, hatte aber überlebt). Er bediente nun ein Mangonel (eine Art Katapult) und zerschmetterte damit eine englische Belagerungsmaschine. John Crabbe, der Kommandeur der schottischen „Artillerie", benutzte einen Kran, um brennende Materialien auf englische Mauerbrecher zu werfen. Ein englisches Schiff hatte ein Beiboot voller Schwerbewaffneter bis ins Masttop gezogen und näherte sich der Kaimauer. Bevor das Boot aber heruntergelassen werden konnte, wurde es von einem Steingeschoß aus einem Katapult getroffen. Der Landangriff war wesentlich erfolgreicher. Die Außenwerke von einem Stadttor (das Marygate) wurden von den Engländern genommen. Sie versuchten, eine Zugbrücke zu öffnen. Walter Stewart setzte alle Reserven ein, das Tor zu halten. Der Kampf wurde bis zu Beginn der Dunkelheit fortgesetzt, dann zogen sich die Engländer zurück. Die englischen Verluste waren höher als die schottischen. *(44)*

König Robert war nicht so unbesonnen, sich auf eine offene Feldschlacht einzulassen. Selbst bei einem glücklichen Ausgang hätte man immer noch mit der englischen Eingreiftruppe unter Andrew Harcla rechnen müssen. Statt dessen schickte er Douglas und Randolph mit einem Streifkorps über die englische Grenze nach Süden. Es bewegte sich auf York zu, wo die englische Königin weilte. Hastig wurde sie mit ihren Hofdamen nach Nottingham in Sicherheit geschafft. Erzbischof Melton versammelte eine improvisierte Armee, die erfahrenen Krieger Randolphs und Douglas' aufzuhalten. Die Truppe des Erzbischofs war allerdings zu improvisiert. Als die englischen Soldaten von einem gefangenen schottischen Spion erfuhren, daß York das eigentliche Ziel des schottischen Expeditionskorps war, war James Douglas nur noch dreizehn Meilen von York entfernt. Mit äußerster Eile versammelte man die wehrfähigen Leute der lokalen Landbevölkerung beim Dorfe Myton.

Die englischen Bauern, nur mit improvisierten Waffen ausgestattet, schlecht geführt, schlecht postiert, hatten nicht den Hauch einer Chance gegen Douglas kampferprobte Männer. Bei der ersten schottischen Attacke wandten sich die unglücklichen Engländer zur Flucht, man hatte es aber versäumt, den Rückzugsweg (eine Brücke über den Fluß Swale) zu sichern. Schottische „Hobilars", berittene Infanteristen, schnitten jede Fluchtmöglichkeit ab. Von den 4000 Toten der Schlacht von Myton (20. September 1319) waren nur sehr wenige Schotten.*(45)* Unter den getöteten Engländern waren so viele Kleriker, daß schottische Chronisten die Schlacht, das „Domkapitel von Myton" nannten. Nach der Schlacht zogen die Schotten südwärts bis Castleford und kehrten dann durch die westlichen Marches wieder nach Hause zurück.

Bei der Lokalisierung mittelalterlicher Schlachtorte ist Vorsicht geboten. Das gilt besonders, wenn man sich auf zeitgenössische Autoren stützt. Schlachtbeschreibungen enthalten Topoi, besonders die Ortsbeschreibungen sind typisiert. Genauso wie der locus amoenus der Chansons de Geste ist auch das Schlachtfeld in der mittelalterlichen Literatur typisiert, ja klischeehaft. Meist handelt es sich da um eine Ebene, die von einem Fluß durchzogen wird und von einem Gebirge überragt wird. Tatsächlich sieht die Stirling Plain exakt so aus. Genauere Lokalisierung erlaubt meist die Archäologie. Aber auch hier ist übertriebener Optimismus unangebracht. Gewannen die Schotten eine Schlacht und behaupteten für längere Zeit ein Schlachtfeld, so ließen sie wenig für den Archäologen übrig. Mildtätige Seelen bestatteten die Gefallenen. Waffen und Ausrüstung wurde eingesammelt. Im nicht sehr wohlhabenden (und eisenarmen) Schottland fanden selbst schartige Schwerter, zerrissene Kettenhemden und abgebrochene Pfeilspitzen schnell neue Verwendung.

Die Nachrichten von Myton elektrisierten Edward II. vor Berwick. Er hielt eine Krisensitzung ab. Das Meinungsbild war sehr klar: die Barone aus dem Süden Englands wollten die Belagerung auf jeden Fall fortsetzen, die nordenglischen Barone sahen ihre Besitzungen und Familien in Gefahr und rieten zum Abbruch. Der König war für eine unbedingte Fortsetzung der Belagerung. Der Earl of Lancaster gab den Ausschlag. Als er die Nachricht erhielt, schottische Raider seien bis in die Nähe seiner Burg Pontefract Castle gelangt, schlug er sich auf die Seite der nordenglischen Barone. Die Belagerung wurde aufgehoben. Sofort machten Gerüchte die Runde, der Earl sei ein Verräter. Tatsächlich hatte der schottische Streifzug seine Ländereien nicht berührt, vielleicht war das sogar ein vom gerissenen Robert the Bruce geplanter Schachzug. Der Bruch zwischen dem mächtigsten der englischen Earls und dem König war nun nicht mehr rückgängig zu machen. Edward II. begab sich nach York und versuchte, die Verteidigung des nordenglischen Grenzlandes zu organisieren. Besonders viel kam dabei nicht heraus: 600 Mann blieben in York unter dem König selbst, David Strathbogie, John de St. John und Henry Beaumont. Einen weiteren Streifzug der Schotten (wieder unter Douglas und Randolph) konnten sie aber nicht verhindern, nicht einmal behindern. Der englische König hatte keine Ambitionen, die Kampfhandlungen durch den Winter fortzusetzen. Er kam mit schottischen Gesandten überein, einen Waffenstillstand für zwei Jahre festzusetzen. Am 22. Dezember wurde der Vertrag unterzeichnet.

Robert the Bruce hatte nun Zeit zu versuchen, den Bruch mit der Kurie zu beenden. Die päpstliche Exkommunikation des Schottenkönigs dauerte immer noch an, was die schottische Geistlichkeit in arge Gewissenskonflikte brachte. Einerseits war die schottische Kirche weit patriotischer gesonnen als Teile des Adels und sie hatte Robert the Bruce in der Vergangenheit aktiv unterstützt. Die Unnachgiebigkeit des Papstes stellte die schottischen Kleriker vor die Wahl: Bruch mit der Krone oder Ungehorsam gegenüber Rom.

Auf die ungeduldige Aufforderung des Papstes, die schottischen Bischöfe sollten beim Heiligen Stuhl erscheinen und sich erklären, schickten der König, die schottische Kirche und der schottische Adel jeweils einen Brief. Die Initiative ging vom König aus, es kann angenommen werden, daß die Briefe ungefähr gleichlautend gewesen waren, wenn auch nur einer erhalten ist. Es ist der des Adels, er wurde bekannt als die „Declaration of Arbroath“. Acht Earls und 31 Barone stellten sich mit dieser Erklärung hinter den König. Die Deklaration gipfelte in den Worten:

> **„Solange Hundert von uns am Leben sind, werden wir uns niemals englischer Herrschaft beugen. Es ist sind nicht Ruhm, Reichtum oder Ehre wofür wir kämpfen, sondern einzig und allein die Freiheit, die kein Mann von Wert aufgibt, es sei denn zusammen mit seinem Leben.“**

Adam de Gordon brachte den Brief nach Rom. Er wurde begleitet von dem Kleriker Alexander Kinninmouth und dem französischen Admiral Odard de Maubuisson. Dank Gordons diplomatischem Auftreten zeigte sich der Papst geneigt, König Robert the Bruce entgegenzukommen. Nur ein knappes halbes Jahr nach der Deklaration von Arbroath wurde ein Komplott aufgedeckt, das nichts weniger als die Ermordung des Königs zum Ziel hatte. William Soules, Roger Mowbray, David Brechin, Patrick Graham und Eustace Maxwell planten angeblich ein Attentat auf König Robert, wohl mit dem Ziel, ein Mitglied der Familie Balliol auf den Thron zu setzen. Ein Parlament in Scone (am 4. August 1320) sprach Maxwell frei. Soules wurde zu lebenslänglichem Kerker verurteilt. Mowbray war inzwischen verstorben, doch sein Leichnam sollte gehängt, gestreckt, geköpft werden.

König Robert erhob Einspruch. Gilbert Malherbe, John Logie, David Brechin und Richard Brown starben aber den grauenvollen Tod, zu dem die schottische Gerichtsbarkeit bislang noch niemanden verurteilt hatte. Ingram de Umfraville ließ man nach England ziehen (er kehrte nie mehr zurück), verschiedene Hinwiese deuten auf seine Teilnahme an dem Komplott hin, obwohl er niemals dafür angeklagt wurde. Die Thronfolgefrage rückte wieder auf die Agenda. Es war inzwischen Entscheidendes passiert. Edward Bruce war tot. Walter Stewart, dem Schwiegersohn des Königs, war ein Sohn geboren worden, der als Thronfolger anerkannt wurde.

Mittlerweile hatte sich in England die Situation für Edward II. verschlechtert. Lancaster hatte verschiedene Barone des englischen Nordens für sich einnehmen können, ebenso wie den Earl of Hereford. Lancasters Gefolgsleute erhielten von Douglas freies Geleit nach Schottland. Auch Thomas Randolph verhandelte mit Lancaster. Die schottischen Kommandeure handelten in eigenem Namen, wohl aber im Sinne ihres Königs. Die Schotten suchten bei Lancaster, was Edward II. ihnen nicht geben wollte: den Frieden.*(46)* Mit Auslaufen des zweijährigen Waffenstillstandes im Januar 1322 griff ein schottisches Streifkorps das Fürstbistum Durham an, die schottischen Streitkräfte attackierten ganz gezielt königstreue Barone in dieser Gegend. Randolph machte mit seinen Leuten in Darlington halt, Douglas plünderte Hartlepool und Cleveland. Walter Stewart erpreßte Tribute von Richmond. Als nordenglische Ritter Hilfe bei Lancaster suchten, erfand der nichts als Ausreden. In einem Brief, der möglicherweise eine Fälschung ist, versprachen Lancaster und Hereford den Schotten, Edward II. in seinen Kriegen gegen Schottland nicht mehr zu unterstützen. Die Schotten versprachen militärische Hilfe, falls es zum Bürgerkrieg in England käme.

Es war tatsächlich bald soweit. Als die Königin in Leeds Castle von Batholomew Badlesmere (der Lancaster nahestand) beleidigt wurde, war das Maß für Edward II. voll. Er entschloß sich, die baroniale Opposition zu beseitigen. Von entscheidender Bedeutung waren dabei die englischen Grenztruppen unter Andrew Harcla. Dieser aus kleinen Verhältnissen stammende, äußerst fähige Kommandeur beriet sich mit dem König. Letzterer vertröstete Harcla, daß man sich erst später mit den Schotten beschäftigen könne. Es wurde ein Waffenstillstand mit ihnen geschlossen. Edward II. nutzte die Zeit. Er griff zunächst mit den königlichen Streitkräften Hereford an. Nach siegreichen Gefechten in den Waliser Marken verfolgten des Königs Soldaten den flüchtenden Hereford in den Norden. Er vereinigte seine angeschlagenen Truppen mit den Kräften von Lancaster bei Burton-on-Trent. Gemeinsam zogen sie sich weiter nach Norden zurück. Ob sie nach Dunstanburgh Castle oder zur schottischen Grenze wollten, ist nicht bekannt, es ist aber auch ohne Bedeutung. Denn in Boroughbridge hatte Harcla die Brücke über den Fluß Ure mit den Grenztruppen blockiert. Hereford starb bei dem Versuch, einen Übergang zu erzwingen. Lancaster wurde gefangengenommen. Des Königs Langmut war zu lange auf die Probe gestellt worden, Lancaster wurde hingerichtet. Harcla erhielt das neugeschaffene Earldom of Carlisle. Nun war Edward frei für einen neuerlichen Feldzug gegen Schottland. Er hatte vorerst keine Opposition seiner Barone zu fürchten und seine Kassen waren (verglichen mit früheren Jahren) gefüllt. Trotzdem waren seine Pläne doch etwas zu ambitioniert. Edward rief 70.000 Mann auf, z.T. sogar aus Irland und Wales. Sie sollten in zwei Marschsäulen (eine an der Westküste, eine an der Ostküste) nach Schottland vordringen. Tatsächlich konnte er 1250 Men-at-arms, 1500 Hobilars, 18.500 Infanteristen aufbringen. Die Kosten hatte der König zum überwiegenden Teil auf die Grafschaften abgewälzt. Als sich seine Truppen im Nordosten Englands sammelten, schlug Robert the Bruce zu. In nur einer

Woche (vom 17. bis 24. Juni 1322) überschritten die Schotten unter Bruce, Douglas und Randolph die Grenze, zerstörten den erzbischöflichen Sitz Home, brannten Lancaster und Preston nieder und zerstörten die Getreideäcker bei Carlisle. Dann waren sie wieder in Schottland. Erst am 12. August überschritten die Engländer die Grenze. Die Schotten vernichteten alles Eßbare auf dem englischen Vormarschweg. Die Versorgungsflotte, auf die Edward II. setzte, erschien nicht, flämische Piraten und die Langboote Angus Og MacDonalds hatten ihre Aufgabe mehr als gründlich erfüllt. Nach einer Woche hatten die Engländer Leith erreicht, wenig später Edinburgh. Aber der Zustand der Armee war katastrophal. Seuchen brachen aus, Fouragekommandos wurden von schottischen Soldaten niedergemacht. Am 2. September war der englische König wieder auf heimatlichem Boden, die Armee folgte: dezimiert, hungrig, demoralisiert. Eine Vorhut war in Melrose eingefallen, um das Kloster zu plündern. Dort war sie ausgerechnet auf den alerten Sir James Douglas gestoßen. Die Vorhut mußte abgeschrieben werden. Am 3. September 1322 löste der englische König seine Armee auf, soweit sie sich nicht von selbst aufgelöst hatte. Jetzt schlugen die Schotten zu. Angriffsziel war Norham Castle, die größte Burg des Fürstbischofs von Durham. Am 17. September begann die Belagerung.

Dunstanburgh Castle, Northumberland, Nordengland (Illustration: Herkunft unbekannt)

Men-at-arms

Man kann diesen Begriff einfach mit „Schwerbewaffnete“ übersetzen, aber es steckt etwas mehr dahinter.

Der Kern der mittelalterlichen Armeen Europas waren die Ritter. Der Begriff Ritter umschreibt aber neben dessen militärischer Funktion als schwerbewaffneter und gepanzerter Reiterkrieger noch seine soziale Stellung sowie sein Weltbild und Ehrenkodex, dem er in der Theorie verpflichtet war.

Schon im 10. und 11. Jahrhundert waren die Panzerreiter die entscheidende Waffengattung auf dem europäischen Kontinent. Da Pferde und Ausrüstung einen beträchtlichen Wert repräsentierten, war es folgerichtig, daß sich neben der militärischen Entwicklung auch eine gesellschaftliche vollzog. Aus dem Reiter entwickelte sich der Ritter, der eine privilegierte soziale Stellung genoß, dem Adel angehörte (bzw. im Deutschen Reich auch zu den Ministerialen zählen konnte) und an einen eigenen Ehrenkodex gebunden war. Letzterer entstand aus den Chansons de Geste in Aquitanien und wurde durch die Heiraten Eleonores von Aquitanien erst in ganz Frankreich, dann in England verbreitet und entwickelte sich zum europäischen Phänomen.

Die besonderen Privilegien eines Ritters waren theologisch durch seine Funktion als „pugnator“ legitimiert, neben ihm spielten die anderen sozialen Gruppen in der Kriegführung des Hochmittelalters nur eine untergeordnete Rolle. Allerdings benötigte der Ritter im Gefecht professionelle Unterstützung. Ein Schildknappe, auch ritterlicher Herkunft, begleitete ihn, ebenso gegebenenfalls jüngere Verwandte und Vasallen, die ähnlich ausgerüstet und bewaffnet waren, aber nicht direkt als Ritter bezeichnet werden konnten. Auf dem Kontinent gab es noch die sog. Sergeanten, das waren Unterlehnsherren, die kein Rittergut besaßen. Sie waren oft mit der Führung des Fußvolks betraut. In England kannte man die Sergeanten in der ersten Hälfte des 14. Jahrhunderts noch nicht. Ebenfalls Sergeanten nannte man die königlichen Leibgarden, die zuerst in Frankreich, dann in anderen Ländern gegründet wurden. In den dichtbevölkerten und wirtschaftlich hochentwickelten Regionen Oberitalien und Flandern entstanden Söldnergruppen, die zuerst Fußvolk, später auch Panzerreiter umfaßten. Die wenigsten dieser Reiter waren ritterlicher Herkunft, obwohl sie wie Ritter ausgerüstet waren.

Zum Ritter wurde man durch den Ritterschlag oder die Schwertleite. Voraussetzung war ritterliche Herkunft. Die Fälle von Aufnahmen von Personen nichtritterlicher Geburt in den Ritterstand waren sehr selten. Es konnte aber vorkommen, daß ein militärischer Führer ohne Ritterschlag schon Kommandofunktionen ausübten, etwa William Wallace oder Bertrand du Guesclin. (47)
Umgekehrt wurden oft königliche Prinzen in jungen Jahren zu Rittern geschlagen, obwohl sie noch gar nicht dessen militärische Rolle einnehmen konnten.
So kam es, daß auf den Schlachtfeldern Europas einerseits viele Krieger nichtritterlicher Herkunft in der (theoretisch) den Rittern vorbehaltenen militärischen Rolle auftraten, andererseits Personen den Titel führten, ohne dessen militärische Funktion einnehmen zu können.

Die Situation Englands war charakteristisch und sie war anders als die Frankreichs oder den Reiches. England hatte bei seiner begrenzten Einwohnerzahl einfach relativ wenige Ritter, wenn man beispielsweise das Königreich Frankreich zum Maßstab nimmt. Die englischen Könige aus dem Hause Plantagenet (die nach dem feudalen Lehnsrecht als Grafen von Anjou, Fürsten von Aquitanien etc. Vasallen der französischen Könige waren, selbst aber Ansprüche auf den französischen Thron erhoben) konnten für ihre langwierigen Feldzüge gegen Frankreich nur relativ wenige Ritter aufbieten. Um aber nicht auf dem Gebiet der Kavallerie ganz ins Hintertreffen zu geraten, erschlossen sie neue personelle Ressourcen. Für die Kriege in Wales, Irland und auch Schottland benötigten die englischen Könige ebenfalls professionelle Soldaten besonders für den Garnisonsdienst, zur Führung des Fußvolks etc. Die ritterliche Herkunft geriet als militärisches Auswahlkriterium in den Hintergrund. Edward I. (1272-1307) versuchte seine Reiterei dadurch zu vergrößern, daß er von allen Grundbesitzern mit einem Grundstückswert von mehr als 20 englischen Pfund verlangte, für ein Jahr einen schweren Kavalleristen zur Verfügung zu stellen. Edward III. warb in großem Maße Söldner außerhalb Englands an, was ihn jedoch in Konflikt mit den Bestimmungen der Magna Charta brachte. Seit 1341 stützte sich Edward III. auf ein System von Verträgen zwischen der Krone und berühmten Feldherren. Das feudale Aufgebot Englands (das „Posse Comitatus", ähnlich dem deutschen „Heerbann"), das alle wehrfähigen Männer zum Kriegsdienst heranzog, verpflichtete nur zu einem Kriegsdienst von rund vierzig Tagen.(48)

In Schottland und Irland gab es Regionen, die nicht feudalisiert bzw. dem Lehnsrecht unterworfen waren. Das waren die schottischen Highlands und der irische Westen, insbesondere die Provinz Connacht. Die hier siedelnde keltische Bevölkerung lebte in eigenen Traditionen. Die gälischen Adligen (selbst wenn sie zu Pferd in die Schlacht zogen) als Ritter zu bezeichnen, wäre völlig verfehlt. Für die berittenen, schwerbewaffneten Soldaten, wie sie im Schottischen Unabhängigkeitskrieg verwendet wurden, ist ein anderer Begriff treffender: Men-at-arms.

Die englischen Men-at-arms trugen in der ersten Hälfte des 14. Jahrhunderts knielange Kettenhemden über einem Lederwams oder einen gepolstertem Leinenwams. Des weiteren bestand die Panzerung noch aus Beinlingen aus Kettengeflecht und einer Kettenhaube. Verstärkt wurde sie durch Panzerplatten. Noch weit entfernt von der vollen Plattenrüstung der Frühen Neuzeit bedeckten diese Platten besonders exponierte Körperzonen: Knie, Ellenbogen, Schultern, Unterarme. Manchmal wurden auch die Unterschenkel durch Beinschienen geschützt, an die sich in der Regel überlappende Panzerplatten für die Oberseite der Füße anschlossen. Brustpanzer wurden vereinzelt getragen. Es wurden Topfhelme verwendet, ebenso wie konische Helme mit oder ohne Visier.

Die Pferde waren (noch) nicht gepanzert. An Waffen trugen die Men-at-arms im Einsatz als Berittene die Lanze. In der Linken wurde ein Schild getragen. Löste sich die Reiterattacke in Einzelkämpfe auf, griffen die Men-at-arms zu ihren Schwertern oder Schlagwaffen. Die Schwerter waren oft große Schwerter zu anderthalb Hand (oder Bastardschwerter), die mit einer Hand oder mit beiden Händen geführt werden konnten. Jeder Man-at-arms verfügte noch über ein kürzeres Schwert und einen Dolch (makabrerweise Misericordia benannt). Das kurze, dafür aber breite Hackschwert (mit Schwerpunkt zur Klingenspitze) wurde populär. Seine Bezeichnung variiert vom englischen „Falchion" zum französischen „Fauchton". An Schlagwaffen fanden die Streitaxt oder der Streitkolben Verwendung. Von besonders tödlicher Wirksamkeit waren Reiterhammer und Rabenschnabel, mit deren spitzen Enden sogar Plattenpanzer durchschlagen werden konnte. Einfache Holzkeulen waren ebenso verbreitet wie eisenbewehrte Stachelkeulen. Effektiv waren auch die sogenannten Kettenwaffen (Morgenstern, Kettengeißel, Ochsenherde).

Für den abgesessenen Einsatz waren Zweihänderschwerter von besonderer Bedeutung. Die Dänenaxt verschwand langsam aus dem Arsenal. Dafür erlangt eine andere Waffe, halb Spieß, halb Schwert, Bedeutung, die in verschiedenen Variationen verwendet wurde. Sie ist unter verschiedenem Bezeichnungen bekannt und wird im deutschsprachigen Raum als „Ahlspieß" bezeichnet. Normalerweise brauchte ein Man-at-arms drei Pferde für sich und seine Ausrüstung: ein Schlachtroß, ein Packpferd und ein Reitpferd.

Die Men-at-Arms waren in drei Kategorien eingeteilt, was man an den Soldlisten aus dem Hundertjährigen Krieg ablesen kann. An erster Stelle standen die Bannerherren, die pro Tag vier Schilling bekamen. Dann folgten die einfachen Ritter (Knights bachelor), sie erhielten 2 Schilling. Knappen erhielten einen Schilling pro Tag. *(49)*

Die Garnisonen von Alnwick, Warkworth, Dunstanburgh und Bamburgh blieben im Schutz ihrer Burgmauern. Es ist kaum vorzustellen, wie sie die schottischen Streifkorps wirksam hätten bekämpfen können. Der König jedoch war höchst wütend und machte dem Fürstbischof und vielen nordenglischen Baronen Vorhaltungen. Die Bewohner Northumberlands begannen, mit ihrem Vieh südwärts zu fliehen. Aber der Hauptangriff sollte im Westen erfolgen. Harcla hatte im Einverständnis mit dem König seine Verbände Ende September aufgelöst. Dann griff König Robert an. Er zog mit seiner Armee durch das Gebiet von Carlisle und verhinderte so, daß Harcla seine Leute wieder sammeln konnte. König Robert schickte Späher aus, Lage und Situation seines Hauptangriffszieles zu erkunden: der Angriff galt König Edward dem Zweiten von England. Der hielt sich in Barnard Castle auf, als ihn die Nachrichten von der schottischen Invasion erreichten. Er gab Harcla den Befehl, mit allen verfügbaren Truppen bei „Blakehoumor" (Sawton Moor in der Nähe von Byland) zu ihm zu stoßen. Der König war auf dem Weg nach Byland, als ihn am 12. Oktober Nachrichten erreichten, die Schotten hätten den Höhenzug der Pennines bereits überschritten. Edward schlug sein Lager im vermeintlich sicheren Rievaulx auf, tatsächlich war das Streifkorps von Thomas Randolph nur 15 Meilen entfernt. Randolph versuchte sich in eine Lage zu manövrieren, die dem englischen König den Rückzug nach Süden abschnitt. Als Randolphs Truppen in Sichtweite der englischen Kräfte kamen, traf Randolph die Entscheidung, die Bergposition der Engländer frontal anzugreifen. Der einzige Weg führte durch einen schmalen Pass, der von abgesessenen Men-at-arms verteidigt wurde. Die Kolonne von Sir James Douglas führte den Angriff an, Randolph gab seinen Kommandoposten auf, um Seite an Seite mit Douglas den Weg durch den Pass freizukämpfen.

Ralph Cobham galt als der beste Ritter Englands. Er zog sich aus dem Engpaß zurück, Thomas Ughtred of Scarborough blieb, um weiterzukämpfen. Logischerweise verlor Cobham seinen Titel an Ughtred.

Beide englischen Ritter wurden gefangen. Nun schickte König Robert seine Highlander nach vorne, die wilden Gälen aus Argyll. Sie erklommen die Berghänge, um Brittany, den Kommandeur der englischen Truppen, an der Flanke zu umgehen. Aus der überhöhten Position unternahmen sie den Sturmangriff, eine wilde Attacke aus vollem Lauf mit Gebrüll: später sollte so etwas als Highland-Charge berühmt werden. Brittany, der abgesessen kämpfte, wurde zusammen mit einem französischen Adligen gefangenge-

Drum Castle (Foto: Antje Mismahl)

Crathes Castle (Foto: Hagen Seehase)

nommen. Der Großteil seiner Leute ergriff die Flucht. Immerhin verschaffte Brittanys Verteidigung der Bergstellung dem König Zeit zur Flucht. Unter Zurücklassung des Tafelsilbers und der Kriegskasse entkam Edward II., er flüchtete bis nach York, ständig verfolgt von der Kolonne Walter Stewarts. Brittany wurde vor König Robert geführt. Der zeigt sich ungnädig und Brittany blieb zwei Jahre in Gefangenschaft, bis er 1324 gegen Lösegeld gehen durfte. Die schottischen Truppen zogen ungehindert durch Yorkshire. Anfang November kehrten sie nach Schottland zurück. *(50)*

Edward II. war immer noch entschlossen, den Krieg gegen Schottland fortzusetzen. Im Winter wurde Archibald Douglas, der Bruder von Sir James, bei einem Scharmützel gefangen, das war aber schon die einzige gute Nachricht für den englischen König. Er ordnete an, alle nordenglischen Barone sollten sich im Falle einer schottischen Invasion in York sammeln. Viermal wurden die englischen Streitkräfte im Norden in Alarmbereitschaft versetzt, viermal seit Beginn des Jahres 1323, viermal umsonst. Der Erzbischof von York ermächtigte den Klerus von Nordengland, private Friedensgespräche mit den Schotten aufzunehmen. Der Fürstbischof von Durham verhandelte direkt mit ihnen. Andrew de Harcla war vom Verhalten des Königs enttäuscht. Er hatte während der Schlacht von Byland Abbey eine merkwürdiges Phlegma an den Tag gelegt, das gar nicht zu ihm paßte. Harcla begab sich zu Bruce und unterzeichnete mit dem Schottenkönig am 3. Januar 1323 in Lochmaben Castle einen Vertrag. Man vereinbarte (unter Umgehung des englischen Königs) weitere Verhandlungen. Harcla erhielt eine im Vertragstext etwas abgeschwächte Version des Vertrages, um nicht wegen Hochverrats belangt werden zu können. Nach seiner Rückkehr nach England begann er, um Zustimmung zu werben. Allerdings hatte er sich Feinde gemacht. Als dem König Harclas Kontakte zu Robert the Bruce zu Ohren kamen, erklärte er ihn zum Verräter. Ein Ritter aus der Gegend namens Anthony de Lucy verschaffte sich mit sieben Men-at-arms Einlaß in Carlisle Castle. Er ließ die Türen besetzen und stellte Harcla in der großen Banketthalle zur Rede. Harcla wurde vor Gericht gestellt, von Geoffrey le Scrope verurteilt, gehängt und gevierteilt. Harcla leistete während seiner Gefangennahme und danach keinen Widerstand, er verteidigte sein Vorgehen und hoffte, den König letztendlich überzeugen zu können. Der hatte sich mit Harclas Tod einen ganz schlechten Dienst geleistet. Der fähigste seiner Kommandeure war nun tot, kein anderer war in der Lage, Nordengland gegen die Schotten zu verteidigen.

Widerwillig fügte sich der englische König in die Situation. Friedensverhandlungen mit den Schotten waren nicht mehr zu umgehen. Am 30. Mai 1323 wurde in Bishopthorpe ein dreizehnjähriger Vertrag geschlossen

Edward II. hatte an einen kurzzeitigen Waffenstillstand gedacht, aber schottische Drohungen bewogen ihn, letztendlich doch einzuwilligen. Robert the Bruce konnte mit dem Vertrag auch nicht zufrieden sein. Flandern suchte um Frieden mit England nach, im eigenen Land grollte eine Kriegspartei, die die Streifzüge nach Nordengland fortsetzen wollte. Doch Robert the Bruce brauchte die Zeit, um die Zerstörungen in seinem Land wenigstens teilweise zu beheben. Der zeitweilige Friede war auch ganz im Sinne des Papstes, der nun Robert in offiziellen Dokumenten als König Schottlands anerkannte (die Exkommunikation blieb aber in Kraft).

König Edward hatte interne und außenpolitische Probleme, die ihn von der schottischen Frage ablenkten. In die Gascogne hatte der neue französische König Charles seine Armee geschickt, nur mühsam konnte die Diplomatie einen großen Krieg verhindern. In England hatte die Familie der Despensers allzugroßen Einfluß auf den König gewonnen. Edwards Herrschaft nahm immer despotischere Züge an. Seine Frau Isabella, die mit dem Sohn in der Normandie weilte, weigerte sich, heimzukommen. Sie wurde die Geliebte von Roger Mortimer, einem rebellischen Lord, der 1322 im Tower gesessen und auf die Exekution gewartet hatte, dann aber hatte fliehen können. Isabella und Mortimer sammelten oppositionelle Adlige um sich. Der französische König (Isabellas Bruder) ließ sich von Edwards Versprechungen nicht länger hinhalten und begann den Krieg in Südwestfrankreich. Das war für Schottland eine zu gute Gelegenheit, sie ungenützt verstreichen zu lassen. Randolph begab sich im Oktober 1325 an den französischen Hof. Im April 1326 hatte er den Vertrag von Corbeil in der Tasche. Er war der Beginn der „auld alliance“ zwischen Schottland und Frankreich. *(51)* Besonders viel brachte der Vertrag den Schotten nicht ein, im Gegenteil, er verpflichtete sie, in jedem englisch-französischem Krieg zum Eingreifen, die französische Hilfe für Schottland wurde nicht genau spezifiziert.

1326 flammten an der englisch-schottischen Grenze kleinere Gefechte auf. Edward II. befahl den Kommandeuren der Grenzverteidigung, sich auf militärische Zusammenstöße vorzubereiten, allerdings beruhigte sich die Lage wieder. Die größte Bedrohung für Edward II. kam nicht aus Schottland. Isabella hatte sich der Hilfe des Fürsten von Hainault versichert, der mit 700 Soldaten an ihre Seite trat (dafür sollte seine Tochter den englischen Kronprinzen heiraten). Mit insgesamt 1500 Mann landete Isabella im September 1327 in Suffolk, hier schlossen sich ihr Thomas Brotherton (ein Halbbruder des Königs) und Henry, Earl of Leicester, (Bruder des getöteten Lancaster) an. London erhob sich gegen den König, er mußte die Stadt verlassen. Bristol wurde vom älteren Despenser und dem jungen Earl of Mar gehalten.

Die Bürger der Stadt rebellierten und richteten Despenser hin, Mar entkam und kehrte nach Schottland zurück. *(52)* Der König und der jüngere Despenser wurden bei Neath Abbey gefangen. Am 20. Januar 1327 dankte Edward II. zugunsten seines Sohnes ab. Am 1. Februar 1327 wurde der vierzehnjährige Edward III. gekrönt. Noch in derselben Nacht griff eine Handvoll schottischer Raider Norham Castle an. Der Angriff wurde zurückgeschlagen. Der zeitliche Zusammenhang war kein Zufall. Bruce hatte den Angriff als gezielte Provokation angelegt und organisiert. Die neue politische Führung in England bestand aus Mitgliedern der alten englischen Kriegspartei: Henry Beaumont, Thomas Wake und Henry Percy hatten sich um Isabella gesammelt. Das englische Parlament, das Edward II. *(53)* abgesetzt hatte, hatte vom Verlust Schottlands durch des Königs Schuld gesprochen. Seit 1324 hatte Robert the Bruce einen Sohn, David. Das Fortschreiten seiner Krankheit, das war Bruce sehr klar, bedeutete, daß David als Kind auf den Thron kommen würde. Bis dahin mußte König Robert einen dauerhaften Frieden mit England erzwungen haben. Mit Waffengewalt.

Tapferes Herz

König Robert the Bruce suchte eine Verhandlungslösung mit der neuen englischen Führung, er sammelte aber für den Fall eines Scheiterns der Gespräche eine Armee. Das taten auch die Engländer. Den englischen Kapitänen wurde jede Offensivaktion zur See verboten, die die Gespräche hätte gefährden können. Paradoxerweise waren aber die englischen Gesandten bei den Verhandlungen zu keinerlei Konzessionen bereit. Höchst verärgert brach die schottische Delegation die Verhandlungen ab, verließ York und hinterließ noch eine in Verse gefaßte Drohung. Das bedeutete Krieg.

Isabella und Mortimer hatten berechtigte Sorgen, was die Loyalität aufgebotener englischer Men-at-arms anbetraf. Statt dessen bot man Infanteristen in grösserer Anzahl auf und heuerte auf dem Kontinent Söldner an. John de Hainault war höchst behilflich und kam mit 700 Rittern und Knappen. Dabei war John le Bel aus Lüttich, der einen Augenzeugenbericht des Feldzuges angefertigt hat. Die flämischen und wallonischen Ritter waren der Härte des schottisch-englischen Krieges kaum gewachsen. Auch sonst verursachte die Anwerbung fremder Söldner nur Probleme. Bei einem Bankett in York, das Isabella den ausländischen Rittern gab, kam es zwischen deren Gefolge und englischen Bogenschützen zu einem Streit, einem Tumult, einem bewaffneten Kampf. Am Ende lagen 80 Engländer tot in den Gassen. Die Sammlung der Truppen im Verfügungsraum wurde immer wieder verschoben, Mortimer (der bei seinem irischen Feldzug gegen Edward Bruce seine Qualitäten gezeigt hatte) lehnte den Oberbefehl ab. Er ahnte wohl ein Desaster. Jedenfalls wurden an seiner Statt die Earls von Leicester und Kent sowie der Fürst von Hainault zu alternierenden Oberkommandierenden ernannt.

Auf schottischer Seite trat König Robert, nun schon schwer von Lepra gezeichnet, den Oberbefehl an Thomas Randolph ab. Unterbefehlshaber wurden James und Archibald Douglas, Donald of Mar und James Stewart of Durisdeer (ein Bruder des eben verstorbenen Walter Stewart). Die schottische Armee war kampferprobt und hatte einen großen Anteil an Kavallerie, mehr als bei allen früheren Feldzügen. Der Grund für den Umstand, daß König Robert nicht persönlich das Kommando führte, war die schlichte Tatsache, daß er sich seit April in Nordirland aufhielt. Sein Schwiegervater, der Earl of Ulster, war seit 1326 tot. Dessen Erbe war ein Minderjähriger. Robert trieb Tribute ein, darunter große Lieferungen an Getreide. Einen zweiten großangelegten irischen Feldzug plante er wohl nicht, obwohl die Chronisten davon berichten, es hätte nicht viel gefehlt und die Präsenz des Schottenkönigs hätte einen allgemeinen Aufstand gegen die Lordschaftsregierung in Dublin ausgelöst. Am 15. Juni überschritten die Schotten

Warkworth Castle (Foto: Hagen Seehase)

in den westlichen Borders die Grenze. Am 4. Juli brachte man dem englischen Oberkommandierenden (zu der Zeit der Earl of Kent) die Nachricht, daß die Schotten Appleby angegriffen hätten. Er gab Order, evakuierte Häuser bei Herannahen der Schotten anzuzünden. Man wartete die ganze Nacht, doch die Schotten waren schon wieder zurück über die Grenze. Ihr Hauptangriff begann erst Mitte Juli. Mar ging im Westen vor, Randolph im Osten. Die Hauptmacht der Engländer hatte nun Durham und Newcastle erreicht. Die Schotten zogen vorbei an ihnen nach Süden. Der schottische Vormarsch konnte an den Rauchsäulen brennender Dörfer abgelesen werden. Hastig wurde die englische Infanterie samt einiger Ritter ausgeschickt, allein, sie waren zu langsam, die schottischen Hobilars und Ritter abzufangen. Mittlerweile hatte sich eine militärische Neuerung in Schottland durchgesetzt. Die Hobilars hatten begonnen, die Infanterie als wichtigste Waffengattung abzulösen. Auch gingen die Hobilars immer häufiger aufgesessen ins Gefecht. Erbeutete englische Streitrösser setzten schottische Ritter in den Stand, mit voller Rüstung und mit Lanze zu kämpfen. Das war nicht mehr die Armee von Dunbar oder Stirling Bridge.

Die Schotten nahmen Barnard Castle. Englische Späher brachten die (unrichtige) Nachricht, die Schotten seien auf dem Rückweg nach Norden. Da sie irgendwo den Fluß Tyne durchqueren mußten (die Brücken wurden verteidigt), nahm man an, sie an einer Furt abfangen zu können. Die Engländer ließen Wagentrain und Infanterie zurück, um ihre Marschgeschwindigkeit zu erhöhen. Nach einem forcierten Tagesmarsch erreichte die englische Kavallerie Haydon Bridge und durchfurtete den Tyne. Die hungrigen und übermüdeten Reiter schlugen ihr Lager auf. Es begann zu regnen. Nach vier Tagen Dauerregen war die Furt so angeschwollen, daß der Tyne nicht mehr gequert werden konnte. Ohne den Baggagetrain wurde die Versorgungslage prekär. Die Kavalleristen hatten Brote an die Sättel gebunden, die nun vom Pferdeschweiß getränkt waren. Es gab wenig Brennholz und kaum Verpflegung. Der junge König versprach jedem, der die Schotten finden konnte, den Ritterschlag und 100 Pfund. 15 Knappen machten sich auf den Weg. Die Armee brach wenig später auf, flußaufwärts eine Furt zu suchen. Am 28. Juli erreichte sie Haltwhistle. Einer der Knappen, Thomas Rokeby, stieß auf die Schotten. Er hatte an der richtigen Stelle gesucht, darob aber vergessen, sich selbst zu verbergen. Die Schotten nahmen ihn gefangen. Auch sie hatten keine Ahnung, wo sich der Gegner befand. Tatsächlich lagen nur neun Meilen zwischen den feindlichen Positionen. Archibald Douglas hatte seine Truppen aus dem Lande versorgt und dabei ein englisches Infanteriedetachement überrannt.Douglas ließ Rokeby frei, der natürlich sofort die englischen Truppen alarmierte. Am 30. Juli stießen die Engländer auf die kampfbereiten Schotten.

Die Schotten hatten sich am jenseitigen Ufer des Flusses Wear in Defensivposition formiert - außerhalb der Bogenschußweite. Die englischen Ritter saßen ab und marschierten in drei Kolonnen zum Flußufer, wo sie gezwungenermaßen stehenblieben. Die Schotten rührten sich nicht. Eine Kompanie englischer Bogenschützen überquerte mit einigen Rittern den Fluß. Douglas zog sich zurück, er versuchte diese Abteilung in einen Hinterhalt zu locken. Das mißlang, denn ein englischer Knappe erkannte Douglas und führte die Bogenschützen zurück. Da griff William Erskine die zurückweichende englische Abteilung an, er hatte aber nicht auf Unterstützung gewartet und fiel in englische Gefangenschaft (ein paar Tage später wurde er ausgetauscht). Die Engländer hofften, die Schotten aushungern zu können, tatsächlich war eher das Gegenteil der Fall. Mehrere Tage belauerten sich die feindlichen Armeen am Fluß. Es gab kleinere Zwischenfälle durch Scharmützeltätigkeit beiderseits. Nach einigen Tagen rückten die Schotten des nachts geräuschlos ab, sie hatten ihre Lagerfeuer brennenlassen. Sie zogen sich ein paar Meilen nach Stanhope Park in eine noch bessere Defensivposition zurück. Stanhope Park war ein Jagd- und Wildgehege des Fürstbischofs von Durham.

Ein solches Jagd- und Wildgehege zog natürlich nicht nur den offiziellen Eigentümer an, der sich und seine Gäste mit den Freuden der Jagd beglücken wollte, es wurde dem Wild auch von anderen Menschen nachgestellt, die eigentlich nicht dazu berechtigt waren. Diese gesetzlich nicht sanktionierte Jagd nennt man nach wie vor Wildern. Das Wildern wurde und wird hart bestraft, hatte im Mittelalter (nicht nur im schottischen) aber noch eine besondere soziale Funktion. Da die Jagd oft adliges oder königliches Privileg war, galt es als ausgesprochen rebellisch, dieses Privileg zu mißachten. Häufig wurden Wilderern politische Motive unterstellt, obwohl sie doch eigentlich nur Hunger hatten oder ihre Anpflanzungen vor den bisweilen noch künstlich überhöhten Wildbeständen schützen wollten, um ihre Ernte nicht zu verlieren. Auch noch so grausame Strafen konnten daher viele Wilderer, die das Gelände zumeist ebensogut kannten wie die Jagdaufseher und die oft Meister im Gebrauch von Bogen oder Speer waren, nicht von ihrem Tun abhalten - und das wiederum verstärkte ihren Ruf als Rebellen. Manchmal waren aber auch die Adligen recht angetan von dem militärisch nutzbaren Potential, das in diesen Männern steckte und sie nutzten es für die Aufstellung von Bogenschützenverbänden. *(54)* Den schottischen Wilddieben drohte der Verlust beider Ohren, wenn sie nicht gleich an Ort und Stelle aufgehängt wurden. Daher darf es nicht verwundern, daß sie ihr Können nicht nur ihren adligen Verfolgern zur Verfügung stellten, sondern im Zweifelsfall auch deren Gegnern. So verwundert es nicht, daß die Wilderer des Selkirk Forest zu den ersten Anhängern von William Wallace gehörten.

In der ersten Nacht führte Douglas persönlich ein ausgesuchtes Kommando gegen das englische Lager. Es war tiefe Nacht, als im englischem Quartier der

Schlachtruf „Douglas, Douglas" erscholl. Douglas selbst gelangte bis in die Nähe des königlichen Zeltes (mit der festen Absicht, den königlichen Inhalt gefangenzunehmen), wo er noch einige Wachen erschlug, bevor er und seine Leute abgedrängt werden konnten. Der Kaplan des englischen Königs war auch unter den Toten. Der englische König wurde vorsichtiger und ließ das Lager forthin stärker bewachen. Ein gefangener schottischer Ritter berichtete, daß im schottischen Lager alles marschbereit gemacht wurde. Sofort verfügten die Engländer Alarmbereitschaft, doch als nichts geschah, erkundeten sie das schottische Lager. Außer zwei Trompetern, die großen Lärm veranstaltet hatten, um die Anwesenheit des schottischen Heeres vorzutäuschen, war niemand da. Die Schotten waren abgerückt und hatten die englische Position umgangen. König Robert war schon über das Ausbleiben seiner Truppen besorgt und hatte Verstärkungen unter John Stewart und Patrick Dunbar nach Süden geschickt. Beinahe liefen sie den Engländern in die Arme.

Der englische König brach den ergebnislosen Feldzug ab. Bemerkenswert macht ihn die Tatsache, daß zum erstenmal auf englischem Boden Artillerie eingesetzt wurde, allerdings ohne rechte Wirkung. Die Söldner vom Kontinent verlangten eine hohe Löhnung, die vom englischen König einfach nicht zu bezahlen war. Sogar die Kronjuwelen mußten verpfändet werden, sie zu besolden. Henry Percy wurde mit der Verteidigung der Grenze betraut. Das war eine Aufgabe, die ihm kaum Erfolg und viele Schwierigkeiten einbringen konnte. Robert the Bruce war inzwischen aus Irland zurückgekehrt. Mit drei Divisionen schottischer Truppen überquerte er die Grenze. Eine Division griff Norham an, eine zweite Alnwick Castle, die dritte unter Bruces Kommando durchstreifte Northumberland. Verschiedene englische Grafschaften kauften sich von den andauernden schottischen Heimsuchungen bis zum nächsten Mai frei. Northumberland war von der Vereinbarung ausgeschlossen. König Robert behielt seine Armee im Felde. Er schien zu versuchen, Northumberland für Schottland zu annektieren. Er vergab englische Ländereien an seine Barone, z.B. Belford an Nicholas Scrymgeour.

In Norham übernahm König Robert selbst das Kommando der Belagerung gegen die Burg unter Robert Manners. Kommandeur der schottischen Belagerungsgeräte war John Crabbe. Allerdings verlief die Belagerung für die Schotten nicht sehr erfolgreich. Randolph und Douglas belagerten Alnwick Castle, wo sich Henry Percy mit einer großen Garnison verschanzt hielt. Nach zwei Wochen griffen sie Warkworth Castle an, dann stießen sie zu König Robert vor Norham. Percy machte einen Raid ins Teviotdale, Douglas schnitt ihm den Rückzugsweg ab, so daß Percy sich mit einem Gewaltmarsch hinter die Mauern Newcastles retten mußte.

Dem heimlichen Regenten Englands, Roger Mortimer, wurde klar, daß er um Frieden mit Robert the Bruce nachsuchen mußte, wenn er nicht seine

Herrschaft verlieren wollte. Anfang Oktober 1327 trafen englische Emissäre bei Bruce vor Norham Castle ein. Die Verhandlungen zogen sich hin, wurden aber von beiden Seiten ernsthaft geführt. Die letzte Verhandlungsrunde verfolgte König Robert von seinem Krankenbett in der Burg von Holyrood. Es wurde vereinbart, den Friedensschluß durch die Heirat von David (König Roberts Sohn) mit Joan (König Edwards Schwester) zu bekräftigen. Am 17. April 1328 wurde der Friede proklamiert. Der Schottische Unabhängigkeitskrieg war vorüber.

Im Oktober 1328 entließ Papst Johannes XXII. Bruce aus dem Kirchenbann. Am 19. Juni 1329 starb König Robert the Bruce in seinem Landhaus Cardross an der Lepra. Er war der größte König Schottlands, vermutlich der einzige „große" König Schottlands. Seine militärischen Methoden, die Schottlands Freiheit wiedergewannen, waren revolutionär und wurden von den Engländern im 100jährigen Krieg gegen Frankreich kopiert. Bruce starb als der Kristallisationspunkt und als der geistige Urheber des schottischen Nationalismus. Sein letzter Wunsch war ein Kreuzzug. Posthum sollte dieser Wunsch erfüllt werden. Sein Leichnam wurde in der Dunfermline Abbey beigesetzt, an der Seite König Alexanders III. Zuvor hatte man in den Brustkorb ein Fenster gesägt und das Herz entnommen, das, in eine Silberkapsel eingeschlossen, von Sir James Douglas nach Palästina getragen werden sollte. Es gelangte nie dorthin, sondern fand die letzte Ruhestätte in der Melrose Abbey (Abb. S. 172).

1818 wurde der Leichnam von Robert the Bruce durch Zufall entdeckt. Bei Bauarbeiten in der Dunfermline Abbey stieß man durch Zufall auf ein Skelett, das Sägespuren am Brustbein aufwies.

Im September stellte König Edward II. von England Douglas Schutz- und Empfehlungsbriefe aus. Anfang 1330 segelte Douglas mit einer Handvoll Ritter nach Flandern und reiste nach La Coruña in Spanien weiter, um sich an den Kämpfen gegen die Mauren von Granada zu beteiligen. Beim Sturm auf die Festung von Teba de Ardules verlor er im August 1330 das Leben. *(55)* Er hatte sich bei einem Angriff zu weit vorgewagt und sah sich einer Übermacht von Mauren gegenüber. Doch die kannten Douglas noch nicht. Mit dem Ruf: „Tapferes Herz (Braveheart) geh du voran, Douglas folgt dir, wie er es immer getan", schleuderte er die silberne Kapsel gegen den ersten Mauren. Dann rannte er mit gezogenem Schwert und dem Kampfruf „Douglas, Douglas" hinterher. *(56)* König Robert hätte seine Freude gehabt.

❧ ❧ ❧

Alnwick Castle (Foto: Hagen Seehase)

Bamburgh Castle (Foto: Hagen Seehase)

Die Enterbten

Man könnte zwar die Tatsache in den Vordergrund stellen, daß Edward III. 1330 Mortimer und sein Regime beseitigte und selbst die Macht übernahm. Man könnte über die Tatsache sinnieren, daß nur kurz nach König Roberts Tod auch James Douglas starb, ebenso wie Angus Og MacDonald. *(57)* Man könnte es aber auch die „Rache der Enterbten" nennen. Mit dem Sieg gegen die englischen Invasoren hatte Robert the Bruce eine Konsolidierungspolitik begonnen. Burgen, die den Engländern als Stützpunkte gedient hatten, wurden geschleift, so Bothwell Castle. Verdiente Anhänger des Königs waren mit Landschenkungen und Lehen belohnt worden, so z.B. Adam de Gordon. Auf diese Art und Weise kamen einige anglo-normannische Adlige in die Highlands, beispielsweise die Burnetts. Deren Oberhaupt, Alexander „de Bernard", hatte bei Bannockburn an der Seite von König Robert gekämpft und die Ländereien von Crathes dafür erhalten (Crathes Castle wurde allerdings erst viel später erbaut).

Burnett

Der Name entstammt der altsächsischen Bezeichnung „Beornheard" (tapferer Krieger) aus der in England „Bernard", in Schottland „Burnett" wurde. Wie die Familie zu der Bezeichnung kam, ist nicht klar, man kann es sich jedoch denken. Vermutlich stammt sie aus der Normandie. Alexander Burnett diente König Robert the Bruce treu, dafür erhielt er Ländereien im Forest of Drum und die Baronie von Tulliboyl bei Kincardine, als diese (vormals den Comyns gehörenden) Territorien von der Krone konfisziert wurden. Die Burnetts Crathes Castle, das heute inmitten eines wunderschönen Parks liegt.

Das Clan-Symbol ist das „Horn of Leys", ein Elfenbein-Horn, das angeblich von König Robert an Laird Alexander weitergegeben wurde. Es wird heute in Crathes Castle aufbewahrt. 1446 nannte sich John Burnett „Laird of Leys". Diese Tradition wurde von seinen Nachkommen weitergeführt. Der 7. Baron of Leys, Sir Robert Burnett, diente bei den Royal Scots Fusiliers und geriet bei der Schlacht von Saratoga 1777 in amerikanische Gefangenschaft. Heute ist James Burnett of Leys der Chief des Clans.

Es gab eine durchaus eindrucksvolle Liste schottischer Barone, die von König Robert enterbt worden waren. Dabei war Robert the Bruce nicht willkürlich verfahren und hatte auch nicht die Maßstäbe reiner Sippenhaft angelegt, auch Angehörige der Familien Comyn oder Balliol konnten auf ihren Gütern in Schottland verbleiben, wenn sie ihren englischen Besitz aufgaben. Das war eine reine Vorsichtsmaßnahme gegen Kollaboration im Falle einer englischen Invasion. Der prominenteste Vertreter der Enterbten war David Strathbogie, seit dem Tode seines Vaters 1327 Earl of Atholl. Er hatte 1314 den heimtückischen Angriff auf das schottische Versorgungslager bei Bannockburn unternommen und war nach England geflüchtet. Da war noch Gilbert de Umfraville, vordem Earl of Angus, bis Robert the Bruce die Grafschaft John Stewart of Bunkle übertrug. Dann gab es noch den militanten Franzosen Henry Beaumont, der im Schottischen Unabhängigkeitskrieg lange gedient hatte. Seine Frau Alice war eine Nichte des 1308 verstorbenen Earl of Buchan. Diese Männer waren Feinde der Familie Bruce und warteten in England auf ihre Gelegenheit. Da sie auch in Gegnerschaft zum Regime Mortimers standen, war es nur folgerichtig, daß Edward III. sie nach seinem Sieg heimlich unterstützte.

Zunächst versuchte der englische König, auf diplomatischem Wege ihre Besitzansprüche zu protegieren. Das führte allerdings zu nichts. Also schickte der König 1331 Beaumont auf eine diplomatische Mission nach Frankreich: zu dem wohl bedeutendsten alle Enterbten, Edward Balliol, dem Sohn von König John Balliol. Der ergriff die Gelegenheit beim Schopfe und kehrte mit Beaumont nach England zurück. In Yorkshire sammelten die Enterbten Truppen. Obwohl sogar der Erzbischof von York Geld beisteuerte, stellte sich der englische König (offiziell) blind. Er ordnete sogar die Festnahme aller Personen, die den Frieden mit Schottland stören konnten, an. Da die Enterbten wohl nur friedliche Absichten verfolgten, so jedenfalls beteuerten sie, bestand auch keine Notwendigkeit der königlichen Intervention. Es war ein durchsichtiges Spiel. Der englische König setzte die Grenztruppen in Alarmbereitschaft, merkwürdig für jemanden, der sich öffentlich von der Beteuerung rein friedlicher Absichten der enterbten Barone zufrieden gezeigt hatte. Die schottische Reaktion war noch merkwürdiger. Natürlich hatte man jenseits des Tweed mitbekommen, was sich in Yorkshire zusammenbraute. Nur nahm man es offensichtlich nicht ernst. Thomas Randolph forcierte die Krönung des siebenjährigen David II.

Am 23. November 1331 schlug ihn Randolph zum Ritter. Am folgenden Tag wurde er zum König von Schottland gekrönt. Während noch die Festlichkeiten andauerten, organisierte Randolph Schottlands Verteidigung. Tatsächlich wäre mit einem Haudegen wie Thomas Randolph de Moray an der Spitze der schottischen Streitkräfte eine englische Invasion keine notwendigerweise fatale Bedrohung gewesen. Aber Randolph starb plötzlich am 20. Juli in Musselburgh - so plötzlich, daß man später die enterbten Barone eines Mordanschlages mit Gift bezichtigte. *(58)* Das ist wenig wahrscheinlich, aber Randolphs unerwartetes Ableben beraubte Schottland des letzten politisch wie militärisch führenden Kopfes, der noch an der Seite des großen Königs gefochten hatte. James Douglas, Walter Stewart, Thomas Randolph, Angus Og MacDonald waren alle tot, eine neue Generation politischer Führer besaß einfach noch nicht ihre militärische Erfahrung, konnte sie gar nicht besitzen. Die Magnaten trafen sich am 2. August 1332 in Perth und wählten nach langen Debatten Mar zum neuen Guardian. Entgegen anderslautenden Vermutungen war sein Patriotismus und seine Loyalität zum Hause Bruce ohne Fehl, allerdings waren seine militärischen Fähigkeiten limitiert. Immerhin war er enger Verwandter des verstorbenen Königs, er war Veteran des letzten Feldzugs, er war Earl aus einer der ältesten Adelsfamilien Schottlands.

Die Flotte der Enterbten (88 Schiffe) landete am 6. August 1332 bei Kinghorn in Fife. Ihre Armee war nicht besonders groß, vielleicht insgesamt 1500 Mann, darunter 500 Men-at-arms. Mar und seine Ratgeber wußten zwar, daß eine Landung bevorstand, sie kannten aber nicht den Ort. Deshalb teilte Mar seine Truppen, im südlichen Teil Schottlands kommandierte Patrick Dunbar. Im Norden behielt Mar den Oberbefehl. Die Flotte der Enterbten landete wie erwähnt am 6. August. Zuerst brachte Beaumont seine Abteilung an Land, unter dem Deckungsfeuer der Bogenschützen. Widerstandslos gelang die Landung nicht, eine schottische Alarmeinheit war aufgetaucht. Sie wurde vom Earl of Fife, Alexander Seton und Robert Bruce (einem illegitimen Sohn des verstorbenen Königs) geführt. Balliols Truppen schlugen die schottischen Verteidiger zurück. Nach zwei Tagen Aufenthalt in Kinghorn setzte Balliol seine Leute Richtung Dunfermline in Marsch, wo ihnen große Mengen Versorgungsgüter in die Hände fielen. Am 10. August wendeten sie sich nordwärts. Ihr Ziel war Perth. Man sichtete die schottische Armee am anderen Ufer des Flusses Earn. Die Schotten lagerten auf dem Dupplin Moor, sie hielten die einzige Brücke über den Fluß. An dessen Südufer (bei Forteviot) schlugen die Enterbten ihr Lager auf. Die Schotten griffen nicht an. Sie spielten auf Zeit, denn inzwischen war Dunbar mit seiner Armee aus dem Süden herangekommen. Er war über Stirling gezogen und nur noch acht Meilen entfernt. Ein Treffen zwischen Mar und den Führern der Enterbten machte beiden Seiten klar, daß die Waffen sprechen würden. Balliol wußte, daß die Zeit gegen ihn spielte. Er befahl einen riskanten Nachtangriff. Ein Ortsansässiger, Andrew Murray of Tullibardine, zeigte Balliol eine nicht verteidigte Furt durch den Earn. Die Enterbten überquerten den Fluß, griffen die schottische Infanterie an und töteten viele schottische Fußsoldaten, während die schottischen Men-at-arms weiter an der Brücke standen.

Kildrummy Castle (Foto: Antje Mismahl)

Am Morgen des 11. August formierte sich Balliols Armee neu. Die Hauptmacht der schottischen Truppen war noch intakt. Sie war in zwei Divisionen aufgestellt. Unter Mar dienten unter anderem der Earl of Fife; John Campbell, der Earl of Atholl (von König Roberts Gnaden); Thomas Randolph de Moray (jun.); Murdoch of Menteith und Alexander Bruce of Carrick. Die numerische Überlegenheit der Schotten bewog Mar zu einem Frontalangriff. Beide Seiten kämpften zu Fuß. Balliols Men-at-arms waren abgesessen und hatten sich hinter den Speerträgern postiert. An den Flanken standen Bogenschützen. Als Reserve stand eine Kavallerietruppe deutscher Söldner bereit. Das Gelände war von Balliol gut gewählt. Die Position seiner Truppen befand sich an einer Talenge. Der schottische Angriff geriet durcheinander, weil die Flanken der ersten schottischen Division durch das Gelände gegen das Zentrum gedrängt wurden. Die Schotten erlitten große Verluste durch englische Bogenschützen, die englische Linie hielt. Dann schickte Mar seine zweite Division zum Angriff. Seine Absicht war es, die Engländer durch schiere Überzahl zu überwältigen. Tatsächlich lief sich sein Angriff zwischen den zurückweichenden Reihen der ersten schottischen Division fest. Als die Engländer langsam im Nahkampf die Oberhand gewannen, befahl Balliol seinen Men-at-arms aufzusitzen. Ihr Kavallerieangriff trieb die Schotten vom Felde. Es verloren rund 3000 Schotten, darunter 360 Men-at-arms, ihr Leben. Unter den Toten befanden sich Mar, Thomas Randolph, der Earl of Menteith und Robert Bruce. *(59)* Balliol marschierte in Perth ein, wo er bald von einer zweiten schottischen Armee eingeschlossen wurde. Earl Patrick Dunbar of March hatte von der Katastrophe bei Dupplin Moor Nachricht erhalten.

Ein tödlich verwundeter Ritter schlug sich zu Dunbar durch und berichtete sterbend von dem Desaster. Dabei hielt er sich mit beiden Händen die Eingeweide fest, die aus der aufgeschlitzten Bauchhöhle hingen.

Die Flotte der Enterbten hatte jedoch eine herbe Niederlage einzustecken. John Crabbe erschien mit zehn flämischen Schiffen (bemannt von Schotten) und eroberte ein englisches Schiff.

In Galloway fielen Eustace Maxwell of Caerlaverock und Duncan MacDowall von der schottischen Krone ab. Sie verwüsteten die Länder der bruce-treuen Barone ringsum. Daraufhin brachen Archibald Douglas, John Randolph und Andrew Murray die Belagerung von Perth ab und starteten zu einem Rachefeldzug nach Galloway. Edward Balliol konnte so ungehindert aus Perth nach Scone ziehen und sich krönen lassen. Er wurde vom Earl of Fife gekrönt, der zu ihm übergelaufen war. Große Teile des schottischen Episkopats arrangierten sich mit Balliol. Bischof James Ben von St. Andrews war von den Ereignissen so entsetzt, daß er sein Augenlicht verlor. Andrew Murray wurde neuer Guardian von Schottland. Sein Vater war der formidable Andrew Murray gewesen, der mit Wallace bei Stirling Bridge gekämpft hatte. Er zeigt bald seine kämpferischen Qualitäten. Fife war von Balliol als Kommandeur von Perth zurückgelassen worden. „König“ Edward Balliol war nach Galloway aufgebrochen, um MacDowall zu helfen. Am 7. Oktober fiel Perth in die Hände von James und Simon Fraser, Robert Keith und John Lindsay. Fife wurde in Kildrummy Castle eingesperrt, Murray of Tullibardine (der Verräter von Dupplin Moor) hingerichtet. Die Stadtbefestigungen wurden geschleift. Balliol weilte in Roxburgh Castle, als Perth fiel. Er verließ seine Truppen und schlug sein Lager in Kelso auf. Murray sah seine Chance und griff an. Beim Versuch, einem seiner Gefolgsleute aus der Bedrängnis zu helfen, wurde Murray gefangengenommen. Mit ihm fiel John Crabbe in Gefangenschaft. Murray erhielt nach zwei Jahren die Freiheit, Crabbe lief zu den Engländern über, als sein Lösegeld von den Schotten nicht bezahlt wurde. Balliol erkannte die englische Suprematie an und trat eine ganze Region in Südschottland an England ab.

Nach der Gefangennahme Murrays war Archibald Douglas Guardian Schottlands geworden. Er wog Balliol in Sicherheit und schlug dann zu. Mit John Randolph (nach dem Tode seines Bruders Earl of Moray) und Robert Stewart und Simon Fraser führte er 1000 Mann nach Annan, wo Balliol Weihnachten zu verbringen gedachte. In der Morgendämmerung des 16. Dezembers überraschten sie Balliol und seine Anhänger noch in den Betten. Sie töteten über hundert seiner Leute, darunter waren John Mowbray, Walter Comyn und Henry Balliol. Alexander Bruce, der Earl of Carrick, der sich auf Balliols Seite geschlagen hatte, kam mit dem Leben davon und wurde von Randolph gefangengenommen. Balliol entkam mit knapper Not nach Carlisle. Jetzt betrat König Edward III. die Szene. Wenn Balliol auf dem schottischen Thron gehalten werden sollte, mußte das Königreich England intervenieren. Edward III. bot die englischen und walisischen Truppen auf. Im März 1333 brach Balliol mit einer nur noch in Teilen schottischen Armee Richtung Berwick auf. Die kleine Burg von Oxnam wurde zerstört, dann traf die Belagerungsarmee vor Berwick ein. Verschiedene schottische Raids nach Nordengland verliefen glücklos. Edward III. begab sich zu den Truppen vor Berwick, bei ihm war der Belagerungsspezialist John Crabbe.

Sir Archibald Douglas, Oberbefehlshaber der schottischen Armee, rückte in die Nähe der Belagerungstruppe. Edward tat ihm aber nicht den Gefallen, die Belagerung abzubrechen und die Entsatzarmee anzugreifen. Statt dessen setzte er die Blockade fort, bis die erschöpften Bürger Berwicks einen Vertrag anboten. Sie wollten kapitulieren, hatte nicht Douglas eines von drei festgesetzten Kriegszielen bis zum 19. Juli erreicht. Douglas sollte wahlweise eine Schlacht gewinnen, den Fluß Tweed an einer bestimmten Stelle überqueren oder 200 Mann in die Stadt schleusen. Am Morgen des 19. Juli 1333 zogen 1200 Men-at-arms und 13.500 Speerträger der Schotten bei Halidon Hill auf. Die schottischen Kommandeure hatten aus der Niederlage von Dupplin Moor nichts gelernt und ließen wieder bergan angreifen. Dazu kam die Beschaffenheit des Bodens (weicher morastiger Heideboden), die die Verteidiger begünstigte. Als die Angriffskolonnen der Schotten, durch den Beschuß der Bogenschützen stark dezimiert, durch die Attacke bergauf erschöpft, die englischen Linien erreichten, waren sie zu schwach, um einen Durchbruch zu erzwingen. Am Ende des Tages waren neben Sir Archibald Douglas noch 4000 weitere Schotten tot, darunter auch Adam de Gordon und fünf Earls: Hugh of Ross, Malcolm of Lennox, Alexander Bruce of Carrick, Kenneth Sutherland und John Campbell of Atholl. Die drei Brüder Andrew, Simon und James Fraser wurden getötet. Die Engländer hatten nur 14 Tote zu beklagen. *(60)* Am nächsten Morgen gab Edward III. den Befehl zur Hinrichtung der gefangenen Schotten.

Schottland war nahezu wehrlos. Es gab nur wenige hinreichend bemannte Schlüsselpositionen, die noch von Anhängern der Familie Bruce gehalten wurden. Das waren Dumbarton Castle unter Malcolm Fleming, Kildrummy Castle unter Christian Bruce (einer Schwester König Roberts, die 1326 Andrew Murray geheiratet hatte), Urquhart Castle unter Robert Lauder, Loch Leven Castle unter Alan Vipont und Loch Doon Castle unter einem Vasallen der Familie Bruce. David Bruce und Robert Stewart wurden in Dumbarton Castle verborgen. Balliol konnte wenig tun, diese letzten Stützpunkte der Sache Bruce zu nehmen. Edward III. nämlich war nach England zurückgekehrt. Balliol begab sich in die Lowlands und vergab Lehen. In Perth heilt er im Oktober ein Parlament ab, auf dem er sich über alle von König Robert gemachten Versprechen hinwegsetzte und Lehen einzog. Das war ein schwerer politischer Fehler. Beaumont bekam die Grafschaft Moray, Talbot Mar, Strathbogie wurde Steward, Percy erhielt Annandale und John de Warenne wurde Earl of Strathearn. Patrick Dunbar war mit den Abtretungen im Südosten Schottlands Vasall des englischen Königs geworden. 1334 trafen sich Edward von Schottland und Edward III. von England in Durham. *(61)* Balliol bestätigte seine Versprechungen gegenüber Edward III. Balliol war kein Narr, er wußte, daß er mit der Abtretung gerade der wirtschaftlich wichtigsten Region an England seine Position in Schottland untergrub. Andererseits hatte er ohne englische Truppen keine Chance gegen die schottischen Patrioten. An eine neue Offensive war vorerst nicht zu denken. Südengland befand sich in erregter Alarmstimmung, man erwartete eine französische Invasion. Der französische König rüstete heimlich 10 Schiffe mit Waffen und Versorgungsgütern für Schottland aus, die aber vom Kurs abkamen und nie Schottland erreichten. König Philip von Frankreich bot den Schotten sicheres Exil für den jungen König David II. an. John Randolph, der als Abgesandter Schottlands am französischen Hof weilte, kehrte mit den notwendigen Finanzmitteln für die geplante Reise Davids nach Schottland zurück. Malcolm Fleming rüstete zwei Schiffe für den König aus. David der Zweite von Schottland segelte nach Frankreich, wo er bis 1341 in der Burg Chateau Gaillard blieb.

In Schottland übernahmen der achtzehnjährige Robert Stewart und der siebzehnjährige John Randolph die Führung der Patrioten. Sie begannen ihren Feldzug zur Befreiung Schottlands mit einer Kampagne zur Rückeroberung der Stewartschen Ländereien in Galloway. Mit 400 Mann segelte Stewart auf den Langbooten des Clan Campbell den Loch Fyne hinunter und landete bei Dunoon.

Auf der Insel Bute griffen die Brandons of Bute zu den Waffen. So sie welche hatten. Ansonsten behalfen sie sich mit aufgelesenen Steinen, mit denen sie Rothesay Castle bombardierten („The Battle of the casting Stones“). Nach erfolgreichem Sturm auf die Burg präsentierten sie dem gerührten Stewart den abgetrennten Kopf des Sheriffs als Beweis ihrer Treue.

Daß Balliol Dumfriesshire an Edward III. abgetreten hatte, erwies sich als taktischer Fehler. Duncan MacDowall (ausgerechnet) brachte Wigtownshire ins Lager der Patrioten. Seine neue Frau war nämlich glühende Anhängerin der Familie Bruce. Der brave Ehemann fügte sich.

Auf einem Parlament in Perth im August 1334 gerieten die Anführer der Partei Balliols so aneinander, daß sie sich grollend auf ihre Besitztümer (in den verschiedensten Teilen Schottlands) zurückzogen. Das war die Chance der Patrioten. Andrew Murray war nach Schottland zurückgekehrt. Enttäuscht von Balliol schlossen sich ihm die Mowbrays an. Gemeinsam attackierten sie Beaumont in seiner Burg Dundarg. Beaumont wurde gefangengenommen und gegen Lösegeldversprechen nach England geschickt. John Randolph nahm David Strathbogie gefangen. Der wechselte die Seiten und wurde der Kommandeur der schottischen Streitkräfte im Norden des Landes. Auch Talbot wurde gefangengenommen. Von den Enterbten hielt nur noch Patrick Dunbar aus, und der wechselte auch bald die Seiten. Nennenswerte englische Garnisonen gab es in Schottland nicht. Nun war Edward III. persönlich gefragt. Er brach mit 4000 Mann von Newcastle auf (am 14. November 1334). Dabei waren zum ersten

Lochindorb Castle (Foto: Antje Mismahl)

Hermitage Castle (Foto: Antje Mismahl)

Male berittene Bogenschützen. Edward erreichte Roxburgh, wo er sein Lager aufschlug. Erst am 28. Dezember marschierte er weiter. Sehr weit kam er nicht, die Vierteljahreskontrakte der Soldaten (die meisten waren Söldner) liefen aus. Als Edward III. nach England zurückkehrte, erwartete ihn auch schon ein französischer Gesandter, der im Namen seines Königs die entrüstete Frage stellte, warum der englische König den Usurpator Balliol unterstütze.

Bei einem Treffen der Führer der Patrioten kam es zu schweren gegenseitigen Anschuldigungen, die aus persönlichen Animositäten herrührten. Strathbogie und Murray gerieten aneinander, Randolph und Stewart gingen im Streit auseinander. Dann griff Edward III. mit 13.000 Mann von Carlisle aus an. Am 7. August 1335 war Edward in Perth. Rücksichtslos hatten seine Soldaten geplündert und gebrandschatzt. Der schwerste Verlust Edwards war bis dahin der Verlust seines Flaggschiffs, das auf Felsen gelaufen war. Die Patrioten hatten vernünftigerweise eine offene Feldschlacht vermieden. Ihre Angriffe richteten sie gegen die rückwärtigen Verbindungen der Engländer. Randolph unternahm kleinere Raids in den Marches. Auf Tarbert Castle schloß er einen eminent wichtigen Vertrag mit John, dem Lord of the Isles, der bislang Balliol unterstützt hatte. Randolph und Dunbar legten einen Hinterhalt für Guy de Namur, der mit einer Handvoll Ritter und 100 Men-at-arms nach Schottland gekommen war, den englischen König zu unterstützen. Sie überfielen Namur bei Burgh Muir in der Nähe Edinburghs. Namur floh in die Straßen Edinburghs. In wilden Straßenkämpfen zogen sich die Wallonen in die Ruinen von Edinburgh Castle zurück, wo sie die erschöpften Pferde töteten, um Lücken in den Mauern zu füllen. Am nächsten Tage ergaben sie sich und erhielten freien Abzug nach England. In einem Scharmützel mit englischen Truppen wurde Randolph gefangengenommen. Nun folgte ein Rückschlag für die Sache der Patrioten nach dem anderen. Strathbogie lief über, Stewart suchte um Waffenstillstand nach. John MacDonald of the Isles schaffte es, sich aus dem ganzen Bürgerkrieg herauszuhalten und dafür auch noch Landgewinn zu erhalten: Balliol gab ihm umfangreiche Ländereien im Nordwesten. Nur noch ein paar Stützpunkte der Patrioten hielten aus, einer davon war Dumbarton. Edward Balliol verließ mit 800 Mann Perth, die Burg zu nehmen. Irische Truppen stießen zu ihm. Sie sollten Rothesay und Dumbarton Castle nehmen, das gelang nicht. Allerdings hielten nur noch drei schottische Magnaten zu der Sache der Patrioten: Patrick Dunbar unternahm von Dunbar Castle aus Streifzüge, William Douglas of Liddesdale zog durch Galloway und Andrew Murray bekleidete nun die Position des Guardian. Am 17. Oktober 1335 schloß Murray mit William Montague, dem Stellvertreter Edward III. in Schottland, einen dreiwöchigen Waffenstillstand. Den Waffenstillstand verletzend attackierte der rücksichtslose Strathbogie

Kildrummy Castle, das von Christian Bruce, der Frau Murrays, gehalten wurde. In einer chevaleresken Geste erhielt Murray von Montague die Erlaubnis, Strathbogie anzugreifen. Vielleicht spekulierte Montague auch darauf, beide könnten sich gegenseitig eliminieren. Douglas und Dunbar wendeten sich mit 800 handverlesenen Soldaten nordwärts. 300 Leute aus der Umgebung unter John Craig schlossen sich vor Kildrummy Castle an. Murray näherte sich aus einer anderen Richtung. Die Schlinge zog sich um Strathbogie zusammen. Er war aber gewarnt worden, so bezog er Defensivposition. Douglas marschierte auf Strathbogie zu und machte dann kehrt. Als Strathbogie die Verfolgung aufnahm, geriet er mit seiner Truppe in schwieriges Gelände. Darauf hatte Douglas nur gewartet. Er ließ seine Infanterie die Lanzen fällen und ging zur Attacke über. Dann erschien Murray auf dem Felde und griff Strathbogie in der Flanke an. Dessen Truppen wurden aufgerieben, er selbst starb kämpfend. Murray griff nun Lochindorb Castle an, wo sich Strathbogies Witwe Katherine Beaumont verschanzt hielt.

Auf der diplomatischen Ebene wäre es beinahe zu einer Einigung gekommen. Ein französischer Vorschlag sah vor, daß Balliol die Krone Schottlands behalten dürfe, David II. ihn beerben würde. Allerdings brachen die Verhandlungen dann ergebnislos ab. Der französische König hatte eine große Flotte für einen Kreuzzug gesammelt, nach der Aufgabe des frommen Projekts dirigierte er seine Schiffe in die Normandie um. Edward III., der eine Invasion befürchten mußte, reagierte nun schnell. Er schickte Henry of Lancaster und Balliol mit 500 Men-at-arms und 600 Hobilars und berittenen Bogenschützen nach Schottland. Thomas Rosslyn führte ein Geschwader englischer Schiffe gegen Dunnottar Castle. Während Balliol ohne Widerstand in Perth einzog, stürmten Rosslyns Leute Dunnottar, aber ihr Kommandeur fiel. Am 11. Juni 1336 brach König Edward III. von London aus gen Schottland auf. In Eilmärschen erreichten seine Truppen (nur 400 Mann) Lochindorb Castle, wo sie Murray überraschten, der sich nach Ross zurückzog.

Die englisch-französischen Beziehungen verschlechterten sich aber rapide, der Hundertjährige Krieg stand vor der Tür. Edward III. konnte sich nicht mehr in personam um die schottischen Angelegenheiten kümmern. Er war auch nicht in der Lage, zwei Armeen, seine und Balliols, zu finanzieren. Andrew Murray hielt den Widerstandsgeist der Schotten am Leben. Er hielt bis zu seinem Tode 1338 aus und wiederholte in Südschottland die Strategie, die Robert the Bruce in Nordengland angewendet hatte. Murray konnte im Oktober 1336 Dunnottar und weitere Burgen zurückerobern. 1337 griff er Stirling Castle an und provozierte Edward III. zu einer Blitzintervention, die Stirling rettete, aber dem englischen König sonst nichts einbrachte. Murray unternahm Raids nach Nordengland und belagerte Edinburgh Castle. Eine Entsatzarmee des Bischofs von Carlisle wurde bei Crichton von Murray angegriffen, es gab viele Tote auf beiden Seiten, die Schlacht verlief unentschieden. Kristallisationspunkt der Kampfhandlungen wurde nun Dunbar Castle. Es wurde von der furiosen Countess Agnes of Dunbar verteidigt. Eine große englische Belagerungsarmee unter dem Earl of Salisbury begann am 13. Januar 1338 die Belagerung. Sie dauerte 22 Wochen. „Black Agnes“ war eine Schwester von John Randolph.

Als man angeblich ihren gefangenen Bruder vor die Mauern der Burg führte und drohte ihn zu töten, sollte sie nicht kapitulieren - sie lachte nur und antwortete: „Dann erbe ich Moray und kämpfe weiter.“

Edward III. war inzwischen in die Niederlande aufgebrochen, viele seiner Barone folgten ihm und schwächten damit die englische Position in Schottland. Die Unterstützung, die Balliol aus Schottland bekam, war nicht sehr groß. Im Frühjahr 1338 starb Murray, er hatte in seinen jungen Jahren viel für Schottland erreicht. Ein Waffenstillstand bis 1339 beendete die Kampfhandlungen. Robert Stewart, Nachfolger Murrays, hatte eine Atempause, die er zu nutzen verstand. Im Juni 1339 griff er mit Ross, Dunbar und dem Earl of Strathearn Perth an. Douglas kehrte mit französischen Söldnern aus Frankreich zurück. Hugh Hampyle, ein angeheuerter Pirat, griff die englische Schiffahrt an und blockierte dann mit seiner Flotte den Tay. Balliol begab sich nach England, angeblich beorderte ihn Edward III. zu seiner eigenen Sicherheit dorthin. Am 17. August 1339 fiel Perth, nachdem Mineure die Wassergräben hatten leerlaufen lassen. Douglas nahm Cupar Castle. Dann verebbten die militärischen Aktionen, Stewart lag verwundet in Perth danieder (er hatte einen Armbrustbolzen in den Oberschenkel bekommen). 1340 wurde John Randolph aus der englischen Gefangenschaft entlassen, im Sommer begann er mit einer großangelegten Offensive. Bereits am 16. April 1341 war Edinburgh Castle gefallen. Der Kommandeur hatte die Tore geöffnet, um einen Kaufmann mit Versorgungsgütern einzulassen.

Tatsächlich handelte es sich dabei um William Bullock, der sich mit zwölf Leuten verkleidet hatte. Sie schnitten dem Torwächter die Kehle durch, blockierten das Fallgatter und gaben ein Trompetensignal.

William Douglas erschien mit seiner Truppe und nahm die Burg. *(62)* Das war das Signal für die Rückkehr von David II. nach Schottland.

Caerlaverock Castle (Foto: Hagen Seehase)

Am 2.Juni 1341 landete er in seiner Heimat. Sofort übernahm er persönlich die Führung. Er unternahm Raids nach Nordengland. Zuerst blieb er dabei inkognito, weil er unter der Fahne Randolphs ritt. Als er erkannt wurde, lockte das Edward III. (der inzwischen vom Kontinent zurückgekehrt war) nach Norden. Edward lagerte in Melrose, wo er beständigen Attacken von William Douglas ausgesetzt war. Der eroberte die Versorgungsgüter der englischen Truppen und benutzte sie, um Hermitage Castle damit auszurüsten. Im Dezember 1341 wurde eine Serie von Waffenstillständen begonnen, die für sechs Monate die militärischen Aktivitäten abebben ließ. Edward III. kehrte nach England zurück, er war höchst unzufrieden mit der Lage in Schottland. Mittlerweile organisierten die jeweiligen Befehlshaber an der Grenze eine ganze Reihe von Turnieren, damit die englischen und schottischen Ritter nicht auf Waffentaten verzichten mußten. Das erste Turnier wurde nach dem ersten Durchgang abgebrochen, weil eine gesplitterte Lanze William Douglas an der Hand verletzt hatte. Bei dem zweiten Turnier (Januar 1342) kamen an drei Wettkampftagen zwei englische und zwei schottische Ritter ums Leben. Im Sommer 1342 führte David II. einen Raid gegen Nordengland, schwere Kampfhandlungen begannen erneut.

Balliols Position in ganz Schottland brach zusammen mit der Ausnahme von Galloway. Balliols wichtigster Gefolgsmann in dieser Region war Eustace Maxwell, der Lord von Caerlaverock Castle, den Balliol 1335 zum Sheriff von Dumfries gemacht hatte. Edward III. von England hatte Maxwell mit Viktualien und Geld versorgt, dann war Maxwell zu den Patrioten übergelaufen. 1342 kehrte er ins Lager Balliols zurück, ebenso wie Duncan MacDowall, der nun schon eine gewisse Erfahrung im Überlaufen hatte. David II. hatte seinerseits Getreue mit Ländereien in Galloway belehnt, etwa Malcolm Fleming, William Douglas und einen gewissen Fergus MacDowall. Damit wollte er wohl die Familie MacDowall spalten.

Die letzten englischen Stützpunkte mit den Ausnahmen von Berwick, Jedburgh und Lochmaben fielen 1342. Stirling ergab sich nach sechsmonatiger Belagerung im April 1342. Bereits im März hatten Alexander Ramsey und seine Leute Roxburgh Castle gestürmt. Ramsey erhielt von König David das Amt des Burgkommandeurs, was William Douglas gar nicht gefiel. Er lud Ramsey zu einer Unterredung in die Kirche von Hawick, wo er ihn in Ketten legen und nach Hermitage Castle bringen ließ. Hier ließ er ihn in 17 Tagen zu Tode hungern. David konnte Douglas nicht zur Verantwortung ziehen, weil Stewart intervenierte. *(63)* William Bullock, Davids Kammerherr, wurde des Verrats bezichtigt und nach Lochindorb Castle verschleppt, wo man ihn im Kerker verkommen ließ. Diese und andere Fehden zwischen den schottischen Baronen erklären die relative Ruhe an der Grenze in den Jahren 1343 und 1344. *(64)*

1343 hatte Edward II. einen von der Kurie vermittelten dreijährigen Waffen-still-stand angenommen, der in Frankreich zwar eingehalten, in Schottland aber weitestgehend ignoriert wurde. John MacDonald, Lord of the Isles, und Ranald Mac Ruaridh schlossen Verträge mit David II. und befriedeten so die Highlands. Besonders John Mac Donald achtete darauf, sich seine Nichteinmischung in den Konflikt zwischen Balliol und David II. von beiden Seiten angemessen honorieren zu lassen. 1345 sah einen weiteren Überläufer. Es handelte sich um keinen geringeren als Duncan MacDowall. Er brachte den Stützpunkt Heston damit in die Gewalt von David II. Er konnte es wohl nicht ertragen, seinen Landbesitz immer mehr in die Gewalt David ergebener Barone entgleiten zu sehen. Die Engländer reagierten schnell. William de Dyfford und Thomas de Lucy nahmen Heston von der Seeseite. MacDowall fiel in die Hände der Engländer, die ihn zwei Jahre im Tower behielten. Dann erhielt er die Freiheit unter der Bedingung, für Balliol zu kämpfen, seine Familie behielt man als Garantie seiner Treue zurück. Balliol blieb 1346 auf seinem isolierten Stützpunkt Burned Isle im Loch Ken. Er konnte von dieser Position die Attakken von John Kennedy und Alan Stewart beobachteten, die von Carrick über Galloway herfielen. Dagegen tun konnte er nichts.

1346 brach der Krieg an allen Fronten aufs Neue aus. Edward III. landete mit 15.000 Mann in der Normandie. Am 26. August 1346 kam es zu der großen, fast epischen Schlacht von Crecy, die Edward III. gewann. Der französische König hatte schon Wochen vor der Schlacht Briefe an David II. gesandt, des Inhalts, schnell im Norden anzugreifen. David ließ sich nicht lange bitten. Er wußte, daß große Teile des englischen Adels mit ihrem König in Frankreich standen. Ein Raid nach Cumberland, Derwent und Aldstone Moor, den er unter dem Banner Randolphs im Juli 1346 unternahm, überzeugte ihn davon, daß Nordengland eine leichte Beute sei. Am 6. Oktober 1346 zog er Truppen aus allen Landesteilen in Perth zu einer „Wapinschaw" zusammen. Nur der Earl of Ross erschien nicht, er war in eine Fehde mit Ranald MacRuaridh verwickelt, die diesen das Leben kosten sollte. David wartete nicht auf Ross und griff an. Erstes Ziel war der Turm von Castleton im Liddesdale. Drei kostbare Tage verschwendeten David und Douglas mit der Belagerung dieser kleinen Befestigung. Sie fiel am Ende. Ihr Kommandeur Walter Selby erbat die Gunst, im Kampf Mann gegen Mann fallen zu dürfen. David verweigerte ihm diesen Gefallen und ließ ihn köpfen. Seinen Sohn nahm man gefangen. Douglas war mit dem Erreichten zufrieden und riet zur Heimkehr. David jedoch ließ weiterziehen. Anstatt jedoch das lächerlich schwach besetzte Carlisle anzugreifen, wurde Yorkshire als Marschziel gesetzt. Es wurde langsam klar, daß David II. keinerlei operatives Ziel hatte. Seine Armee zog durch Nordengland, plünderte die

Abtei von Lanercost und schickte ein Detachement am Tyne entlang bis Ryton. In Nordengland war man auf die schottische Invasion nicht unvorbereitet. Als König David II. mit 12.000 - 15.000 Mann die Grenze überschritt, stellten sich ihm Sir Ralph de Neville, Sir Henry de Percy und William Zouche, der Erzbischof von York, entgegen. Sie hatten 700 Ritter und 10.000 Infanteristen und Bogenschützen unter ihrem Kommando.

Am Morgen des 17. Oktober 1346 plünderte Sir William Douglas mit 500 berittenen Infanteristen (Hobilars) das kleine Städtchen Merrington. Als sich der Nebel verzog, stellten sie fest, daß sie sich in unmittelbarer Nähe die englische Streitmacht befanden. Sofort brach unter Douglas' Leuten Panik aus, nur die Hälfte gelangte zurück zu den schottischen Linien. Dem König war nun klar, daß er starken Streitkräften gegenüberstand. Den Engländern war klar, daß ihre Präsenz den Schotten nun bekannt war. Sie stellten sich vor den Mauern Durhams bei einem alten Wegkreuz auf. Der Boden war für einen Kavallerieeinsatz ungeeignet, deshalb stellten sich in der vordersten Linie die Bogenschützen auf, dahinter die Infanterie (in drei Blöcken). Dem Anführer der schottischen Vorhut, Earl Patrick Dunbar, kam die ganze Angelegenheit nicht geheuer vor, er bat den König, die Nachhut anführen zu dürfen. Deshalb ging das Kommando der Vorhut an John Randolph, den Earl of Moray über, der auf dem rechten Flügel attackierte. Dabei gerieten seine Leute an einen Hohlweg, wichen nach links aus und stießen mit dem vom König selbst befehligten schottischen Zentrum zusammen. Die Masse enggedrängter Schotten bot den englischen Bogenschützen ein leichtes Ziel. Der linke Flügel der Schotten, kommandiert von Robert Stewart, wurde von der englischen Kavallerie zum Rückzug gezwungen. Ein weiterer Kavallerieangriff drängte Morays rechten Flügel ebenfalls zurück. Der König stand mit seinen Leuten nun ohne Unterstützung der anderen Armeeflügel auf dem Schlachtfeld, Earl Patrick hatte nämlich seiner Nachhut auch den Rückzug befohlen. Am Ende des Tages waren die Schotten auch am Ende ihres Durchhaltevermögens. Tausend Mann waren tot, darunter John Randolph, der Earl of Moray. König David II. wurde von den Engländern umzingelt, seine Leibgarde fiel Mann um Mann. Der König schlug noch einem englischen Ritter, John of Copeland (oder Coupland) *(65)*, zwei Vorderzähne aus, bevor der ihn überwältigte und gefangennahm. David hatte zwei Pfeilschußwunden, eine Pfeilspitze zog ihm ein Feldscher auf seinem Krankenlager in Bamburgh Castle heraus, eine blieb in seinem Körper stecken und verursachte angeblich immer bei Vollmond Kopfschmerzen.

Neben Randolph waren der Earl of Strathearn, und Robert Keith gefallen. William Douglas und die Earls Duncan of Fife, John Graham of Menteith, William of Sutherland und Malcolm Fleming of Wigtown waren in Gefangenschaft geraten. Verschiedene Gefangene kamen mit ihren „Fängern" überein, gegen ein gewisses Entgelt fliehen zu dürfen, bevor man sie dem englischen König überstellen konnte. Malcolm Fleming of Wigtown gelang die Flucht ohne derartiges Arrangement. Menteith und Fife wurden des Verrats angeklagt, beide hatten dem englischen König in der Vergangenheit die Treue geschworen. Menteith wurde gehängt, gestreckt, gevierteilt. Fife, der immerhin aus königlichem Blute stammte, versprach auch mehr Lösegeld und blieb am Leben. Auf englischer Seite bekam Copeland eine königliche Pension von 500 Pfund pro Jahr, den Titel eines Bannerherren, die Generalsamnestie für jede Schandtat, die er vielleicht irgendwann möglicherweise begangen hatte. Henry Percy und Ralph Neville wurden gegen großzügige Entlohnung engagiert, mit 180 Menat-arms und 180 berittenen Bogenschützen Balliol zu helfen. Dem war kaum noch zu helfen. Im Mai 1347 brach er mit 3360 Mann von Carlisle auf und erobert die Bezirke in den Borders wie Berwick, Roxburgh etc. Vor Edinburgh scheiterte er jedoch, die Schotten hatten die Burg neu befestigt. Balliol zog sich nach Heston zurück, dann nach Buittle, dann nach Caerlaverock. Der König blieb lange Jahre in Gefangenschaft, da Schottland das Lösegeld nicht aufbringen konnte, Robert Stewart die Aufbringung des Lösegeldes nach Kräften verzögerte, die Verhandlungen sich hinzogen. *(66)*

William Douglas of Liddesdale hatte von der langen Kerkerhaft genug und schwor Edward III. die Treue. Er kehrte nach Schottland zurück und hielt Hermitage Castle für den englischen König. Sein Patensohn, auch William, war der Sohn von Archibald Douglas. Er forderte vehement sein Erbe und beschleunigte die Sache, indem er den älteren Douglas im Ettrick Forest im August 1353 ermordete. Er zog daraufhin in den Westen, nach Galloway, wo er Duncan Mac Dowall (wen sonst) zum Überlaufen auf die schottische Seite überredete. Beide vertraten die Sache des gefangenen Königs David. Dunbar, Thomas Stewart und einige andere Magnaten wollten den Kampf gegen die Engländer auf eigene Faust weiterführen, ohne den König. Sie griffen zusammen mit dem französischen Söldnerführer Garencieres Berwick an. Sie konnten die Stadt nehmen, nicht aber die Burg. Edward III. erschien persönlich mit einer Streitmacht vor Berwick, das schnell in seine Hand fiel. Am 20. Januar 1355 traf er sich mit Balliol, der ihm gegen eine stattliche Summe die schottische Krone abtrat. Balliol verschwand nach Süden, tauchte noch ein paar Male als notorischer Wilderer in den Chroniken auf und starb 1364 in Doncaster.

Edward III. unternahm noch einen zerstörerischen Feldzug durch Südschottland, der als „Burnt Candlemas" in die Annalen einging. Doch die Zeit war reif für einen Friedensschluß, beide Länder waren durch den Krieg und durch die Pestseuche erschöpft, England stand im 100jährigen Krieg gegen Frankreich.

Am 3. Oktober 1357 wurde ein Vertrag geschlossen, die Zahlung von 100.000 Mark Silber als Lösegeld für König David vereinbart. Am 5. Oktober 1357 kam David der Zweite von Schottland frei. *(67)* Er konnte in ein Land zurückkehren, das die englische Herrschaft abgeschüttelt hatte. Großer Gewinner aber war Edward III. Nach dem Friedensschluß mit den Schotten konnte er die englischen Garnisonen an der Nordgrenze auf ein Minimum reduzieren und seine ganze militärische Stärke dem Krieg gegen Frankreich widmen. Zudem verzichtete er auf seine Ansprüche Schottland betreffend keineswegs, nur darauf, sie militärisch durchzusetzen. 1369 waren von dem Lösegeld 44.000 Mark bezahlt. 1371 verstarb David II. sehr plötzlich, aber sein Nachfolger, Robert II. aus dem Hause Stewart, hielt den Vertrag zunächst ein. Eine Summe von 24.000 Mark blieb unbezahlt, trotzdem hielt der Waffenstillstand bis zu seinem vertraglich vereinbarten Ablauf im Jahre 1384. Zu diesem Zeitpunkt waren (fast) alle englischen Eroberungen wieder in schottischen Händen. John Stewart (der spätere Robert III.) hatte 1352 das Annandale erobert, 1353 war das Liddesdale wieder an Schottland zurückgefallen. Die letzten englischen Territorien in Galloway brachte der definitiv letzte Seitenwechsel MacDowalls wieder zu Schottland. *(68)* 1384 fiel die Burg Lochmaben, als die Douglasses die englische Garnison niederkämpften. *(69)* Berwick hingegen verblieb in englischer Hand, wenngleich auch 1461 (zur Zeit der Rosenkriege in England) Truppen der Lancasters die Stadt den Schotten übergaben. 1482 eroberten die Engländer Berwick wieder zurück. Nach Jahrzehnten des Krieges waren Schottland schließlich nur die Stadt Berwick und die Isle of Man verlorengegangen, nicht aber die Unabhängigkeit.
Das war das Verdienst der tapferen Schotten, es war aber auch die Gunst der Stunde. Es war der Krieg in Frankreich, der Hundertjährige, der Schottlands Freiheit nach Neville's Cross bewahrte. Das schmälert die Verdienste von Wallace, Bruce und all den anderen keineswegs.

❧ ❧ ❧

Postskriptum

Es dauerte rund siebenhundert Jahre, bis der Stone of Destiny nach Schottland zurückkehrte. Die Regierung Major ließ ihn in einem großen Zeremoniell nach Schottland bringen. Die Soldaten der ruhmreichen schottischen Regimenter Ihrer Majestät Armee säumten den Weg, als zu den Klängen der Dudelsäcke die Wagenkolonne passierte.

Der Braveheart-Mythos

Ein Buch zu dieser Thematik kommt nicht umhin, sich auch mit dem Braveheart-Mythos auseinanderzusetzen. Natürlich begann die Verehrung und Überhöhung des schottischen Patrioten William Wallace nicht mit dem Film „Braveheart", erhielt aber durch ihn eine ganz neue Dimension. Nicht ohne Grund ist Mel Gibsons Meisterwerk mit mehreren Oskars ausgezeichnet worden, am Standard der „herkömmlichen" Ritterfilme gemessen, ist „Braveheart" sogar historisch erstaunlich genau. Die historische Wahrheit sah aber, wie in diesem Buch dargestellt, etwas anders aus. Damit soll keineswegs die Qualität des Filmes in Zweifel gezogen werden, im Gegenteil, er ist eine Spitzenleistung innerhalb des Genres. Für den historisch Interessierten kann die Beschäftigung mit den geschichtlichen Hintergründen ähnlich anregend sein wie das Betrachten des Filmes: hatte nicht schon Friedrich Schiller gesagt, zwischen dichterischer und historischer Wahrheit gebe es eine Differenz? Die Geschichte des gesamten schottischen Unabhängigkeitskrieges in das dramaturgische Konzept eines Spielfilms pressen zu wollen, hätte vermutlich der filmischen Qualität Abbruch getan.

An dieser Stelle sollen nicht die Abweichungen von der historischen Wirklichkeit aufgelistet oder gar beckmesserisch kritisiert werden, sondern nur der Versuch gemacht werden, aufzuzeigen, wie die Filmemacher sich der historischen Vorlage genähert haben. Da steht natürlich die Person von William Wallace im Mittelpunkt. Im Film wie in der Realität war er der Anführer der schottischen Patrioten gegen die englische Herrschaft. Tatsächlich war der Auslöser seiner Rebellion gegen den englischen König die Ermordung seiner Frau durch marodierende englische Truppen. Wallace stürmte daraufhin mit einigen Getreuen Lanark und tötete den Kommandeur von dessen Besatzung, Hesilrig. Daran entzündete sich ein allgemeiner Aufstand gegen die Engländer.

Allerdings liegt Lanark in den Borders, keineswegs in den Highlands. Wallaces Anhänger waren, wie im Film gezeigt, Angehörige der unteren Schichten, allerdings keine Highlander. Letztere hatten ihre eigenen Anführer. Wallace gelang es, die Engländer bei Stirling Bridge zu schlagen, allerdings war er wahrscheinlich nicht der militärische Kopf dieser Unternehmung. Er wurde tatsächlich zu einer Art „Reichsverweser" („Guardian of Scotland") ernannt. Der Feldzug nach England fand statt, allerdings wurde York nicht erobert. Wallace traf die Frau des englischen Kronprinzen niemals. Die Niederlage von Falkirk ist historisch, Wallace entkam mit einigen Getreuen in die Wälder von Callander, doch sein Aufenthalt in den Highlands währte nur kurz, er ging danach nach Frankreich. Nach seiner Rückkehr wurde er verraten, in London vor Gericht gestellt und grausam hingerichtet. Wie auch im Film dargestellt, wurde ihm vorgehalten, er habe dem König die Treue gebrochen. Wie im Film entgegnete Wallace, er habe ihm nie die Treue geschworen. Wallace wurde tatsächlich gehängt, gestreckt, gevierteilt. Seine Hinrichtung war ein derartig obszönes, entsetzliches Schauspiel, daß seine filmische Darstellung den schrecklichen Charakter keineswegs übertreibt.

Für die Charakterentwicklung des jungen William spielen im Film Bruder und Vater eine wichtige Rolle. Von ihnen ist wenig bekannt. Wallaces Vater kam bei einem Grenzgefecht ums Leben. Sein älterer Bruder Malcolm aber überlebte (nicht wie im Film) und war fürderhin Oberhaupt der Familie. Als solcher hätte er dem englischen König im Oktober 1296 Treue schwören müssen, tat es aber nicht (sein Name erscheint nicht auf den sogenannten „Ragman Rolls", dem Verzeichnis der 2000 schottischen Edelleute und Gemeinfreien, die dem englischen König in Berwick huldigten). Später war Malcolm Wallace Anhänger von Robert the Bruce. Der war tatsächlich ein wankelmütiger und unentschlossener Charakter, so erscheint es zumindest. Vielleicht setzte er auch nur die Ansprüche seiner Familie auf den schottischen Thron höher, als den Kampf gegen den englischen König. Tatsächlich betrieb er bis 1306 eine Schaukelpolitik, rebellierte und unterwarf sich wieder. Mal war er Gegner, dann wieder Verbündeter des englischen Königs Edward I., der ihm nie vertraute. Erst 1306 setzte Bruce sich konsequent für die Befreiung Schottlands von der englischen Okkupation ein. Er wurde zu einem weitaus gefährlicheren Gegner als es Wallace je gewesen war. Robert the Bruce war Wallace durchaus freundschaftlich gesonnen, er verteidigte ihn gegen die Vorwürfe anderer schottischer Lords, vielleicht schlug er ihn zum Ritter. An der Schlacht von Falkirk war Bruce nicht beteiligt, er hielt sich während dieser Zeit auf seinen Gütern in Carrick auf. Auch an dem Verrat an Wallace hatte er keinen Anteil. Im Film leidet Robert Bruce of Annandale, der Vater von Robert the Bruce, an Lepra. Tatsächlich verstarb Robert the Bruce selber 1329 an dieser heimtückischen Krankheit.

Eine Schlüsselrolle an der Seite von Braveheart-Wallace spielt die Figur des Hamish Campbell. Der sympathische Riese aus dem Film soll vermutlich an Neil Campbell erinnern. Der war ein Mann von gewaltigen Kräften, ein großer Krieger und Anführer. Allerdings stand er im Zusammenhang mit Robert the Bruce, den er seit 1296 unterstützte. Neil Campbell, der Chief seines Clans, war der Schwager von Robert the Bruce, und er führte seine Highlander gegen den englischen König, so auch bei Bannockburn 1314. Mit Wallace hatte er gar nichts zu tun. Eine nicht historisch belegbare Figur ist Steven, der Ire. Es gab einen irischen Kleinkönig im Zusammenhang mit dem Schottischen Unabhängigkeitskrieg. Er war vielleicht das geschichtliche Vorbild für die Figur des Steven und Kämpfte an der Seite von Alexander und Thomas Bruce 1307 in Galloway. Bei diesen Kämpfen wurde er getötet. Die Iren, die im Film die englischen Truppen unterstützen sollen und bei Falkirk zu den Schotten überlaufen, sind reine Erfindung. Tatsächlich unterstützte der Earl of Ulster von Zeit zu Zeit seinen Lehnsherrn, den englischen König, mit Truppen aus Nordirland. Pikanterweise war der Earl of Ulster der Schwiegervater von Robert the Bruce. Nach dem Sieg von Bannockburn unternahm Robert the Bruce einen Feldzug in Irland, in dessen Verlauf sein Bruder Edward getötet wurde.

Laughlin, Mornay und Craig, die wankelmütigen und verräterischen schottischen Adligen des Films, sind Phantasie. Tatsächlich waren die Reihen der schottischen Patrioten voll von Opportunisten und Wendehälsen. Der Adel unterstützte Wallace nur sehr halbherzig. Auch gelang es Edward I. öfter, den schottischen Adel einzuschüchtern und einzelne Barone zu kaufen. In der ersten Phase des schottischen Unabhängigkeitskrieges gab es neben Wallace kaum einen Adligen, der die schottische Sache ähnlich unerbittlich vertrat wie Wallace, wenn man vielleicht von Sir Roger de Soules absieht. Man muß bedenken, daß es so etwas wie den schottischen Nationalismus eigentlich nicht gab. Erst Robert the Bruce beförderte in Zusammenarbeit mit dem schottischen Klerus diese Idee. Wie sagt der Darsteller von Robert the Bruce so treffend im Film: „Dieses Land ist völlig ohne Selbstvertrauen.“

Einen „Mornay“ gab es nicht. Wenn mit dieser Figur Andrew de Moray (oder Andrew Murray, Andrew de Moravia) gemeint sein sollte, tut man diesem Mann bitter unrecht. Andrew de Moray war der eigentliche militärische Kopf des Aufstandes gegen die Engländer. Wie Wallace die Leute der Lowlands anführte, so kommandierte er die Highlander. Andrew de Moray war noch sehr jung, als er mit seinen Leuten zu Wallace stieß. Er kämpfte bei Stirling Bridge, wurde schwer verwundet und starb wenig später. Sein Patriotismus und seine Loyalität stehen außer Zweifel. Einen Laughlin im Zusammenhang mit Wallace gab es nicht. Ein Gillascop MacLachlan kämpfte an der Seite von Robert the Bruce bei

Drum Castle (Foto: Antje Mismahl)

Bannockburn. Auch Lord Craig ist eine (gute) Erfindung der Filmemacher. „Craig" ist ein in Schottland sehr verbreiteter Ortsname, er taucht etwa in Aberdeenshire auf, auch in Lochaber. Ein Mann dieses Namens erscheint im Zusammenhang mit dem Schottischen Unabhängigkeitskrieg an prominenter Stelle, und zwar als Kommandeur von Kildrummy Castle. Das war aber erst 1337, im Zusammenhang mit der Invasion der Enterbten. Der Verrat an Wallace wurde von Sir John Stewart of Menteith begangen, der später zu Robert the Bruce überlief. Interessanterweise steht auf dem Höhenzug des „Abbey Craig" das „Wallace Memorial", ein Denkmal bzw. Museum bei Stirling, das an William Wallace erinnert.

Im Film taucht ein Mann mit dem Namen „Argyll" auf, er ist der Onkel des jungen William Wallace. Das ist historischer Unfug, denn Argyll war in jener Zeit gälisches Stammland und gehörte zum Machtbereich der (lange Zeit englandfreundlichen) MacDougalls. Die Familie Wallace war jedoch walisischen oder britisch-keltischen Ursprungs. Außerdem bezeichnete man mit der Landschaftsbezeichnung nur den Herren eines Gebietes. Mit dem Lord von Argyll waren die Wallaces schwerlich verwandt, sie gehörten nicht zu seinem Clan.

Nun wird aber oft Argyll mit dem Clan Campbell assoziiert, weil die späteren Earls/Marquis/Dukes of Argyll die Chiefs dieses Clans waren. Ein Zweig der Campbells, die Campbells of Loudoun, siedelte in Ayrshire, gar nicht weit von William Wallaces Geburtsort. Gründer dieses Zweiges war Sir Duncan Campbell, der eine Crauford of Loundoun geheiratet hatte. Auch die Mutter von William Wallace war der Überlieferung nach eine Crawford (oder Crauford). Allerdings kann Sir Duncan, immerhin der Bruder eines Chief Campbell, niemals der Onkel von William Wallace gewesen sein, da seine Heirat mit der Crauford-Erbin erst im 14. Jahrhundert stattfand. Ein Clan wird in „Braveheart" namentlich erwähnt, es sind die MacGregors. Im Film tauchen die kämpferischen MacGregors gleich nach dem Überfall auf Lanark auf. Tatsächlich siedelten sie zu dieser Zeit in Cowall, was über hundert Kilometer entfernt liegt. Sie dürften auch nicht zu den Gefolgsleuten Wallaces gezählt haben, allenfalls zu denen de Morays.

Ein paar Bemerkungen zur Edward I., „Longshanks", wie er im Film bezeichnet wird. Er war in der historischen Wirklichkeit wie im Film der unversöhnliche Gegner von Wallace. Allerdings dämonisiert ihn der Film über alle Maßen. Edward I. war eine starke, sehr weitsichtige und rationale Herrscherpersönlichkeit Trotzdem ein Mann seines Zeitalters: vermutlich aus kirchenpolitischen Gründen verwies er die Juden aus England. Schon seinen Zeitgenossen galt er deshalb als kalt und unheimlich. Tatsächlich war er aber keineswegs ein grausamer Tyrann. Man sollte sich in Erinnerung rufen, daß den Zeitgenossen ein anderer Plantagenet-König, Richard Löwenherz, als Idealbild der Ritterschaft galt! Löwenherz war mutig, vereinte aber auch höchst kindische Charakterzüge mit einem Hang zur pathologischen Grausamkeit. Edward I. war nicht nur ein Feldherr von großer Reputation (er hatte Wales erobert), er war auch ein fähiger Politiker. Gegenüber schottischen Rebellen zeigte er sich bisweilen sogar sehr nachsichtig. Nur Wallace (und später Bruce) verfolgte er unerbittlich. Er führte (wie im Film) oft Krieg in Frankreich. Seine Barone ließen sich (anders als im Film) nicht allzusehr einschüchtern und traten dem König gegenüber sehr selbstbewußt auf. In die Herrschaftszeit Edwards I. fallen die Anfänge des englischen Parlamentarismus. Er kommandierte (wie im Film) die englischen Truppen bei Falkirk persönlich. Die einleitende Szene mit den Gehängten ist reine Phantasie. Der Tod von Edward I. steht in keinerlei zeitlichem Zusammenhang mit der Hinrichtung von Wallace. Edward I. starb 1307 im nordenglischen Burgh-on-Sands in Sichtweite der schottischen Grenze.

Der Feldzug gegen Bruce, auf dem er sich gerade befand, wurde von seinem Sohn und Nachfolger Edward II. kurze Zeit später abgebrochen. Im Film wird er als rückgratloser Weichling mit perversen Neigungen geschildert. Zweifellos ist an diesen Behauptungen etwas dran. Edward II. ist als glückloser Politiker und Feldherr in die Geschichte eingegangen. Er führte englische Truppen im Schottischen Unabhängigkeitskrieg bisweilen persönlich und meist erfolglos. Seine geradezu epische Niederlage von Bannockburn überschattet seine Regierungszeit in der Überlieferung und in der Erinnerung bis heute. Tatsächlich glich er seinem Vater weder charakterlich noch intellektuell. Die englischen Barone traten ihm offener Opposition entgegen. Besonderer Kritikpunkt war seine Günstlingswirtschaft (das wird im Film angedeutet). Einer seiner Freunde verlor seinen Kopf (tatsächlich, nicht metaphorisch). Trotzdem kehrte Edward II. wieder zu seiner Praxis des Favoritentums zurück, die ihn letztlich die Krone und sein Leben kosten sollte. Edward II. war seiner Frau, nach allem, was wir wissen, nicht sehr zugetan. Diese sehr schöne, intelligente und machtbewußte Frau wurde im Film gut porträtiert. Isabella, Prinzessin von Frankreich, wurde von ihrem Ehemann gedemütigt, schon sein Benehmen während der Hochzeit wurde als beleidigend empfunden. Ihr Sohn Edward III. hatte so wenig Ähnlichkeit mit Edward II. (charakterlich wie körperlich), daß schon von den Zeitgenossen dessen Vaterschaft bezweifelt wurde. Isabella hatte eine Liebschaft mit dem anglowalisischen Adligen Mortimer (zeitweise Regent von Irland), mit dessen Hilfe sie Edward II. stürzte. William Wallace aber ist Königin Isabella nie begegnet. Sie heiratete Edward II. zwölfjährig im Jahre 1308, zu diesem Zeitpunkt war Wallace schon seit drei Jahren tot und seine Sieg nur noch Erinnerung.

Tatsächlich besiegten 1297 speertragende Schotten eine englische Armee aus Infanterie, Bogenschützen und gepanzerter Kavallerie. Nur: der Ablauf war ganz anders als im Film dargestellt. Die schottischen Truppen bestanden nur zum Teil aus Hochländern. Die blau angemalten Gesichter in „Braveheart" sollen wohl an die Pikten erinnern, sind aber pure Fiktion. Die schottischen Soldaten kämpften tatsächlich überwiegend zu Fuß, bewegten sich aber vor der Schlacht mit Pferden. Die langen Speere sind historische Realität, allerdings absolut keine Erfindung von Wallace. Verhandlungen im Vorfeld der Schlacht gab es tatsächlich, sie zogen sich in Wirklichkeit sogar tagelang hin. Die Schlacht selbst fand nicht auf einer weiten Ebene statt, sondern an einem Flußübergang. Die englische Vorhut hatte gerade die Brücke überquert, als sie von den Schotten angegriffen und aufgerieben wurde. Dabei fiel der stellvertretende englische Kommandeur, Sir Hugh de Cressingham, ob er von Wallace persönlich getötet wurde, ist nicht bekannt. Das Niederreiten der englischen Bogenschützen durch leichte schottische Kavallerie ist eine Episode aus der Schlacht von Bannockburn. Wallaces persönliches Engagement als Schwertkämpfer (weniger als Oberkommandierender) ist historische Wahrheit. Und tatsächlich hatte das Schwert von William Wallace beträchtliche symbolische Bedeutung für die schottischen Patrioten (das wird in der letzten Filmszene angedeutet). Mit Wallace wird ein gigantisches Bidenhänderschwert in Verbindung gebracht, das heute im Wallace-Memorial bei Stirling aufbewahrt wird. Es ist noch größer als das im Film verwendete Schwert, hat eine leicht elliptische, im Querschnitt linsenförmige Klinge und ein längeres Griffstück. Die Parierstangen sind leicht zur Klingenspitze gebogen und haben Bügel an den Seiten. Ob es tatsächlich von Wallace verendet wurde, steht nicht mit letzter Sicherheit fest. *(70)*

Worin nun der primäre Verdienst des Filmes „Braveheart" liegt, ist für den historisch Interessierten wohl klar. Dank „Braveheart" hat das Interesse für Wallace, für Schottland und seine Geschichte, für das Mittelalter überhaupt ungeheuren Auftrieb erhalten. Die Vorzüge des Filmes liegen in der Darstellung der persönlichen Problematik der Hauptfiguren, auch die Darstellung des täglichen Lebens verdient Lob. Die Charaktere von Edward I., Edward II. und Königin Isabella werden dargestellt, allerdings in starker Überzeichnung. Die Schicksale und die Charaktere von Wallace und Bruce, den Hauptprotagonisten des Schottischen Unabhängigkeitskrieges, werden ergreifend und historisch korrekt geschildert. Und letztlich ist auch „Braveheart" eine Chiffre. Es hat Persönlichkeiten gegeben, die in der Geschichte einen tieferen Eindruck hinterlassen haben. Es hat weit schlimmere Unterdrückung gegeben (und es gibt sie noch), als die Besetzung Schottlands durch die Engländer unter König Edward I. Aber der Film zeigt sehr deutlich, wie das Schicksal eines Volkes den Lebensbereich des Individuums betreffen kann. Der Patriotismus von Wallace wurde auch durch einen schweren persönlichen Verlust gespeist (den Tod seiner Frau). Robert the Bruce zahlte für seinen politischen Standpunkt mit familiären Verlusten, mit dem Tod seiner

Brüder, mit der Gefangenschaft von Frau, Tochter und Schwester.

Wenn die Geschichte des 20. Jahrhunderts den Menschen etwas lehren kann, dann doch die Tatsache, daß das Individuum an dem Schicksal seines Volkes, seiner Nation, seines Clans, seiner Familie teilnimmt, ob es will oder nicht. Die Erfahrung, die die Schotten (und Engländer) im Unabhängigkeitskrieg machen mußten, war, daß Neutralismus oder Pazifismus keine Lösung sind. Angesichts der bitteren Erfahrungen mit den totalitären Diktaturen des 20. Jahrhunderts ist diese Erkenntnis immer noch aktuell. Ritterlichkeit und Patriotismus sind nicht verstaubt sondern nötig wie je zuvor.

„Braveheart" ist mehr als ein Ritterfilm.

❧ ❧ ❧

William Wallace als Wirtshausschild (S. Gibson Photography)

Kurzbiographien

Edward I. („Longshanks")

Edward I. aus dem Hause Plantagenet wurde 1239 in Westminster geboren. Er hatte Zeit, sich auf seine Aufgabe vorzubereiten, denn sein Vater Henry III. regierte noch bis 1272. Mit 33 Jahren bestieg Edward den Thron. Er war inzwischen zu einem Staatsmann erzogen worden, der nicht nur gute Rechts- und Verwaltungskenntnisse besaß, sondern auch auf militärischem Gebiet begabt war. 35 Jahre lang sollte er die Geschicke Englands leiten, bevor er im Alter von 68 Jahren 1307 in Burgh-on-Sands starb. Zweimal war er verheiratet, in erster Ehe mit Eleanor von Kastilien, mit der er drei Söhne und fünf Töchter hatte und in zweiter Ehe mit Margaret von Frankreich, mit der er zwei weitere Söhne und eine Tochter hatte.

Edward I. war ein autoritärer Staatsmann, aber dennoch ein Modernisierer, dessen Reformen und Veränderungen ein fruchtbarer Boden für den weiteren Weg Englands in die Zukunft sein sollten. So brachte er trotz seiner autokratischen Ansichten im „Model Parliament" von 1295, in dem Repräsentanten des hohen Adels, des hohen und niederen Klerus, der Ritter und der Bürger der Städte versammelt waren, erstmals Lords und Commons zusammen. Natürlich tat auch Edward dies nicht uneigennützig, denn bereits zu seiner Regierungszeit wurde deutlich, daß die feudalen Strukturen den Anforderungen einer erweiterten Verwaltung, einer effektiveren Justiz und einer dauerhaften Präsenzarmee nicht mehr entsprachen. Das bedeutete, daß Edward Geld benötigte, viel Geld, das vor allem die Bürger erwirtschafteten. Um an dieses Geld zu gelangen, mußte er die Bürger, insbesondere die Kaufleute, in irgendeiner Form an der Macht partizipieren lassen. Dies geschah von nun an in den Parlamenten, die bald nicht mehr aus der englischen Geschichte wegzudenken sind. Selbst Konflikte mit der Kirche und dem Adel riskierte Edward, um die zentrale Staatsmacht langfristig zu stärken - und der Erfolg gab ihm recht. Auch die Juden, die zum Teil erhebliche Reichtümer erworben hatten, wurden nicht verschont. Sie erlitten - wie so häufig in der Geschichte - das schlimmste Schicksal, denn sie wurden, nach antisemitischen Ausschreitungen, 1290 des Landes verwiesen. Natürlich hatten sie keine Chance mehr, ihre Geschäfte entsprechend zu ordnen, so daß die Krone und Teile der Bürgerschaft erhebliche finanzi-

elle Vorteile aus diesen Ausweisungen zogen. Edward vollendete aber auch Rechtsreformen, die schon unter Henry II. begonnen worden waren und eine größere Rechtssicherheit garantierten. Den weitaus größten Teil der Finanzen verschlangen allerdings die langwierigen und kostspieligen Kriege. Auf den britischen Inseln selber waren es die Unabhängigkeit Schottlands und Wales, die Edward zu beseitigen dachte und auf dem Kontinent mußte er sich mit dem französischen König Philip auseinandersetzen. Am erfolgreichsten waren seine Bemühungen in Wales. Nach langwierigen Feldzügen und einer Reihe teurer Burgenbauten wurde die englische Suprematie 1284 in den Statuten von Rhuddlan durchgesetzt und nicht ernsthaft wieder in Frage gestellt. 1301 wurde sein ältester Sohn Prince of Wales, ein Brauch, der bis heute im englischen Königshaus besteht.
Wesentlich unzufriedener mußte der König mit seinen Bemühungen sein, den widerspenstigen schottischen Norden in seinem Sinne zu befrieden. Bis zu seinem Tod wogten die blutigen und oft grausamen Kämpfe lange Jahre hin und her, ohne doch, trotz der oft verheerenden Folgen, zu greifbaren Ergebnissen zu führen. Allerdings hatte er es mit Gegnern zu tun, die ihm militärisch immer wieder Paroli zu bieten verstanden: William Wallace und Robert the Bruce. Die Grabinschrift auf seinem Grabmal in Westminster zeugt bis heute von seinem wenig positiven Andenken in Schottland: „Here lies Edward the Hammer of the Scots".

Edward II.

Edward II. wurde im Jahr eines großen Triumphes für seinen Vater geboren, 1284 garantierten die Statuten von Rhuddlan die englische Herrschaft über Wales. Dennoch stand sein Leben unter keinem guten Stern. Der junge Prinz entwickelte sich zu einem hinterhältigen und verschlagenen Menschen, der, als er mit 23 Jahren die Regierung übernahm, nicht im Traum daran dachte, die positiven Bemühungen seines Vaters fortzusetzen. Edward II. wurde daher oft als der größte Fehler Edwards I. bezeichnet. Seiner dem Einvernehmen nach nicht eben glücklichen Ehe mit Isabella von Frankreich waren zwei Söhne und eine Tochter beschieden. Er erreichte nicht annähernd das Alter seines Vaters, denn zuvor wurde er mit 43 Jahren als Gefangener seiner eigenen Ehefrau und ihres Geliebten während eines Befreiungsversuchs in Berkley Castle 1327 ermordet.

Edward hatte nie die rechte Lust zum Regieren, lieber überließ er dic Alltagsgeschäfte verschiedenen Günstlingen. Zunächst war dies Piers Gaveston und später waren es die Despensers. Für Gaveston, einen gebürtigen Gascogner, riskierte er sogar mehrfach den Konflikt mit dem heimischen Adel. Immer wieder wurde Gaveston, der sich nicht gerade um andere Freunde als seinen königlichen Gönner bemühte, verbannt und wiedergerufen, bis er letztlich bei einer bewaffneten Revolte erschlagen wurde. Man hat bei diesem beinahe kindischen Katz-und-Maus-Spiel den Eindruck, daß Edward einzig hier echte Energien an den Tag legte, während die eigentlichen Regierungsgeschäfte und die Feldzüge eher als notwendiges Übel absolviert wurden. Daß er kein militärisches Talent war, macht spätestens die epochale Niederlage seiner Armee in der Schlacht von Bannockburn 1314 klar, in deren Vorfeld er mehrere unüberlegte und vermeidbare Fehler gemacht hatte. Scin Versagen - er konnte nicht einmal verhindern, daß Robert the Bruce Berwick nahm - war ein maßgeblicher Grund dafür, daß die Frage der aus englischer Sicht gewünschten Union zwischen Schottland und England immerhin bis 1707 aufgeschoben blieb.

Mehr als unschön war auch sein innenpolitisches Vorgehen gegen seinen Cousin Thomas, Earl of Lancester, dem er auf Druck der Adelsopposition hin Machtbefugnisse hatte abtreten müssen. Mit Hilfe seines neuen Favori-

Großsiegel des englischen Königs Edward I.

ten Hugh le Despenser eroberte Edward sich die volle Regierungsgewalt mit Hilfe von Truppen zurück und ließ seinen Cousin hinrichten. Das sollte ihm wenig helfen, denn nun stellte sich die Königin an die Spitze dieser Opposition. Zunächst mußte sie zwar nach Frankreich fliehen, aber mit Hilfe ihres Geliebten Roger de Mortimer, Baron of Wigmore, wagte sie die Invasion in England. Sie war erfolgreich. Die Despensers wurden hingerichtet und Edward in Südwales gefangengenommen. Um sein Leben zu retten, dankte er ab und wurde auf Berkeley Castle inhaftiert, wo er bis zu dem bekannten Befreiungsversuch im September 1327 lebte.

Edward III.

Edward III. erreichte fast wieder das Alter seines Großvaters, er wurde 65 Jahre alt, bevor er 1377 in Sheen Palace starb und in Westminster beigesetzt wurde. Geboren wurde er 1312 in Windsor Castle, was bedeutet, daß er bereits im jugendlichen Alter von 15 Jahren inthronisiert wurde. Bereits ein Jahr später wurde er mit der vierzehnjährigen Philippa von Hainault vermählt, die ihm 11 Kinder schenkte, sechs Söhne und fünf Töchter. Natürlich war die Heirat, wie in Adelskreisen durchaus üblich, bereits Jahre vorher abgesprochen worden.
Seiner Mutter und ihrem Liebhaber gegenüber zeigte er sich trotz der hastigen Inthronisation und der vorteilhaften Heirat nicht gewogen, denn nur zwei Jahre nach derselben ließ er beide verhaften. Mortimer wurde in Tyburn gehängt und seine Mutter mußte die verbleibenden 25 Jahre ihres Lebens unter Hausarrest in Castle Rising in Norfolk zubringen.
Wenn ein König 50 Regierungsjahre übersteht, muß er entweder respektiert werden oder einen siebenten Sinn für Attentate haben. Ob Edward III. letzteren besaß, ist möglich, in jedem Fall aber erwarb er sich den Respekt seiner Zeitgenossen. In seine Regierungsjahre fällt ein Gutteil der Jahre des Hundertjährigen Krieges mit Frankreich. Wirtschaftliche und damit finanzielle Interessen waren der Hauptgrund für den Anspruch auf den französischen Thron, den Edward verfocht und der erst 1802 endgültig aufgegeben wurde. Der Krieg begann mit spektakulären Erfolgen: Die Seeschlacht von Sluys sicherte England 1340 die Kontrolle des Kanals und zu Lande vernichteten die aufsehenerregenden Siege von Crécy (1346) und Poitiers (1356) große französische Kontingente. 1347 war Calais nach einem Jahr Belagerung gefallen und sollte für die nächsten hundert Jahre englisch bleiben. Dennoch brachen die Siege nicht den französischen Widerstandswillen und

auch ein entscheidender strategischer Vorteil ließ sich nicht erringen. Da von 1348 bis 1350 die Pest in England fast ein Drittel der Bevölkerung tötete, wurde die militärische Leistungsfähigkeit des Landes auf Dauer geschwächt, so daß 1360 der Vertrag von Brétigny den Krieg vor allem auf englischen Wunsch hin unterbrach. Beim Tode Edwards III. verblieben den Engländern gerade einmal fünf befestigte Städte und ihr Umland und die Kontrolle weiter Küstenstriche. Schottland beschäftigte auch diesen englischen König länger und intensiver, als er es wollte. Wie schon seine Vorgänger bekämpfte auch Edward III. die schottische Unabhängigkeit. Die Konflikte mit David II. und seine Unterstützung für den in Schottland nie akzeptierten Edward Balliol wurden im letzten Kapitel des Buches dargestellt. Auch Edward III. war kein überzeugender langfristig wirksamer Erfolg in Bezug auf die Schotten vergönnt, aber letztlich hatte er sich auch nicht derart intensiv dort engagiert, wie Edward I.
Nach dem Tod der Königin Philippa im Jahre 1369 zog Edward sich nach Windsor zurück, wo er zusehens senil wurde. Die Finanzen des Landes als ungeordnet zu bezeichnen, wäre noch schmeichelhaft, wozu Edwards Geliebte Alice Perrers ihren Teil beitrug. Die Schwermut, die sich nach dem Tod des ältesten Sohnes 1376, der als „Schwarzer Prinz“ große Erfolge im Krieg mit Frankreich erfochten hatte, einstellte, verschärfte die Senilität, so daß sein vierter Sohn John of Gaunt die Regierungsgeschäfte führen mußte. Dennoch war die Zeit Edwards III. bestimmt nicht die schlechteste in der englischen Geschichte. Edward hatte Veränderungen im Sinne seines Großvaters weitergetrieben, die lange Bestand haben sollten. Das Parlament tagte jetzt in zwei Kammern *(71)* und konnte regelmäßig über die Finanzmittel für die Kriege beschließen. 1362 ersetzte das Englische die französische Sprache als Gerichtssprache.

Die Schotten in der Schlacht von Bannockburn

Zu den von der Geschichtswissenschaft noch zu klärenden Fragen im Zusammenhang mit dem Schottischen Unabhängigkeitskrieg gehören an prominenter Stelle die Unsicherheit über den Aufenthaltsort von Robert the Bruce im Winter 1306/07 und die widersprüchlichen Angaben über die Einteilung der schottischen Truppen bei Bannockburn. Wir haben uns in diesem Buch bei ersterer Frage auf die plausibelste Lösung (daß sich der König bei Angus Og MacDonald aufgehalten habe) bezogen, möchten aber betonen, daß diese Frage noch nicht endgültig geklärt ist. Bezüglich der Formation der schottischen Armee bei Bannockburn gibt es zwei widerstreitende Ansichten, wir wollen und können uns an dieser Stelle nicht festlegen. Der Reenactmentszene zum Trost sei hier nun eine (sicherlich noch erweiterungsfähige) Liste schottischer Schlachtteilnehmer wiedergegeben. Die Einteilung folgt der Schlachtbeschreibung Barbours. Folgt man der Argumentation Traquairs, muß die Division Douglas/Stewart der königlichen Division zugeschlagen werden.

Robert the Bruce	König von Schottland, Oberkommandierender und Befehlshaber der königlichen Division (2 Schiltrons)
Edward Bruce	Bruder des Königs, Lord of Galloway, Befehlshaber einer Lowlander-Division (2 Schiltrons)
Thomas Randolph	Neffe des Königs, Earl of Moray, Befehlshaber einer aus Highlandern bestehenden Division (2 Schiltrons)
Walter Stewart	Kommandeur eines Schiltrons u. nomineller Befehlshaber der Highlander/Lowlander-Division
James Douglas	Kommandeur eines Schiltrons, tatsächlicher Befehlshaber der o.a. Division.
Sir Robert Keith	Marschall von Schottland, Kommandeur der schottischen Kavallerie
Sir William Airth	Kommandeur des schottischen Trains, gefallen
Sir Gilbert Hay	Leibwache des Königs, rettete diesem das Leben
Nicholas Scrymgeour	königlicher Bannerträger
William Irvine	Schildknappe des Königs
Sir Robert Boyd	Kommandeur eines Schiltrons d. königl. Division
Duncan Robertson	Chief des Clans Robertson

Donnachadh Reanor	Chief des Clans Duncan
Neill Campbell	Chief des Clans Campbell
Gilleculum MacLean	Chief des Clans MacLean
Neil Og MacNeil of Barra	Chief der MacNeil,vermutl. Schlachtteilnehmer
Gillescop MacLachlan	Chief der MacLachlans, vermutl.Schlachtteilnehmer
Sir Eustace Maxwell of Caerlaverock	vermutlicher Schlachtteilnehmer
Robert (?) de Mesnieres (Menzies)	Chief des Cans Menzies
Michael Brodie	vermutlicher Schlachtteilnehmer
Malcolm Drummond	Chief des Clans Drummond, Ratgeber v. König Robert
John Fergusson:	vermutlicher Schlachtteilnehmer
Sir Alex. Cockburn	angeblich gefallen
Roull Turnbull	möglicher Schlachtteilnehmer
Alexander Seton	lief nach dem ersten Schlachttag zu König Robert über
Alexander Abernethy	lief am Ende der Schlacht zu König Robert über
? Buchanan	Chief des Clans Buchanan
? MacLeod	Chief des Clans MacLeod
Walter FitzGilbert of Hameldone (Hamilton)	
William Vipont	gefallen
Walter Ross	gefallen
Alexander Fraser	
Robert Baird	
Robert Munro	
William Ramsay of Dalhousie	
Michael de Wemeth (Wemyss)	
Henry (?) Erskine	
Hugh de Cunningham	
Alexander Burnett	
Henry Sinclair of Rosslyn	

Siegel von Robert the Bruce

Routenvorschlag 1

Ausgangspunkt dieser Route soll Perth sein, das relativ schnell von Edinburgh zu erreichen ist. Einige Kilometer westlich, an der Straße nach Crieff, liegt das Städtchen Methven. Hier erlitt Bruce 1307 gegen de Valence eine bittere Niederlage. Die genaue Lage des alten Schlachtfelds ist nicht sicher, nur wenig erinnert an diese historische Ereignis.

Nur wenige Kilometer nördlich von Perth liegt das Schloß **Scone Palace**, das den Earls of Mansfield (aus dem Clan Murray) gehört. Der Bau selber ist ein Produkt der Neuzeit (der größte Teil der Bausubstanz stammt aus dem Jahr 1802), beherbergt aber eine umfangreiche Porträtgalerie. Im Garten des Schlosses befindet sich der Boot Hill, und damit wären wir direkt ins Herz der schottischen Geschichte vorgestoßen. Die alte Hauptstadt des Königreiches der Pikten war Scone. Als die Reiche der Pikten und der Skoten zum Königreich „Alba" (Schottland) vereinigt wurden, blieb Scone der Krönungsort der schottischen Könige, die auf dem Boot Hill, genauer auf dem „Stone of Destiny" gekrönt wurden. Letzterer wurde von König Edward I. nach England gebracht, wo er in der Westminster Abbey seinen neuen Platz fand, bis ihn die Regierung Major Schottland zurückgab. „Boot Hill" klingt etwas eigenartig, der Sage nach soll dieser Hügel von der Erde, die die schottischen Adligen an ihren Schuhen mitbrachten, wenn sie sich hier zu Versammlungen trafen, stammen.

Von Scone halte man sich Richtung Nordost, bis man in der Nähe des Städtchens Forfar Glamis Castle erreicht. **Glamis Castle** ist seit William Shakespeare untrennbar (und völlig unhistorisch) mit dem Namen „Macbeth" verbunden. Der historische Macbeth war niemals „Thane of Glamis", das Schloß stand zu seinen Lebzeiten (11. Jahrhundert) noch gar nicht. Viel wahrscheinlicher ist, daß Macbeth in enger Verbindung zum Jarl Thorfinn (dem „Schädelspalter") von den Orkneys steht, einige Autoren behaupten, daß beide in der historischen Wirklichkeit ein und dieselbe Person waren. Wie dem auch sei, auch die tatsächlichen Bewohner des Gemäuers, die Familie Lyon-Lamont, sind interessant genug. Aus diesem Geschlecht stammt die britische Königinmutter, das wohl beliebteste Mitglied der Königsfamilie. Zu den Bewohnern des Schlosses soll auch ein Gespenst gehören: der Geist der von König James V. (völlig zu Unrecht) als Hexe verbrannten Lady Glamis.

Glamis Castle selbst ist architektonisch interessant und beherbergt eine Fülle von Austellungsgegenständen. Allerdings sind die Eintrittspreise horrend, und die Tatsache, daß im Park des Schlosses oft lärmende Volksfeste (mit Kirmescharakter) abgehalten werden, kann den Geschichtsinteressierten schon abschrecken.

Nicht sehr weit entfernt findet man **Edzell Castle**, eine malerische Ruine aus rotem Sandstein, die (warum eigentlich?) weitaus weniger Besucher anzieht als Glamis Castle. Mit dem Historic Scotland Explorer-Ticket hat man hier freien Eintritt und kann die Architektur und ganz besonders den wunderschönen Garten genießen. Historisch Interessierte sollen sich an die Familie der Lindsays (die zu den Getreuen von Robert the Bruce gehörte) erinnern, deren Hauptstützpunkt Edzell Castle war. Der Wahlspruch der Lindsays, „Dum spiro spero" (Solange ich atme, hoffe ich), ist in der Form geschnittener Hecken im Garten zu besichtigen.
Nach nur wenigen Kilometern Entfernung erreicht man **Dunnottar Castle** bei Stonehaven, direkt an der Nordsee gelegen. Oder besser gesagt: über der Nordsee gelegen. Mehr noch als die wehrhafte Architektur trägt die Lage der Burg auf einer steilen Klippe zu ihrem Festungscharakter bei. Und genau aus diesem Grund spielte sie bei den Haupt- und Staatsaktionen der schottischen Geschichte oft eine entscheidende Rolle, so im Schottischen Unabhängigkeitskrieg. Hier wurden später hunderte Covenanter eingekerkert, hier wurden die Kronjuwelen aufbewahrt, bis Cromwell die Burg belagerte usw. Dunnottar Castle ist ein absolutes Muß für jeden Schottlandbesucher. Werfen sie eine Münze in die „Wishing well" und wünschen Sie sich etwas, oder gehen sie an den Klippen entlang, es lohnt sich.
Über Peterculter erreicht man **Drum Castle**, dessen wuchtiger Wohnturm die Szene beherrscht. Der Drum Forest war ein Geschenk an seinen Schildknappen, William de Irvine. Einst war die Burg Wohnsitz des berühmten „Knight of Drum", der in der Schlacht von Harlaw an der Seite der Stewarts gegen die

Edzell Castle, die Burg der Lindsays (Foto: Antje Mismahl)

MacDonalds kämpfte. Heute steht die Burg unter der Obhut des National Trust, d.h. freier Eintritt für Mitglieder. Burg und Park bieten viele interessante Fotomotive. Nicht weit entfernt befindet bei sich bei Monymusk Castle Fraser, der Hauptsitz der Frasers of Aberdeenshire. **Castle Fraser** wurde im 15. Jahrhundert erbaut und in den folgenden Jahrhunderten mehrfach baulich verändert. Unter der Obhut des National Trust ist die Burg, die vier völlig unterschiedlich gestaltete Fassaden aufweist, besonders fotogen, wenn man sich ihr durch die prächtige Allee nähert. In der Nähe von Alford gelangt man in die Grampian Mountains, deren wechselvolle Geschichte zu der rauhen Landschaft paßt.
Westlich von Alford stößt die A 944 auf die A 97, der man zunächst in westlicher Richtung folgt, bis man auf zwei sehr sehenswerte Burgen stößt. Betrachtet man die Überreste von **Kildrummy Castle**, braucht man etwas Phantasie, um sich vorzustellen, daß diese Ruine einst die mächtigste Burg Schottlands war. 1307 brachte König Robert the Bruce hierher seine Frau und seine Tochter in Sicherheit. Jene war aber sehr trügerisch, denn beim Anrücken der Belagerungsarmee des englischen Königs Edward I. flohen beide nach Norden. Roberts Bruder Nigel Bruce verteidigte Kildrummy Castle gegen die Engländer, bis ein Verräter ihm zum Verhängnis wurde. Der Burgschmied Osbarn erlag der Verlockung englischen Goldes und zündete die Lebensmittelvorräte der Besatzung in der großen Burghalle an. Die Engländer nahmen die Burg und Osbarn bekam das versprochene Gold: flüssig in den Mund gegossen. Daß Osbarn diese Art der Behandlung nicht überlebte, erscheint logisch, aber auch die Rest der Besatzung inklusive Nigels wurde hingerichtet. Später wurde die Burg durch Sprengung stark zerstört. Sie wird von Historic Scotland verwaltet, was für Inhaber des Explorer-Tickets freien Eintritt bedeutet. Den gleichen Effekt erreicht man, wenn man sich nach Ende der offiziellen Öffnungszeiten (dadurch unbedrängt durch zuviele Touristen) Zutritt verschafft. Das war in unserem Falle eine spontane und wirklich gute Idee meiner Reisebegleiterin. Sollten Sie bei Nachahmung erwischt werden - selber schuld. Den besten Blick auf Kildrummy Castle hat man von den angrenzenden Kildrummy Castle Gardens, die auch für sich genommen sehr sehenswert sind.
Sehr nah, relativ klein, touristisch unerschlossen (deshalb freier Zugang) sind die Ruinen von **Glenbuchat Castle**, einer typischen Burg im Baronial-Style (mit Z-förmigem Grundriß). Interessant wird das Gemäuer erst durch die Verbindung mit seinem berühmtesten Bewohner: John Gordon of Glenbucket. Dieser notorische Rebell brachte König Georg von England erwiesenermaßen um den Schlaf. 1736 mußte er Glenbuchat Castle verkaufen (um revolutionäre Umtriebe zu finanzieren), 1745/46 bereitete er als Rebellenkommandeur dem arg geplagten König Georg noch eine paar Alpträume, wenige Jahre später starb er im nieder-

ländischen Exil. Wir befinden uns auf dem Gebiet der Gordons, deren Ruf legendär war und beinahe ein Synonym für Gewalttätigkeit. Inmitten der Ruinen der vielen Castles, die wie makabere Epitaphe von den Auseinandersetzungen Gordon gegen Forbes, Gordon gegen Clan Chattan, Gordon gegen Campbell, Gordon gegen die Krone zeugen findet sich bei Kennethmont (an der A 97 Richtung Huntly) das Schlößchen **Leith Hall**. Es ist eine eigenwillige Mischung von schottischem Castle und französischem Chateau und bietet einen ganz eigenen Charme. Charmant waren auch die Angestellten des National Trust, die uns (trotz Mittagspause) in die Teestube des Schlosses ließen. 100 Meter nordwestlich der Teestube liegen die Gärten des Schlosses mit dem Grab des unvergleichlichen Kakadus, der besser Hindustani sprach als Sie alle. Deshalb wurde er nach seinem Ableben mit vollen militärischen Ehren beigesetzt. Bewohner des Schlößchens waren neben dem Kakadu die Familie der Leith-Hays, ein früher Vorfahr war Gilbert Hay, der bei Bannockburn kämpfte.
Von hier ist es nicht weit bis Huntly. Inmitten eines Parks liegt **Huntly Castle**, der Sitz des Chiefs des Clans Gordon. Betrachten Sie sich die Szene genau, man kann die verschiedenen Bauphasen sehr genau erkennen. Nur noch als Bodenkontur zu erkennen ist die erste Burg (im Stil einer normannischen Motte), als Mauerreste vorhanden sind die Ruinen der zweiten Burg (quadratischer „Keep"), zerstört, aber immer noch großartig sind die Überbleibsel der dritten Burg. Für die Notwendigkeit einer dritten Burg sorgte ein Earl of Huntly, der sich mit König James VI. über konfessionelle Fragen nicht einigen konnte und die Armee des Königs bei Glenlivat schlug, wofür der sich mit der Sprengung der Burg revanchierte (Ende des 16. Jahrhunderts). Für Huntly Castle zuständig ist Historic Scotland.
Von Huntly sollten Sie die Straße Richtung Inverness nehmen und in Elgin anhalten. Hier sollten Sie sich die Zeit zur Besichtigung der **Elgin Cathedral** nehmen, wenn sie stolzer Besitzer des Explorer-Tickets von Historic Scotland sind, kostet Sie das keinen Eintritt. Gegen Ende des 14. Jahrhunderts wurde die Kathedrale zerstört, weil der örtliche Bischof ausgerechnet mit Alexander Stewart, dem Wolf of Badenoch, in eine Diskussion über Gut und Böse geraten war. Erwähnter Wolf of Badenoch ließ sich bischöfliche Kommentare zur eigenen (höchst lästerlichen) Lebensführung nicht mehr bieten und machte (wie viele Adlige) der Kirche eine Stiftung. Allerdings eine Brandstiftung.
Von Geistlichem zu Geistigem führt die Straße von Elgin nach Forres. Hier befindet sich die inzwischen stillgelegte Destillerie von Dallas Dhu, die besichtigt werden kann (mit Explorer-Ticket kostenlos). Einigen Sie sich vorher, wer weiterfährt, dann hauen Sie sich im Gastraum die Ration Whisky des bemitleidenswerten Fahrers gleich zusätzlich rein (gratis). Oder kaufen Sie sich eine Flasche Dallas Dhu Blended Whisky (leider gar nicht so gratis).

King´s Own Scottish Borderer (Foto: Hagen Seehase), Bild klein: The King´s Own Royal Border Regiment, Major im Dress 2 (Ceremonial) & Drummer (Full Dress), Background: The Castle Carlisle (Copyright: Geoff Whithe Ltd.)

Beschwingt vom Parkplatz und dann Richtung Süden. In der Nähe von Dava findet man die Highlands par excellence. Rund einen Kilometer südlich Dava (nur ein paar Häuser) biegen Sie nach rechts von der A 939 auf eine kleine einspurige Straße ab. Mitten im Dava Moor liegt der See Lochindorb, inmitten des Sees die Ruinen von **Lochindorb Castle**. Selbst verregnetes Wetter tut der pittoresken Wirkung keinen Abbruch. Betrachten Sie die Burg vom Ufer aus, vielleicht mieten Sie sich in der Lochindorb Lodge ein Boot und fahren hinaus. Die einzigen Störfaktoren sind eventuell Mücken, Touristen verirren sich nur selten hierher. Die Burg spielte im Schottischen Unabhängigkeitskrieg eine prominente Rolle. Übrigens: der berühmteste Bewohner von Lochindorb Castle war der famose Wolf of Badenoch (der Brandstifter).
Weiter nach Süden auf der B 9007 und man erreicht Carrbridge mit leichtem Anschluß an die vielbefahrene A 9, hier bieten sich viele Möglichkeiten zur Fortsetzung der Reise. Diejenige, die wir wählten, war der Abstecher nach Süden zum Loch an Eilean Castle bei Aviemore. Während Aviemore selbst ein vielbesuchter Ferienort ist, präsentiert sich die kleine Inselburg in waldiger und relativ ruhiger Umgebung. Die Burg macht den Eindruck, gerade zu versinken, was daran liegt, daß der Wasserstand des Sees künstlich erhöht wurde. Loch an **Eilean Castle** ist eine der ältesten Burgen Schottlands, 1296 sandte König Edward I. von England eigens eine Expedition aus, sie zu suchen und gegebenenfalls zu nehmen. Später war sie Wohnsitz des berühmten Kriegers Farquar Shaw, der in dem epischen Duell der „Battle of the Clans" (1396 bei Perth) den Tod fand. Dann gelangte sie in den Besitz der Grants of Rothiemurchus. Einige Kilometer südwärts auf der A 9 und Sie gelangen nach Kingussie. Am Ostrand eines weiten Tales liegt auf einen eiszeitlichen Bergsporn **Ruthven Barracks**. An dieser Stelle stand einst eine Burg, die dem famosen Wolf of Badenoch (Sie wissen schon) gehörte. Später erbaute die britische Regierung hier zur „Pazifikation" der wilden Highlands eine festungsartige Kaserne, deren Ruinen heute besichtigt werden können. Während des letzten Jakobitenaufstands 1745 hielt der treffliche Sergeant Molloy mit nur einer Handvoll Leuten diesen Außenposten gegen den Ansturm der Camerons. Als stärkere Rebelleneinheiten (mit Artillerie) unter dem formidablen John Gordon of Glenbucket anrückten, mußte er schließlich kapitulieren. Hier endete keineswegs unsere Reise, an dieser Stelle endet aber unsere Reisebeschreibung. Von Kingussie können sie sich nach Norden wenden, um Inverness und die umliegenden Sehenswürdigkeiten zu besichtigen, sie können auch nach Süden in Richtung auf Blair Castle halten. Über Dalwhinnie können Sie auch relativ schnell den Westen der Highlands erreichen, der viele Highlights bietet.
Weitere historische Hintergründe finden Sie in dem empfehlenswerten Buch „Die Highlander. Die Geschichte der Schottischen Clans".

Oeffnungszeiten der wichtigsten im Text erwaehnten Sehenswuerdigkeiten:

Scone Palace:	von Ostern bis Mitte Oktober von 9.30 bis 17.00 Uhr (an Sonntagen von 13.30 bis 17.00 Uhr), im Juli und August von 10.00 bis 17.00 Uhr.
Glamis Castle:	Von April bis Anfang Oktober von 10.30 bis 17.30 Uhr.
Edzell Castle:	Täglich geöffnet, von Oktober bis März an Freitagen und Donnerstagnachmittagen geschlossen.
Dunnottar Castle:	Mitte März - Oktober, Montag - Samstag 9.00 - 18.00 Uhr, November - Mitte März, 9.00 Uhr bis Sonnenuntergang
Drum Castle:	April u. Oktober, Samstags u. Sonntags, 14.00-17.00 Uhr, Mai bis September täglich von 14.00 bis 18.00 Uhr.
Castle Fraser:	Im April und Oktober an Samstagen von 14.00 bis 17.00; im Mai, Juni und September täglich von 14.00 bis 18.00 und im Juli und August täglich von 11.00 bis 18.00 Uhr.
Kildrummy Castle:	Sommermonate täglich, im Winter nur an Wochenenden.
Leith Hall:	Von Mai bis September von 14.00 bis 18.00 Uhr im Oktober an Samstags/Sonntags, 14.00 bis 17.00 Uhr
Huntly Castle:	Täglich außer Freitags und Donnerstagnachmittag
Elgin Cathedral:	Täglich außer Freitags und Donnerstagnachmittag in den Monaten von Oktober bis März.
Dallas Dhu Destillerie:	Öffnungszeiten wie Elgin Cathedral.
Lochindorb Castle:	Die Ruine kann mit einem Boot angefahren werden, das in der Lochindorb Lodge geliehen werden kann.

Routenvorschlag 2

Diese Tour beginnt in Inveraray, das von Glasgow aus relativ schnell erreicht werden kann. Inveraray war der Hauptort des Clans Campbell und bietet dem Besucher eine Reihe interessanter Sehenswürdigkeiten. In der Mitte des 18. Jahrhunderts wurde der Ort auf Befehl des Herzogs von Argyll neu angelegt. Direkt im Ort befindet sich das Gefängnismuseum **Inveraray Jail**. Hier kann man sich hervorragend über das schottische Gefängniswesen der vergangenen Jahrhunderte informieren. Die mit Figuren nachgestellte Gerichtsszene ist besonders sehenswert. Für die lebendig und anschaulich dargestellte Geschichte erhielt das Museum verschiedene Preise. Am Pier liegt der alte Dreimaster **„Arctic Penguin"**, der ebenfalls besichtigt werden kann.

Nur wenige hundert Meter östlich des Ortes befindet sich **Inveraray Castle**, das um 1750 von den Herzögen von Argyll auf den Fundamenten einer alten Burg im palladianischen Stil errichtete Schloß der Chiefs des Clan Campbell. Das Innere des Schlosses ist voll von Memorabilia aus der Clangeschichte, Gemälde, kostbare Möbel zuhauf. Und natürlich beherbergt es viele antike Waffen. Im einem nahegelegenen alten Wirtschaftsgebäude ist das sehenswerte Museum der Kommandotruppen der britischen Armee untergebracht. Der Vorläufer des heutigen Castles ist wie der Ort Inveraray im Bürgerkrieg stark mitgenommen worden. Da die Campbells auf der Seite der Covenanter, die MacDonalds und Camerons (und andere) auf der Seite des Königs Charles I. standen, suchten die siegreichen Königstreuen unter Montrose den Hauptsitz der verhaßten Campbells heim.

Von Inveraray wenden Sie sich nordwärts, bis sie den Loch Awe erreichen. An den Ufern diese wunderschönen Sees liegen die Ruinen von mehreren Burgen. Wenn Sie sich nach links (also in südwestlicher Richtung) halten, erreichen Sie die Ruinen des düsteren **Innischonaill Castle**, der ersten Stammburg der Campbells. Es spielte im Schottischen Unabhängigkeitskrieg eine Rolle und war zu Beginn des 16. Jahrhunderts Gefängnis des unglücklichen Donald Dhub Mac Donald (Erbe des letzten Lords of the Isles). Am Nordostende des Sees liegt die Burg **Kilchurn Castle** (ebenfalls Ruine). Diese sehr malerische Burg gehörte ebenfalls den Campbells und war Sitz des intriganten „Slippery John", des Earls of Breadalbane. Dieser ungemütliche Zeitgenosse hatte das Massaker an den MacDonalds of Glencoe inspiriert. In der Nähe, auf einer Insel im See, liegen die Überreste der Burg **Fraoch Eilean**. Obwohl sehr zerfallen sind die Ruinen des befestigten Hallenhauses architektonisch äußerst interessant. In der schottischen Überlieferung spielte die Burg eine ganz besondere Rolle, der Sagenheld Fraoch war im ganzen Land bekannt. Von Kilchurn Castle gesehen beherrscht der Ben

Melrose Abbey (Foto: Hagen Seehase)

Cruachan (1124 Meter hoch) den Horizont im Westen. Eine Straße (A 85) führt an seinem Südhang Richtung Oban. Man kann in den Berg einfahren. Seit 1965 beherbergt er ein gigantisches Wasserkraftwerk, das besichtigt werden kann. Die Maschinenhalle ist 37 Meter hoch.
Die Straße führt weiter durch den düsteren Pass of Brander. Hier schlug einst Robert the Bruce die MacDougalls. Durch archäologische Grabungen sind große Mengen an Skeletten zutage gekommen, so daß der genaue Ort der Schlacht verifiziert werden konnte. Über Kenmore gelangen Sie nach Oban. Einige Kilometer vor dem Ort können Sie die Hauptstraße nach rechts verlassen. Dann erreichen Sie **Dunstaffnage Castle**, das im Schottischen Unabhängigkeitskrieg eine wichtige Rolle spielte. Die Burg aus dem 13. Jahrhundert, die auf einem Felsklotz in Küstennähe errichtet wurde, hat man im 17. Jahrhundert modernisiert und erweitert. Sie wurde später zum Gefängnis der berühmten Flora MacDonald. Dunstaffnage Castle wird von Historic Scotland verwaltet. Zu den Sehenswürdigkeiten von Oban gehören auch der MacCaig's Tower, der an das römische Kolosseum erinnert, und die Burg Dunollie Castle.
Oban sollten Sie in südlicher Richtung auf der A 816 verlassen. Von Kilniver können Sie einen Abstecher zur berühmten Bridge over the Atlantic (erbaut im Jahre 1791) und dem nahegelegenen alten Pub Tigh-an-Truish Inn (steht mit den Jakobitenaufständen in Verbindung) unternehmen. Etwas weiter südlich bei Kilmartin liegt **Carnasserie Castle**. In der Nähe liegt das alte Fort Dunadd, die Hügelfestung der Könige von Dalriada. Es kann jederzeit besichtigt werden. Von Kilmartin kann man über eine schmale Nebenstraße das wunderbar gelegene Sween Castle, die erste Steinburg Schottlands, erreichen. **Sween Castle** steht ebenfalls in Verbindung mit dem Schottischen Unabhängigkeitskrieg. Von Lochgilphead ist Inveraray sehr schnell zu erreichen. Dabei passiert man die bemerkenswerten Gärten **Crarae Gardens**, das zum Freilichtmuseum umfunktionierte Dorf Auchindrain und schließlich den **Argyll Wildlife Park**, der sich der schottischen Tierwelt widmet.

Oeffnungszeiten der wichtigsten im Text erwaehnten Sehenswuerdigkeiten:

Inveraray Jail:	Täglich geöffnet 9.30 bis 18.00 Uhr.
Inveraray Castle:	Geöffnet April bis Juni und Mitte September bis Oktober Montag - Donnerstag u. Samstag, 10.00 bis 14.00 Uhr und 14.00 bis 17.00 Uhr, Sonntags 13.00 bis 17.00 Uhr; im Juli und August öffnet es von Montag bis Samstag 10.00 bis 17.00 Uhr und Sonntag 14.00 bis 17.00 Uhr.
Arctic Penguin:	Täglich geöffnet von 9.30 bis 18.00 Uhr.
Ben Cruachan Power Station:	Geöffnet von Ostern bei Oktober von 9.00 bis 16.30 Uhr.
Dunstaffnage Castle:	Standardöffnungszeiten, Oktober bis März geschlossen.
Carnasserie Castle:	Standardöffnungszeiten.
Crarae Gardens:	Geöffnet täglich von 9.00 bis 18.00 Uhr, im Winter nur bis Sonnenuntergang geöffnet.
Auchindrain Old Highland Township:	Geöffnet April bis September von 10.00 bis 17.00 Uhr; im April, Mai und September an Samstagen geschlossen.
Argyll Wildlife Park:	Geöffnet täglich von 9.30 bis 18.00 Uhr.

Routenvorschlag 3

Ausgangspunkt dieser Tour soll die Hauptstadt Schottlands sein, Edinburgh. Die Stadt bietet so viele Sehenswürdigkeiten, daß wir gar nicht auf alle eingehen können. In besonders engem Zusammenhang mit dem Schottischen Unabhängigkeitskrieg steht **Edinburgh Castle**, das eine ganze Reihe von Attraktionen bietet. Der horrende Eintrittspreis (für Erwachsene 6 Pfund) rechtfertigt schon die Anschaffung eines Explorer-Tickets von Historic Scotland. Am Platz der Burg stand schon in frühgeschichtlichen Zeiten eine Befestigungsanlage. Im frühen Mittelalter wurde eine Burg errichtet, die später erweitert wurde. Die Könige aus dem Hause Canmore hatten ihre Residenz im Maiden Castle, der Vorläuferin der jetzigen Burg. 1313 wurde es von den Leuten Thomas Randolphs in einem tollkühnen Handstreichunternehmen gestürmt. Beim Feldzug der Enterbten sah es heftige Kämpfe. Die Burg war noch in den Jakobitenaufständen von militärischer Bedeutung und selbst Theodor Fontane bemerkte 1859 bei seiner Schottlandreise das militärische Regime in der Burg (nachzulesen in „Jenseit des Tweed"). Heute ist die Burg Hauptquartier der Scottish Division Ihrer Majestät Armee. Sie beherbergt das Memorial für die schottischen Soldaten der Weltkriege, verschiedene Regimentsmuseen (mitsamt Scorpion-Spähpanzer), die Riesenkanone „Mons Meg", die schottischen Kronjuwelen etc.
Von Edinburgh halte man sich Richtung Westen und gelangt nach Linlithgow. Vorher kann man noch Abstecher an das Südufer des Firth of Forth machen und das Schloß **Hopetoun House** besichtigen bzw. die Festung **Blackness Castle**. Hopetoun House ist ein prächtiges Schloß, das von William und John Adam „kreiert" wurde. Es ist voller kostbarer Gemälde und Erinnerungsstücke an die großartige koloniale Geschichte Britanniens. Ein Marquis of Linlithgow, der hier seinen standesgemäßes Domizil hatte, war bis 1943 Vizekönig von Indien. Blackness Castle (bei Bo'ness) hingegen zeigt sich düster und wehrhaft. Es war eine der in der Unionsakte genannten vier Festungen Schottlands (neben Edinburgh Castle, Dumbarton und Stirling Castle). Es diente sehr oft als Gefängnis. Heute wird es von Historic Scotland verwaltet.
In Linlithgow steht am Seeufer der ehemalige königliche Palast **Linlithgow Palace**. Edward I. von England hatte während seiner Schottlandfeldzüge die alte Burg, die an dieser Stelle stand, zu einer Festung ausgebaut. Später erweiterten schottische Könige den Bau zu einer großartigen Residenz. James IV. und James V. residierten hier. Auch Linlithgow Palace wird von Historic Scotland betreut.
Von Linlithgow sollten Sie sich südlich halten und auf die Autobahn M 8 auffahren. Sie benutzen die Straße in westlicher Richtung, fahren dann auf die

Edinburgh Castle (Foto: Antje Mismahl)

MacLellan's Castle (Foto: Antje Mismahl)

Querverbindung zur M 74 und fahren bei Bothwell ab. Der Ort liegt schon im Weichbild Glasgows. Auf einem felsigen Hügel über dem Fluß Clyde erhebt sich **Bothwell Castle**. Es ist Schottlands bedeutendste Burg aus dem 13. Jahrhundert. Seine Rundtürme und seine bis zu 5 Meter dicken Mauern machten es zu einem bedeutenden militärischen Stützpunkt, der vielumkämpft war, besonders im Schottischen Unabhängigkeitskrieg. Lange Zeit gehörte die Burg den Murrays. Heute ist Historic Scotland für sie zuständig. Nur wenige Kilometer im Südosten (am östlichen Stadtrand von Hamilton) liegt das georgianische Jagdschloß **Chatelherault**. Das Schlößchen ist nur der (sehr sehenswerte) Überrest einer großen Anlage, die sich der Herzog von Hamilton erbauen ließ. Allerdings forderten die Bodenabsenkungen durch den Bergbau ihren Tribut. 1927 verkaufte die Familie Hamilton große Teile des Anwesens an die Bergbaugesellschaft. Es geht weiter auf der M 74 nach Süden bis Douglas Mill. Wenige Kilometer westlich liegt der Ort Douglas. Hier stand einst die Burg der Familie Douglas. In der **St. Bride's Church** liegt Sir James Douglas, der treue Freund und Unterführer von Robert the Bruce, begraben. Auf der A 70 gelangen Sie über Cumnock zum Küstenort Ayr. Diese Stadt (und besonders ihr südlicher Vorort Alloway) steht in enger Verbindung zum großen schottischen Dichter Robert Burns. Von Ayr sollten Sie unbedingt die Küstenstraße A 719 nehmen (was bei der chaotischen Verkehrsführung nicht ganz einfach ist). Von dieser Straße aus genießt man bei gutem Wetter eine atemberaubende Aussicht auf die Berge der Isle of Arran und auf die Felseninsel Ailsa Craig. Nach einigen Kilometern gelangt man zum **Dunure Castle**, das unterhalb der Straße auf einem Landvorsprung liegt. Die Burg bestand bereits im 13. Jahrhundert, war zu dieser Zeit jedoch wesentlich kleiner als die eindrucksvollen Ruinen vermuten lassen. In späteren Jahrhunderten haben die Besitzer die Burg außerordentlich erweitert. Einem Burgherren konvenierte es, den Abt der nahegelegenen Crossraguel Abbey zu rösten, um in den Besitz des Klosterlandes zu gelangen. Es handelte sich um einen Kennedy of Cassilis, dessen Name synonym für Gewalttaten und Raub steht. Der Legende nach überlebte der Abt und konnte seinen Folterer vor Gericht bringen. Die **Crossraguel Abbey** (einige Kilometer landeinwärts) ist ebenfalls einen Besuch wert. Sie wird von Historic Scotland verwaltet. Auf der Küstenstraße erreicht man ein paar Kilometer südlich von Dunure **Culzean Castle**. Das in einem herrlichen Landschaftsgarten gelegene Schloß aus den 80er Jahren des 18. Jahrhunderts wird vom National Trust verwaltet. Es wurde von den Chiefs des Clan Kennedy bewohnt. Nach dem Ende des II. Weltkriegs erhielt der ehemalige alliierte Oberbefehlshaber General Dwight D. Eisenhower ein Stockwerk des Schlosses vom schottischen Volk als Dank für seine Verdienste zu seiner Verfügung. Ein eigener Raum im Schloß erzählt dem

WÄHREND ANDERE AN DER *Kniescheibe* HALTMACHEN, BRINGEN WIR SIE DAHIN, WO'S WIRKLICH *interessant* WIRD.

Wer seinen Urlaub in Schottland verbringen will, sollte seine Zeit nicht irgendwo in der Mitte Englands vergeuden. Reisen Sie samt Auto lieber gleich mit uns von Hamburg oder Amsterdam bis rauf nach Newcastle – auf unseren großen, komfortablen Schiffen. Außer einer schönen Seereise nach Newcastle bieten wir Ihnen aber noch viele andere schöne Sachen: einen tollen Katalog voller Urlaubsideen für Großbritannien zum Beispiel. Und falls Sie dann doch mal die Mitte Englands kennenlernen wollen: Wir fahren auch regelmäßig von Hamburg und Esbjerg nach Harwich. Das liegt übrigens knapp oberhalb des linken Knöchels. Verzeihung: nordöstlich von London. Buchungen unter Telefon 040/38903-71, Fax 040/38903-141. Mehr Informationen auch im Internet unter http://www.scansea.de

SCANDINAVIAN SEAWAYS
A BETTER WAY OF TRAVELLING

Ferienhäuser in Schottland
We know the Scots better

70 Cottages selbst ausgewählt und persönlich besucht. Unser Farbkatalog enthält zu jedem Haus den Grundriß und eine ehrliche Beschreibung der Ausstattung und Lage. Sie erfahren alles über Ausflugsziele, Shops sowie Angel- und Golfmöglichkeiten vor Ort. Weiteres Angebot: Fährtickets, Mietwagen, Karten für Historic Scotland u. National Trust, Landkarten und Adapterstecker.

Katalog anfordern:
Ferienhausvermietung Peter Storm
In der Hörn 50a, D-21035 Hamburg
Tel. und Fax: 040 - 735 90 979,
www.scotland.de, Mail@scotland.de

ASHLEY'S EUROPEAN TRAVEL
Ihr Großbritannien- und Irlandspezialist

Abt. 17, Waldweg 16, 41352 Korschenbroich
Tel. 0 21 61 - 6 74 64 oder 0 18 05 - 34 24 25 (0,48 DM/Min.)
ISDN 0 21 61 - 99 84 00
Fax 0 21 61 - 6 7497 oder 0 18 05 - 34 24 26 (0,48 DM/Min.)
E-Mail: aet-encs@t-online.de

Schloß, Cottage, Fischerkate - bei Schottland geizen wir nicht!

Unsere große Auswahl an Ferienhäusern (dt.-sprachige Spezialbroschüre für Schottland), familienfreundlichen Ferienparks, B&B, Hotels, Fähren zu Sonderkonditionen u.m., läßt kaum einen Wunsch offen.

Fachkundige Beratung gehört zu unserem Service.
Rufen Sie uns an!

Natürlich bieten wir Ihnen auch ein umfangreiches England-, Wales- und Irlandprogramm.

Besucher die Geschichte des „special relationship“ zwischen Eisenhower und Culzean Castle. Noch ein paar Kilometer weiter und man erreicht Turnberry, das für seinen Golfkurs und seine Autorennen bekannt ist. Beim Ort stehen die Ruinen von **Turnberry Castle**, in dem Robert the Bruce einst seine Jugend verbrachte. Die Burg war im schottischen Unabhängigkeitskrieg hartumkämpft und wechselte mehrfach den Besitzer. Von Girvan erschließt sich landeinwärts die alte Grafschaft Carrick, das Land der Familie Bruce. Einen großen Teil nimmt der Galloway Forest Park ein. Genau diese Gegend war der Schauplatz von König Roberts Guerillakampagne 1307. Von Bargrennan kann man das **Loch Trool** erreichen, Schauplatz eines Überfalls auf englische Truppen. Nicht weit entfernt liegt am Clatteringshaws Loch das Schlachtfeld von **Rapploch Moss**. Die größte Attraktion des Forest Parks ist aber sicherlich **Loch Doon Castle**, die Inselfestung Robert the Bruces. Südlich von Dalmellington zweigt eine kleine Straße von der A 713 ab. Man gelangt an den Stausee Loch Doon und entdeckt an dessen Ufer die Ruinen von Loch Doon Castle. Ursprünglich stand die Burg auf einer Insel im See. Als dieser vor einem halben Jahrhundert aufgestaut wurde, trug man die Burg Stein für Stein ab und setzte sie am Seeufer auf einer etwas höhergelegenen Stelle wieder zusammen. Die A 713 führt ins nette Städtchen New Galloway. Dann führt die Straße am Ufer den langgestreckten Sees Loch Ken entlang. Auf einer Insel lag einst die Befestigungsanlage „Burned Isle“, der Stützpunkt von Edward Balliol im Feldzug der Enterbten. Übriggeblieben ist kaum etwas, wahrscheinlich war die Inselfestung zum allergrößten Teil aus Holz erbaut. Südwärts führt die Straße nach Castle Douglas. Ganz in de Nähe liegen die beeindruckenden Ruinen von **Threave Castle**. Diese Burg war ein wichtiger Stützpunkt der Familie Douglas. Es war die letzte Burg der aufrührerischen Douglasses, die 1455 fiel, als König James II. gegen den Clan zu Felde zog. Erst der Beschuß mit der Riesenkanone „Mons Meg“ konnte die Burg bezwingen. Ihre Ruinen sind unbedingt sehenswert! Man parkt bei einem Bauernhof, dann führt ein Weg durch die freie Natur zu einer Anlegestelle. Dort schlägt man einen Gong und ein freundlicher Angestellter von Historic Scotland setzt den Besucher mit dem Boot auf die Flußinsel über, auf der sich die Burg erhebt. Die massigen Ruinen des Wohnturmes und der Artilleriewälle beeindrucken noch heute. Südlich der Burg liegen die Gärten **Threave Gardens**, die zu ausgedehnten Spaziergängen einladen. Für die Gartenanlage ist der National Trust zuständig. Ein Abstecher westwärts führt einen nach Gatehouse of Fleet, wo sich die düsteren Ruinen von **Cardoness Castle** erheben. Die MacCullochs, die die Burg in früheren Zeiten bewohnten, waren als Gewalttäter berüchtigt. Cardoness Castle steht unter der Obhut von Historic Scotland. In der Nähe liegt der Ort Kirkcudbright, eine Künstlerkolonie mit beachtlichen historischen Zeugnissen. Es gibt hier mitten im Ort die Ruinen von **MacLellans Castle** (Historic Scotland), das alte Gefängnis Tolbooth (in dem John Paul Jones, der Gründer der amerikanischen Marine, eine gewisse Zeit verbrachte) und ein Heimatmuseum. An der Küstenstraße A 711 gelangt man zum **Orchardton Tower**, Schottlands einzigem runden Tower-House. Die A 710 führt zu den beeindruckenden Ruinen der **Sweetheart Abbey**, dem Kloster, das 1273 von Devorgullla, der Mutter König John Balliols, gegründet worden war. Die Überreste des Klosters aus rotem Sandstein werden von Historic Scotland betreut. Man erreicht Dumfries, von dem man mehrere Abstecher unternehmen kann. Der erste führt nordwärts zum prunkvollen **Drumlanrig Castle**. Auf den Fundamenten einer alten Douglas-Festung wurde 1645 bis 1676 das beeindruckende Schloß erbaut. Hier residierten die Herzöge von Queensburry und Buccleuch. Südöstlich von Dumfries liegt in Küstennähe die Wasserburg **Caerlaverock Castle**, die im Schottischen Unabhängigkeitskrieg hartumkämpft war. Sie gehört zu den schönsten Burgruinen Schottlands, Historic Scotland kümmert sich hier um die Besucher. Nordöstlich von Dumfries liegt an der Straße nach Lockerbie das Örtchen Lochmaben. Es ist von vielen Seen umgeben und wirkt deshalb fast wie eine Insel. Die Burg **Lochmaben Castle** (heute nur noch spärliche Ruinen) war der Geburtsort von König Robert the Bruce. Von Lockerbie kann man über Langholm und Canonbie ins wilde Liddesdale fahren. Das war einst die verrufendste Gegend der ohnehin gesetzlosen Borders. Hier steht **Hermitage Castle** in pittoresker Einsamkeit. Diese Burg spielte eine bedeutende Rolle in den Grenzkriegen zwischen Schottland und England und war einst das Domizil von Lord Bothwell, dem dritten (und letzten) Gemahl der unglücklichen Maria Stuart. Heute ist Historic Scotland für die Burg zuständig.

Oeffnungszeiten der wichtigsten im Text erwaehnten Sehenswuerdigkeiten:

Edinburgh Castle:	Geöffnet von April bis September, 9.30 bis 17.15 Uhr, von Oktober bis März von 9.30 bis 16.15 Uhr
Hopetoun Hause:	Geöffnet von Ostern bis September, 10.00 bis 17.00 Uhr.
Blackness Castle:	Standardöffnungszeiten, von Oktober bis März am Donnerstagnachmittag und am Freitag geschlossen

Bothwell Castle:	Standardöffnungszeiten, Oktober bis März geschlossen
Chatelherault:	Geöffnet von 10.00 bis 16.00 Uhr
Crossraguel Abbey:	Standardöffnungszeiten, Oktober bis März geschlossen
Culzean Castle:	Geöffnet von April bis Oktober von 10.30 bis 17.30 Uhr, Park ganzjährig geöffnet, 9.00 Uhr - Sonnenuntergang
Threave Castle:	Standardöffnungszeiten, im Winter geschlossen.
Cardoness Castle:	Standardöffnungszeiten, von Oktober bis März nur an Wochenenden geöffnet
MacLellan's Castle:	Standardöffnungszeiten, von Oktober bis März nur an Wochenenden geöffnet
Orchardton Tower:	Standardöffnungszeiten
Sweetheart Abbey:	Standardöffnungszeiten, von Oktober bis März am Donnerstagnachmittag und am Freitag geschlossen
Drumlanrig Castle:	Geöffnet von Mai bis August von Montag bis Mittwoch und von Freitag bis Samstag von 11.00 bis 17.00 Uhr, am Sonntag von 13.00 bis 17.00 Uhr. Der Park ist Montag bis Samstag 11.00 bis 18.00 Uhr, am Sonntag von 12.00 bis 18.00 Uhr geöffnet.
Caerlaverock Castle:	Täglich geöffnet.
Hermitage Castle:	Geöffnet April bis September Montag bis Samstag von 9.30 bis 18.30 Uhr, Sonntag von 14.00 - 18.30 Uhr; Oktober bis März Samstag von 9.30 bis 16.30 Uhr, am Sonntag von 14.00 bis 16.30 Uhr.

Chronologische Uebersicht ueber die Herrscher, Koenige und Koeniginnen von Schottland

843 - 860: **Kenneth Mac Alpin,** König der Pikten und Skoten, erster König Schottlands

860 - 863: **Donald I**

863 - 877: **Constantine I.**

877 - 878: **Aodh**

878 - 889: **Eocha**

889 - 900: **Donald II.**

900 - 943: **Constantine II.**

943 - 954: **Malcolm I.**

954 - 962: **Indulf**

962 - 967: **Duff**

967 - 971: **Colin**

971 - 995: **Kenneth II.**

995 - 997: **Constantine III.**

997 - 1005: **Kenneth III.**

1005 - 1034: **Malcolm II.**

1034 - 1040: **Duncan I.**

1040 - 1057: **Macbeth**

1057 - 1058: **Lulach**

1058 - 1093: **Malcolm III.**

1093 - 1094: **Donald Bane**

1094: **Duncan II.**

1094 - 1097: **Donald Bane**

1097 - 1107: **Edgar**

1107 - 1124: **Alexander I.**

1124 - 1153: **David I.**

1153 - 1165: **Malcolm IV.** der Unberührte

1165 - 1214: **William I.** der Löwe

1214 - 1249: **Alexander II.**

1249 - 1286: **Alexander III.**

1286 - 1290: **Margaret**

1290 - 1292: **1. Interregnum**

1292 - 1296: **John Balliol**

1296 - 1306: **2. Interregnum**

1306 - 1329: **Robert I. Bruce**

1329 - 1371: **David II.**

1371 - 1390: **Robert II.**

1390 - 1406: **Robert III.**

1406 - 1437: **James I.**

1437 - 1460: **James II.**

1460 - 1488: **James III.**

1488 - 1513: **James IV.**

1513 - 1542: **James V.**

1542 - 1567: **Mary**

1567 - 1625: **James VI.** (James I. von England)

EINEN GUTE-NACHT-KUß KÖNNEN
WIR IHNEN NICHT VERSPRECHEN,
ABER EIN WEICHES KISSEN
Nach einer angenehmen Nacht auf See kommen Sie ausgeruht am Ziel an. Genießen Sie Ihre Reise. Denn bei uns an Bord gibt es viel zu erleben. Für weitere Informationen rufen Sie uns gleich an: 0031-181-255555 oder surfen Sie nach www.ponsf.com
Jede Nacht von Rotterdam und Zeebrügge Richtung Schottland und Nord-England.
BE OUR GUEST
P&O North Sea Ferries

Sachverzeichnis

Auld Alliance: Allianz zwischen Frankreich und Schottland

Bannockburn: Schlacht, 24. Juni 1314. König Robert the Bruce besiegt König Edward II. von England

Bog Trotter: Ponyartige Kleinpferdrasse, die den klimatischen Gegebenheiten und der kargen Ernährungssituation Nordenglands und Schottlands angepaßt war. Der Name war vor allem in Northumbria üblich

Borders: Südschottisches Grenzgebiet zu England

Carham: Schlacht, 1016. Nach der Schlacht wurde der Tweed als englisch-schottische Grenze festgelegt

Chief/Chieftain: Oberhaupt eines Clans bzw. eines Clanzweiges

Cinque Ports: „Fünf Städte“. Städtebund südenglischer Häfen

Clan: Sippenverband

Claymore: Typisch schottisches Zweihänderschwert

Convenant/Covenant: „Eidgenossenschaft“, oft religiös motiviert

Dalriada: Irisch-schottisches Königreich

Declaration of Arbroath: Acht Earls und 31 Barone stellten sich 1320 mit dieser Erklärung an den Papst Johannes XXII. hinter den schottischen König Robert the Bruce

Dunbar: Schlacht, 27. April 1296. Die Schotten unterliegen John de Warenne (Feldherr Edwards I.). 1 Tag später ergab sich das von den Engländern belagerte Dunbar Castle. Obwohl die Schlacht von Dunbar nur von ca.1/5 der englischen Armee ausgefochten wurde, war sie kriegsentscheidend, da die schottische Armee zusammenbrach

Dupplin Moor: (auch Duplin Muir) Schlacht, 12. August 1332. Die Schotten unterliegen einer im wesentlichen englischen Armee unter Edward Balliol, der den schottischen Thron beanspruchte

Durham: Schlacht, 17. Oktober 1346. König David II. unterliegt dem englischen Heer unter Sir Ralph de Neville, Sir Henry de Percy und dem Erzbischof von York

Falkirk 1: Schlacht, 22. Juli 1298. Die Schotten unter William Wallace unterliegen den englischen Streitkräften unter König Edward I

Falkirk 2: Schlacht, 17. Januar 1746. Sieg der Jakobiten unter Lord George Murray über die Regierungstruppen

Galley: Schiffstyp, nordischen Drachenbooten vergleichbar

Galloglasses (gälisch): „fremde Krieger"; auf den Hebriden beheimatete iro-skandinavische Krieger

Guardian: Nicht exakt übersetzbar. Entspricht annähernd der Stellung eines Reichsverwesers

Hallidon Hill: Schlacht, 19. Juli 1333. Die Schotten unter Sir Archibald Douglas unterliegen einer englischen Armee unter Edward III

Harlaw: Schlacht, 1411. Highlander um die MacDonalds werden von Lowlandern beim Marsch zur Küste gestoppt

Highland-Charge: Typische Kampfesweise der Highlander in Form einer Frontalattacke

Highland-Line: Trennungslinie zwischen Highlands und Lowlands

Hobilars: Berittene Infanterie

Homildon Hill: Schlacht, 14. Sept. 1402. Engländer unter Percy „Hotspur" und seinem Vater, dem Earl of Northumberland besiegen die Schotten unter Sir Archibald Douglas

Hundertjähriger Krieg: Kriegszustand zwischen England und Frankreich zwischen 1337 und 1453. Anlaß war der Anspruch Edwards III. auf den französischen Thron, nachdem die Dynastie der Kapetinger in direkter Linie ausgestorben war. Das Haus Valois wollte sich damit nicht abfinden. Zeitweilig waren die Fronten des nur auf französischem Boden geführten Konflikts unklar, so daß er bürgerkriegsartige Züge bekam. 1453 endeten die Kampfhandlungen, 1475 wurde der Friede von Picquingy geschlossen, in dem England Calais und die Kanalinseln zugesprochen wurden

Laird: Gälisches Synonym für Lord

Lord: vgl. Laird

Lord of the Isles:	Oberhaupt des semiautonomen Herrschaftsbereichs der MacDonalds bis zum Ende des 15. Jahrhunderts
Loudon Hill:	Schlacht, Mai 1307. Robert the Bruce erringt einen Sieg über englische Truppen
Mangonel:	Eine Art Katapult
Methven:	Schlacht, 19. Juni 1306. Eine englische Streitmacht unter Aymer de Valence (dem Earl of Pembroke) besiegt König Robert the Bruce
Mons Graupius:	Schlacht, 84 n.Chr. Sieg der Römer unter Agricola, der Calgacus, den Anführer der einheimischen Stämme, schlägt
Motte:	Normannische Hügelburg
Myton:	Schlacht, 20. September 1319. Sieg der schottischen Invasionsarmee über englische Milizen
Otterburn:	Schlacht, 15. August 1388. Nächtliches Gefecht zwischen den Douglases und den Percies
Pass of Brander:	Schlacht, 1309. Robert the Bruce besiegt die MacDougalls
Pugnator:	„Kämpfer“
Raid:	Streifzug, Überfall, Kommandounternehmen
Ragman Roll:	Verzeichnis aller 2000 Earls, Barone, Clanchiefs, Kleriker, edel- u. gemeinfreien Landbesitzer und Bürger, die am 28. August 1296 Edward I. von England beim Parlamentes in Berwick den Treu-/Lehnseid schworen
Schiltron:	Formation speertragender schottischer Infanterie, einem Fähnlein deutscher Landsknechte vergleichbar
Servientes:	Leichte Kavallerie
Small Folk:	Bezeichnung Angehöriger unterer sozialer Schichten
Städtebund:	Ein lockeres Bündnis von Städten
Stirling Bridge:	Schlacht, 11. September 1297. Sieg der Schotten unter William Wallace über den Befehlshaber der englischen Streitkräfte, John de Warenne
Wapinschaw:	Heerschau, Musterung

Hermitage Castle (Foto: Antje Mismahl)

Warkworth Castle (Foto: Hagen Seehase)

Schottische Geschichte in Daten

Um 6000 v.Chr.:	Neolithische Jäger und Sammler wandern vom Kontinent her als erste Menschen in Schottland ein.
Um 4200 v.Chr.:	Neue Siedler bringen die Errungenschaften der Neolithischen Revolution nach Schottland: Ackerbau, Haustierhaltung und Töpferei.
Um 2300 v.Chr.:	Neue Siedler, die Glockenbecherleute, erringen mit Hilfe der Bronzewaffen die Herrschaft über die bisherigen Bewohner. Nach dem Sieg vermischen sich beide langsam.
800 - 100 v.Chr.:	In diesem Zeitraum wandern keltische Völkerschaften ein, was, wie die zahlreichen Hügelfestungen anzeigen, nicht ohne Konflikte vonstatten geht.
Im 2. Jh. v.Chr.:	Der griechische Geograph Ptolemäus veröffentlicht die erste Karte, auf der Schottland abgebildet ist.
55/54 n.Chr.:	Caesar setzt nach Britannien über, zieht aber wieder ab.
71 - 84:	Der römische Provinzstatthalter Agricola stößt vom römisch besetzten Britannien nach Schottland vor. In der legendären Schlacht am Mons Graupius (84 n.Chr.) schlägt er Calgacus, den Anführer der einheimischen Stämme. Trotzdem gelingt es den Römern nie, nördlich der Lowlands längerfristig Fuß zu fassen.
Um 120:	Hadrianswall zwischen Tyne und Solway wird erbaut.
142 - 145:	Kaiser Antoninus gibt den Hadrianswall wegen ständiger Angriffe aus dem Norden auf und läßt auf einer verkürzten Linie südlich davon den Antoninuswall errichten.
Ab dem 3. Jh.:	Zu dieser Zeit sind die keltischen Pikten im Norden Schottlands nachgewiesen. Spätestens seit dem 6. Jh., als sich ihr Reich in seiner endgültigen Form herauskristallisiert, beherrschen sie - vermutlich unter zwei Hochkönigen - Schottland nördlich des Forth. Das piktische Königtum bildet die Grundlage des mittelalterlichen Königtums und damit der schottischen Nation.
368:	Schottische Pikten fallen zusammen mit Skoten und Sachsen ins römisch beherrschte Mittel- und Südengland ein. Die römischen Truppen könne die Einfälle nur vorübergehend abwehren.

383:	Der römische Kaiser Theodosius (347-395) gibt den Hadrianswall nach und nach auf.
Um 400:	St. Ninian predigt den schottischen Pikten das Christentum.
402 - 407:	Die römischen Truppen müssen sich unter dem dauernden Druck von Pikten und Skoten endgültig aus Großbritannien zurückziehen, um das von Germanenstämmen bedrohte Reich sichern zu helfen.
Zw. 420 und 450:	Die Briten rufen wegen der dauernden Einfälle von Pikten und Skoten germanische Stämme zur Hilfe (Jüten, Sachsen), die allerdings bald eigene Königreiche bilden (Kent, Sussex, Essex, Wessex und nach 470 durch die Angeln noch Mercia, Northumbria und Middlesex).
563:	Der Hlg. Columban (521-597) gründet auf der Hebriden-Insel Iona vor der westschottischen Küste ein Kloster. Er verbindet das uneinheitliche schottische Glaubens- und Gedankengut mit dem der irischen Kirche.
628:	Erste Erwähnung eines Königs von Argyle (alter Begriff, ab dem 16./17. Jahrhundert: Argyll), der zugleich König der Pikten ist.
685:	Die Pikten unter Hochkönig Bridei mac Bile stoppen die Nordexpansion der Angeln aus Northumbria bei Dunnichen Mere. Der Firth of Forth bildet weiter die Grenze.
844:	Unter dem Führer Kenneth mac Alpin vereinigen sich Pikten und Skoten. Das dadurch geschaffene Königreich ist der eigentliche Ausgangspunkt einer eigenständigen schottischen Geschichte.
889 - 900:	Donald II. wird erstmals ri Alban, König von Alba, d.h. Schottland, genannt. Die Kirche hilft den Herrschern bei der Konsolidierung der Monarchie.
1016 - 1035:	Knut der Große (um 995-1035) erreicht die Herrschaft über ganz England, und wird auch Overlord von Schottland.
1018:	Vereinigung der vier schottischen Königreiche. Schlacht von Carham (1016).
1040:	Macbeth (um 1005-1057) wird nach der Ermordung von Duncan I. König von Schottland.
1066:	Zur Zeit der normannischen Eroberung durch Wilhelm den Eroberer (um 1027-1087), der die angelsächsische bzw. angelsächsisch-dänische Epoche Englands beendet, wird Schottlands Einwohnerzahl auf 300.000 geschätzt.

1072: Im Sommer dieses Jahres unterwirft sich Malcolm III. von Schottland (1031-1093; er hat Macbeth besiegt und damit seinen Vater Duncan I. gerächt) im Vertrag von Abernethy Wilhelm dem Eroberer. Obgleich diese Unterwerfung die theoretische Oberhoheit des englischen Königs bedeutet (1091 wird der Vertrag nochmals bestätigt), berührt sie die praktische Selbständigkeit Schottlands nicht.

1093: Malcolm III. führt nach dem Tode Wilhelm des Eroberers Krieg gegen seinen Nachfolger Wilhelm II. Rufus (1056-1100). Die zunächst erfolgreiche Invasion der Schotten in Northumberland scheitert nach der Schlacht von Alnwick (13./16. Nov.), da in Malcolm III. und sein Sohn Edward entweder beide im Kampf fallen oder einem Mordanschlag zum Opfer fallen.

1124 - 1153: David I., am englischen Hof erzogen, bringt zahlreiche Normannen als neue Lehnsherren nach Schottland mit, unter anderem so bekannte Familien wie die Bruces und die Stuarts. Das starke Königtum läßt erstmals eigene Münzen prägen und fördert den Handel. Die schleichende Anglisierung der Lowlands wird später „bloodless Norman Conquest“ genannt.

1173/74: König Wilhelm I. der Löwe von Schottland (um 1142-1214) verbündet sich mit Heinrich (1155-1183, zweiter Sohn König Heinrichs II. von England) zum Kampf gegen dessen Vater. Am 13. Juni wird Wilhelm bei der Belagerung des Schlosses Alnwick gefangen und in der Normandie inhaftiert. Nur durch die Wiederanerkennung der englischen Oberhoheit, d.h. den Schwur des Lehnseids auf Heinrich II., erlangt er seine Freiheit wieder. Aus diesem Schwur leitet die englische Krone in Zukunft ihren Suprematieanspruch über Schottland ab.

1189: Ein Abkommen Wilhelms I. von Schottland mit König Richard I. Löwenherz (1157-1199) beläßt den Schotten ihre faktische Selbständigkeit.

1208 - 1212: Richards I. Sohn John „Ohne Land“ (1167-1216, König nach Richards I. Tod 1199) führt Kriege gegen Wales, Irland und Schottland. Er vermag allerdings keine durchschlagenden Erfolge zu erringen, verursacht aber durch die hohen Kosten eine finanzielle Krise, die zu innenpo-

Alnwick Castle (Foto: English Life Publikations)

Raby Castle, County Durham (Foto: English Life Publications)

	litischen Problemen führt, in deren Folge Johann die „Magna Charta libertatum“ unterzeichnen muß.
1237:	Der Vertrag von York fixiert die immer wieder umstrittene Grenze zwischen Schottland und England zwischen dem Tweed und dem Firth of Solway, wie sie im Prinzip heute noch gilt.
1249 - 1286:	Unter der Regierung Alexanders III. erlebt Schottland eine Zeit der inneren Ruhe und Prosperität. Nach dem Sieg über die Norweger in der Schlacht von Largs 1263 fallen die Hebriden an Schottland.
1266:	Schotten erobern die Isle of Man.
1286:	Das alte schottische Könighaus der Canmore stirbt im Mannesstamm aus.
1290 - 1292:	Schottland erlebt das erste Interregnum. An dessen Ende erhält John Balliol (1250-1313) mit Zustimmung Edwards I. (1239-1307) am 17. Nov. 1292 die Krone (nur bis 1296). Im nachfolgenden Konflikt mit Frankreich fordert Edward I. von den Schotten feudale Lehns-, in diesem Fall Ritterdienste. Die Schotten lehnen dies nicht nur ab, sondern verbünden sich 1295 mit Frankreich, was zu einer mehr als vierhundertjährigen latenten Allianz führt, die für England dauerhaft gefährlich bleibt.
1296:	Die Engländer besiegen am 27. April die Schotten.
1297:	William Wallace (1270-1305) besiegt die Engländer bei Stirling Bridge und wird zum Ritter geschlagen.
1296 - 1306:	Zweites Interregnum in Schottland. Edward I. führt selber die Regierung.
1298:	Edward I. schlägt die Schotten am 22. Juli bei Falkirk.
1300:	Schottlands Einwohnerzahl wird auf 400.000 geschätzt.
1305:	Am 3. August wird William Wallace in der Nähe von Glasgow von den Leuten von John Stewart of Menteith gefangengenommen und bald darauf hingerichtet.
1306:	Das zweite schottische Interregnum endet am 25. März mit der Krönung Roberts I. (1274-1329). Dies führt sofort wieder zum Konflikt mit England. Edward II. (1284-1327), der nach dem Tod Edwards I. 1307 den Thron bestiegen hat, zeigt sich als schwacher Herrscher.
1314:	Am 24. Juni schlägt Robert I. Edward II. in der Schlacht von Bannockburn. Sieg sichert Schottlands Unabhängigkeit.

Seit 1315/16:	Die Schotten dringen unter Edward Bruce in Irland ein. Sie drängen die Engländer im Umfeld Dublins zusammen.
1320:	Ein Zeichen ausgeprägten Nationalbewußtseins ist das Schreiben der schottischen Prälaten an den Papst: in der Erklärung von Arbroath berichten sie von der Unabhängigkeit ihres Landes.
1326:	Robert I. ruft die geistlichen und weltlichen Lords und die Vertreter von sieben Städten zusammen, um die Kriegskosten gegen England bewilligt zu bekommen. Diese Versammlung gilt als Geburtsstunde des schottischen Parlaments.
1328:	Am 17. April wird der Frieden proklamiert, der den Schottischen Unabhängigkeitskrieg beendet. Am 4. Mai bestätigen Königin Isabella von England (1292-1358) und ihr Geliebter Roger Mortimer (1287-1330) den am 17. März aufgesetzten Vertrag von Edinburgh, der Schottlands Autonomie garantiert.
1329:	Am 19. Juni stirbt König Robert the Bruce in seinem Landhaus Cardross an der Lepra.
1341:	Die Engländer werden im Rahmen der Schwächung der englischen Streitkräfte durch den Hundertjährigen Krieg mit Frankreich (seit 1337) aus Schottland vertrieben.
1346:	König David II. von Schottland (1324-1371) versucht durch einen Einfall in Nordengland die mit ihm verbündeten und schwer bedrängten Franzosen (vernichtende Niederlage in der Schlacht von Crécy am 26. Aug. 1346) zu entlasten. Er wird bei Neville's Cross geschlagen und im Tower inhaftiert.
Seit 1349:	Von diesem Zeitpunkt an wütet die Pest in unregelmäßigen Abständen bis ins 15. Jahrhundert in Schottland.
1355:	Am 20. Januar treffen sich Edward II. von England und John Balliol von Schottland. Balliol verkauft Edward II. die schottische Krone; ein Geschäft, das von den schottischen Patrioten nicht anerkannt wird.
1357:	David II. unterwirft sich nach elfjähriger Haft dem englischen König. Gegen Zahlung eines hohen Lösegeldes wird er freigelassen, jedoch bald darauf wieder festgenommen, weil er den Kampf gegen Edward III. (1312-1377) wieder aufnimmt.

Smailholm Tower (Foto: Antje Mismahl)

1371: Die Stuarts (engl. Stewarts) kommen mit Robert II. (gest. 1390) auf den schottischen Thron, werden jedoch bis 1488 von einer Adelsopposition unter Führung der Douglas bekämpft. Die Stuarts leiten ihren Thronanspruch aus der Heirat Walter Stuarts mit Robert Bruces ältester Tochter Marjorie her.

1388: Die Schotten nutzen die innerenglischen Streitigkeiten im Zusammenhang mit den Kämpfen in Frankreich und schlagen am 15. Aug. die Engländer unter Henry Percy „Hotspur" (1364-1403) bei Otterburn.

1406: Am 22. März wird der schottische Thronfolger und Gegner Heinrichs IV., James I. (1394-1437) gefangen genommen und bis Ende März 1424 inhaftiert. Am 4. April wird er zum neuen König Schottlands erklärt, für ihn führen die Herzöge von Albany als „Governors" die Regie-rung in Schottland.

1411: Gründung d. Universität St. Andrews. Schlacht von Harlaw.

1426: König James I., der nach 18 Jahren in englischer Gefangenschaft 1424 auf den Thron gekommen war, beruft mehr Vertreter des kleinen Landadels (Gentry) ins Parlament, um den Einfluß der schottischen Magnaten und der Clans abzuschwächen.

1437: James I. wird von unzufriedenen Adligen ermordet. Der unnatürliche Tod durch Verschwörungen mächtiger Adelsgruppen ist, wie die minderjährige Inthronisierung bis zu James VI., eine Konstante der schottischen Geschichte.

1450: Gründung der Universität Glasgow.

1461: Im Zuge der blutigen Rosenkriege (1455-1495) zwischen den Häusern Lancaster (rote Rose) und York (weiße Rose) flüchten Heinrich VI. (1421-1471) und Königin Margaret (1430-1482) nach der verlorenen Schlacht von Towton (29. März) nach Schottland.

1472: Die Schotten übernehmen nach der Heirat James III. mit der Tochter des dänischen Königs die bisher dänischen Orkney- und Shetland-Inseln.

1491 - 1497: Heinrich VII. Tudor von England (1457-1509) muß eine Verschwörung unter der Führung Perkin Warbecks (1474-1499), der sich als Sohn Edwards IV. ausgibt, abwehren. Warbeck wird von den irischen Lords und später auch vom

	schottischen König James IV. (1473-1513) unterstützt, fällt aber 1497 in die Hände Heinrichs VII.
1493:	König James IV. erklärt „Lordship of the Isles" für aufgelöst
1503:	Heinrichs VII. Tochter, Margarete Tudor (1489-1541), heiratet am 8. Aug. gemäß eines Heiratsvertrages von 1502 James IV. von Schottland, wodurch die Vereinigung beider Kronen (1603) und Länder (1707) vorbereitet wird.
1512 - 1514:	Heinrich VIII. (1491-1547) führt Krieg gegen Schottland und Frankreich. Nach einem Sieg über die Franzosen bei Guinegate-Thérouane (16. Aug. 1513) schlägt Surrey am 9. Sept. 1513 die Schotten in der Schlacht bei Flodden, in der König James IV. fällt.
1543:	Donald Dubh MacDonald, der letzte Erbe des „Lordships of the Isles", proklamiert nach seiner Flucht erneut das „Lordship of the Isles". Obgleich sich einige Clans zu seiner Unterstützung sammelten, brach dieser Versuch bald in sich zusammen.
1544 - 1548:	Heinrich VIII. versucht, mittels brutaler Zerstörungsfeldzüge, den sog. „Rough Wooings", in den Borders, Maria Stuart (1542-1587) als Braut seines Sohnes zu bekom men. Die junge schottische Thronerbin heiratet dennoch den französischen Thronfolger und wird 1548 nach Frankreich gebracht.
1557:	Im Dez. schließen sich einige der großen schottischen Lords im ersten sog. „Covenant" zusammen.
1558:	Heinrich II. von Frankreich (1519-1559) erklärt im Nov. die seit dem 17. Nov. als englische Königin gekrönte Tochter Heinrichs VIII. aus der Ehe mit Anne Boleyn, Elisabeth I. (1533-1603), für einen Bastard, ihren Thronanspruch für kanonisch ungültig und läßt Maria Stuart, die Frau seines Sohnes Franz (1544-1560), die gleichzeitig Königin von Schottland ist, zur neuen Königin von England proklamieren.
1560:	Am 27. Feb. schließen Elisabeth I. und die schottischen „Lords of the Congregation of Christ" den Vertrag von Berwick, in dem die Vertreibung der antikalvinistischen Franzosen verankert ist. Am 6. Juli erklären die militärisch geschlagenen Franzosen im Vertrag zu Edinburgh ihren Verzicht auf Schottland. Damit setzt sich die Refor-

mation, d.h. die „Confessio Scotia“ auf der Basis eines calvinistisch-reformierten Bekenntnisses durch.

1561: Nach dem Tode ihres Mannes Franz II. von Frankreich kehrt die katholische Maria Stuart am 19. Aug. nach Schottland zurück. Sie beendet zwar damit die schottischen Thronwirren, bringt das Land aber durch ihren Kampf gegen die calvinistisch-reformierte Kirchenpolitik in Aufruhr.

1564: Die Schotten geben sich im „Book of Common Order“ eine puritanische (gereinigte, d.h. presbyterianische, entkatholisierte und nicht-anglikanische) Gottesdienstordnung.

1567: Maria Stuart verzichtet angesichts der reformatorischen Bewegung und der starken calvinistischen Adelsopposition zugunsten ihres einjährigen Sohnes James VI. (1566-1625) aus der Ehe mit Henry Stewart (1545-1567, Lord Darnley), dessen Mörder, James Hepburn (1536-1578, Earl of Bothwell) sie am 15. Mai geheiratet hatte.

1568 - 1570: Am 19. Mai 1568 wird Maria Stuart nach der Flucht aus ihrem Gefängnis, der Burg von Loch Leven, von Anhängern Elisabeths dingfest gemacht. Katholische Schotten und Engländer mischen sich unter massiver Anteilnahme des katholischen Auslands (Iren, Kurie, Italiener, Spanier, Franzosen) in die Thronstreitigkeiten zwischen Elisabeth I. und Maria Stuart ein, um Maria wenigstens den schottischen Thron wieder zu sichern. Der Duke of Norfolk, Thomas Howard (1536-1572), hält um die Hand Marias an und wird dafür von Elisabeth in den Tower gesperrt.

1571: Im Sept. kommt es zur Aufdeckung des sog. „Ridolfi Plots“. Der Florentiner Bankier Roberto Ridolfi (1531-1612), der eine Bankfiliale in London leitet, plant seit März einen Umsturz zugunsten von Maria Stuart, der die Rekatholisierung Englands und Schottlands erzwingen soll. Hilfe leisten ihm der Papst, der Bischof von Ross (Schottland) und Norfolk, der 1572 auf Drängen des Parlaments enthauptet wird. Da Phillip II. von Spanien eine Beteiligung hinauszögert, fehlt ein entscheidender Verbündeter.

1583: Ein Stuart-Komplott unter der Führung von Francis Throckmorton (1554-1584) gegen Elisabeth I. wird vom Geheimdienst aufgedeckt. Der spanische Gesandte in London, Don Bernardino de Mendoza (1541-1604), der in die Vorbereitungen involviert war, wird des Landes verwiesen. Ab 1585 befinden sich beide Länder im Kriegszustand.

1586: Im Vertrag zu Berwick schließen Elisabeth I. und James VI. von Schottland im Juli ein Devensivbündnis gegen Frankreich und sichern sich gegenseitig die Eigenständigkeit der anglikanischen bzw. calvinistischen Glaubensausübung zu.

1587: Hinrichtung Maria Stuarts auf Schloß Fotheringhay als unmittelbare Folge der vorausgegangenen „Babington-Verschwörung“ (Aug./Sept. 1586). Die katholischen europäischen Mächte antworten mit Kriegsvorbereitungen, James VI. hingegen hält sich trotz der Hinrichtung seiner Mutter an den Vertrag von Berwick.

1594/95: Aufstand der katholischen Clans gegen die Krone.

1600: Der mysteriösen und wahrscheinlich gegen James VI. gerichteten „Gowrie-Verschwörung“ fallen im August John Ruthven, der Earl of Gowrie, und sein jüngerer Bruder Alexander zum Opfer.

1603: Am 24. März stirbt Königin Elisabeth I. nach 45 Jahren Regierungszeit. Ihr Neffe James VI. von Schottland setzt nach der Krönung im Juli die Thronfolge als James I. von England fort. Für Schottland hatte diese Erbschaft keine Vorteile, im Gegenteil - vor dem Hintergrund der vielfältigen englischen Regierungsgeschäfte gerät es aus dem Blick der Stuart-Könige. Zu dieser Zeit wird die Bevölkerung Schottlands auf 1 Million geschätzt.

1612: Das schottische Parlament billigt die durch James I. 1599 begonnene Restauration des schottischen Episkopats.

1613: Am 14. Feb. heiratet James' I. älteste Tochter Elisabeth (1596-1662) Friedrich V., den protestantischen Kurfürsten von der Pfalz (1596-1626).

1625: James I. stirbt. Sein Sohn Charles I. (1600-1649) folgt ihm auf dem Thron. Am 1. Mai heiratet er die Tochter Heinrichs IV. von Frankreich Henrietta Maria (1609-1669)

1636/37: Erzbischof William Laud (seit 1633 Erzbischof von Canterbury) versucht, die weitgehend unabhängige presbyterianisch orientierte schottische Kirche durch ein „Book of Canons“, durch Anerkennung des königlichen Supremats und eine römisch orientierte Liturgie einzuengen. Der erste nach der neuen Liturgie abgehaltene Gottes-

Abbotsford (Foto: Antje Mismahl)

Dunbar Castle (Foto: Hagen Seehase)

dienst am 23. Juli 1637 in St. Giles (Edinburgh) endet in einem Tumult.

1638: Am 28. Feb. schließen sich die Schotten in einem „National Covenant“ gegen den Episkopalismus und Dogmatismus des Erzbischofs Laud zusammen. Alle Stände wollen somit zur Wahrung und Freiheit des Evangeliums beitragen. Sprecher des Bundes ist Archibald Campbell, Earl of Argyll (1598-1661). Nach den Tagungen vom Sept. bis Nov. weist die schottische Nationalversammlung in Glasgow das „Book of Canons“ zurück, erklärt die Einsetzung einiger hochkirchlicher Bischöfe für nicht erfolgt und führt das presbyterianische System wieder ein.

1639: Die „Pazifikation von Berwick“ verhindert das Ausbrechen eines Krieges aus religiösen Gründen zwischen Schottland und England (First Bishops' War). Kirchliche Angelegenheiten werden damit der schottischen Generalversammlung und zivile dem Parlament zugewiesen.

1640: Nachdem Charles I. schon im Jan. einen Krieg mit Schottland befürwortet hatte und Erzbischof Laud weiterhin versucht, die Bevölkerung Schottlands (und einiger Teile Englands) durch Bischöfe seiner Wahl zu disziplinieren, spitzt sich die Lage immer mehr zu. Die Schotten weh ren sich ihrerseits, verfassen eine antiroyalistische und pro-presbyterianische Schrift und bereiten sich auf den bewaffneten Konflikt vor. Charles I. löst das Parlament, das ihm die Unterstützung zum Kampf gegen die Schotten verweigert, im Mai auf, worauf die Opposition in London am 20. Aug. die Schotten gegen den König zur Hilfe ruft. Königliche Truppen überschreiten daraufhin die Grenze (Second Bishops' War). Der Führer der Truppen und Berater des Königs Earl Strafford sucht allerdings von Anfang an den militärischen und politischen Ausgleich mit den Schotten, den er am 26. Okt. mit dem Vertrag von Ripon erreicht. Bis zu einer endgültigen Regelung erhalten die Schotten täglich 850 Pfund und dürfen Northumberland und Durham besetzt halten. Im Nov. und Dez. werden Strafford und Laud verhaftet und wegen Hochverrats angeklagt.

1641:	Obgleich Strafford die lachhaften Anschuldigungen gegen sich widerlegen kann (13. April), opfert Charles I. seinen Minister, der am 12. Mai unter dem Beifall des Londoner Pöbels hingerichtet wird (Laud wird erst 1645 hingerichtet). Ende Okt. erschüttert die religiös motivierte „Irish Rebellion", bei der viele englische und schottische Neusiedler getötet werden, die relative politische und militärische Ruhe in England und Schottland. Die antiroyalistische Fraktion im Parlament, innerhalb derer der Newcomer Oliver Cromwell (1599-1658) erstmals von sich reden macht. Da die königlichen Truppen in Irland den Aufstand nur allmählich unter Kontrolle bringen, fordern die radikalen Commons in der „Great Remonstrance" (204 Artikel zur Einschränkung der königlichen Gewalt) eine staatsrechtliche Radikalkur. Die gemäßigten Commons und auch die Schotten wollen diese Radikalkur nicht mit machen. Den Schotten, denen es vor allem um ihre Eigenständigkeit geht, wahren diese zunächst in Verhandlungen mit dem König und dem Parlament.
1642:	Nach einem gescheiterten Versuch, die Führer der radikalen Commons zu verhaften, bricht am 10. Jan. die Englische Revolution aus. Die royalistischen „Cavaliers" und die parlamentarischen „Roundheads" stehen einander gegenüber.
1643:	Charles I. lehnt ein Freundschaftsangebot der Schotten ab, weil er den Presbyterianismus fürchtet und zunächst militärisch besser dasteht als die Parlamentarier. Daraufhin gelingt der Parlamentspartei ein lockeres Bündnis mit den in sich allerdings zerstrittenen Schotten („Solemn League and Convenant"). Der Führer der pro-parla mentarischen Partei ist der Graf von Argyll, der Führer der Royalisten James Graham, Earl of Montrose (1612-1650), der sich als begabter Feldherr erweist.
1643 - 1653:	Eine Synode aus Theologen und Parlamentariern, die „Westminster Assembly of Divines", erarbeitet in den Wirren der Revolution die 1648 vom Parlament gebilligte „Westminster Confession", die zur weitverbreitetsten Bekenntnisschrift des reformierten Protestantismus in Schottland und Nordamerika wird. In England und Irland

High Force, Teesdale (Foto: Antje Mismahl)

erlangt sie diese Stellung vor allem aufgrund der Stuart-Restauration ab 1660 nicht.

1645 - 1650: Feldzüge Montroses gegen den Covenant.

1643 - 1646: Die militärische Situation der Parlamentarier wird durch die straffe Neuorganisation des Heeres durch Cromwell, dessen „Ironsides" fast die Hälfte der Kavallerie stellen, verbessert. Am 14. Juni 1645 schlagen sie die Royalisten bei Naseby derart vernichtend, daß es zum Waffenstillstand kommt. In Schottland gehen die Auseinandersetzungen zwischen Argyll und Montrose weiter. Charles I. versucht, die schottische Spaltung für sich auszunutzen und den Kampf weiterzuführen. Das englische Parlament kann nur mit einer großangelegten Bestechungswelle die Pläne des Königs unterlaufen. Der weigert sich seinerseits, die Vorschläge des Parlaments zu akzeptieren, die eine starke Einschränkung der königlichen Position vorsahen, womit er einem englisch-schottischen Ausgleich den Weg ebnet.

1647/48: Am 23. Jan. liefert Graf Argyll Charles I. für 400.000 Pfund an das Parlament aus, der am 3. Juni von befreundeten Soldaten entführt wird. Einen letzten Einigungsversuch mit dem Parlament lehnt Charles I. aus den gleichen Gründen wie zuvor ab, da die Schotten, die ihre Rechte nicht gewahrt sehen, ebenfalls die Zustimmung verweigern. Charles I. Kampf ist aber angesichts der Übermacht und der Spaltung der Schotten zum Scheitern verurteilt. Er kommt wieder in Haft.

1649: Nach einem kurzen politischen Prozeß, dessen Urteil von Beginn an feststand, wird Charles I. am 30. Jan. hingerichtet. Iren und Schotten wollen den Umsturz nicht hinnehmen und rufen zu Widerstand auf. Cromwell schlägt im Sept./Okt. den irischen Widerstand grausam nieder.

1650: Montrose nimmt im Namen Charles II. (1630-1685), den die Schotten am 6. Feb. als legitimen Nachfolger seines Vaters anerkannt hatten, im April den Kampf gegen England wieder auf. Bei Carbisdale (Sutherland) wird er schwer geschlagen und von den MacLeods verhaftet. Am 21. Mai wird er in Edinburgh hingerichtet. Dennoch kämpfen die Schotten mit dem im Juni in Garmouth gelandeten Charles II. weiter. Cromwells Heer bleibt aber weiter siegreich, Schottland wird besetzt und von der englischen Armee kontrolliert.

1651: Am 3, Sept. endet der letzte Invasionsversuch Charles II. bei Worcester mit der völligen Niederlage der Schotten.

1660: Im holländischen Exil gibt Charles II. Stuart am 4. April eine Deklaration für den Fall seiner Rückkehr auf den englischen Thron ab. Sie ist sehr allgemein gehalten, wird aber vom starken Mann des Militärs General Monck, dem Parlamentssprecher und dem Lord Mayer von London akzeptiert. Am 5. Mai stimmt das Parlament für die Rückkehr des Königs, Armee und Flotte schließen sich an, so daß Charles II. am 25. Mai in Dover landen kann.

1662: Im Frühjahr sollen die Schotten im sog. „Abjuration Oath“ der „Solemn League and Convenant“ abschwören.
Am 21. Mai heiratet Charles II. die Katholikin Katharina von Braganza (1638-1705).

1685: Am 6. Feb. stirbt Charles II. nach kurzer plötzlicher Krankheit, nachdem er auf dem Sterbelager zum Katholizismus konvertierte. Am gleichen Tag besteigt James II. (1633-1701) den Thron - erstmals seit 1558 wieder ein Katholik.

1688: Eine letzte Schlacht zwischen den MacDonells of Keppoch und den MacIntoshes beendet die Clankriege.

1689: Nach der Landung Wilhelms von Oranien (William of Orange) 1688 wird James II., der sich durch seine starke Rekatholisierungspolitik unpopulär gemacht hatte (insbesondere die „Killing Times“ der 80er Jahre, in denen er radikale Presbyterianer blutig hatte verfolgen lassen), für abgesetzt erklärt. Dieser legale und zunächst unblutige Staatsstreich geht als „Glorious Revolution“ in die Geschichtsschreibung ein. Außerhalb Englands bleibt die „Glorious Revolution“ nicht unblutig: im März landet James II. in Irland, um den Thron zurückzuerobern. Im Sept. schließt sich Schottland auf Seiten Wilhelms den Kämpfen an. Quasi im Gegenzug erhält Schottland einen presbyterianischen Zweig innerhalb der Staatskirche.

1690: Am 1. Juni unterliegt James II. in der Schlacht an der Boyne (Fluß in Irland) Wilhelms Heer.

1692:	Nachdem der Clan der MacDonalds von Glencoe den Unterwerfungseid für Wilhelm und seine Frau Maria fünf Tage zu spät (am 6. Jan.) geleistet hatte, kommt es zum Massaker von Glencoe: 38 Familienmitglieder werden ermordet.
1695:	Einrichtung der Bank of Scotland.
Um 1700:	Schottlands Bevölkerung beläuft sich auf etwa 1,5 Millionen Menschen.
1707:	Am 29. April erfolgt die Proklamation des ersten Parlaments von Großbritannien infolge der Union mit Schottland (Zusammenlegung der beiden Kronen, Auflösung des schottischen Parlaments, Abschaffung des Kronrates und einer eigenständigen schottischen Verwaltung). Ins nunmehr großbritannische Unterhaus kommen 45 schottische Abgeordnete, ins Oberhaus 16 schottische Peers. Die schottisch-presbyterianische Kirche wird als zweite Staatskirche anerkannt. Viele Schotten sind mit der Entwicklung unzufrieden.
1715:	Nachdem am 1. Aug. der Kurfürst von Hannover als Georg I. (1660-1727) den englischen Thron bestiegen hat, erheben sich im Sommer die schottischen Jakobiten unter der Führung von John Erskine, Earl of Mar (1675-1732). Der Aufstand wird am 13. Nov. von John Campbell, Earl of Argyll and Greenwich (1678-1743) bei Sheriffmuir niedergeschlagen. Nach dieser Niederlage verläßt der zwischenzeitlich zum schottischen König proklamierte James VIII. Stuart das Land.
1719:	Von April bis Juni beunruhigen neue jakobitische Umtriebe Schottland, gefördert durch den Premierminister Spaniens, Kardinal Alberoni. Daniel Defoe schreibt, angeregt durch die Abenteuer des schottischen Matrosen Alexander Selkirk (1676-1721), seinen berühmten Roman „Life and Strange Surprising Adventures of Robinson Crusoe of York“.
1727:	Hinrichtung der letzten angeblichen Hexe in Schottland.
1745:	Charles Edward Stuart („Bonnie Prince Charlie“) (1720-1788) landet mit französischer Unterstützung in Schottland und beansprucht den Thron für sich. Im Dez. Auflösung der schottischen Clan-Verfassung.

1746: Am 17. Jan. erringen die aufständischen Jakobiten den Sieg bei Falkirk, die Erhebung scheitert aber am 16. April in der Schlacht bei Culloden. Der siegreiche Herzog von Cumberland geht mit äußerster Brutalität gegen die Aufständischen (und loyale Highlander) vor. Dudelsack, Tartan und Kilt werden verboten, viele Clans von ihrem Land vertrieben. Charles Edward Stuart gelingt nach Monaten des Verstekkens in Schottland im September die Flucht in die Bretagne.

1747: Das Londoner Parlament kassiert unter Bruch des Unionsvertrages von 1707 alle Regalities des Clan Grant, dessen weitgehende Selbstverwaltung damit beendet wird.

1757: „Appin Murder": Sir Collin Campbell wird auf dem Land der Stewards erschossen.

1759: Der schottische Geistliche und Historiker William Robertson (1721-1793) veröffentlicht seine „History of Scotland", die die bisherige parteiische Whig- oder Tory-Historiographie überwindet. Neben Robertson machen andere Gelehrte (z.B. Adam Smith und David Hume) Schottland zu einem der intellektuellen Zentren Europas.

1763: David Humes (1711-1776) zehnbändige „History of England from the Invasion of Julius Caesar to the Revolution of 1688" erscheint. Sie bildet zusammen mit Robertsons „History of Scotland" den Beginn der wissenschaftlichen Historiographie in England.

1777: Robertsons „History of America" erscheint.

1793: Im Okt. protestiert die dritte Generalkonvention der englisch-schottischen „Delegates of the People" in Edinburgh gegen die vorübergehende Aussetzung der Habeas-Corpus-Akte und für mehr Demokratie. Sie wird kurz darauf mit Gewalt aufgelöst.

1794: Im Rahmen des Koalitionskrieges gegen Frankreich wird ein Parlamentsausschuß zur Verfolgung Verdächtiger

ein- gesetzt. Jegliche Parlaments- oder Wahlreform wird ausgesetzt, jeglicher Einsatz für eine repräsentative Regierung gilt als Hochverrat. Im Mai folgt die endgültige Aufhebung der Habeas-Corpus-Akte für ein Jahr.

1795: Der schottische Arzt und Afrikaforscher Mungo Park (1771-1806) beginnt mit der Erforschung des Senegal-, Sudan- und Nigergebietes.

Um 1800: Schottlands Bevölkerungszahl wird auf der Basis von Wahlumfragen, Einkommensschätzungen und (unvollständigen) Volkszählungen auf 1.6 Millionen veranschlagt. Glasgow und Edinburgh mit jeweils über 100.000 Einwohnern zählen nach London (ca. 900.000) und Manchester (ca. 140.000) zu den größten Städten Großbritanniens.

Nach 1800: In die erste Hälfte des 19. Jh. fallen die sog. „Clearences". Hunderttausende von kleinen Pächtern werden von Großgrundbesitzern von ihrem Land vertrieben, um große Areale für die profitable Schafwirtschaft zu gewinnen.

1822: König George IV. besucht Schottland. Der Besuch führt durch die Tartan- und Dudelsackkulte bei den Veranstaltungen zu einer nicht nur folkloristischen Renaissance Schottlands, die auch von Königin Viktoria und literarisch von Sir Walter Scott (1771-1832) fortgesetzt werden.

Seit 1830: Innerhalb der großen Auswanderungswellen, die jährlich bis zu 50.000 Menschen umfassen, wandern auch viele Schotten (u.a. wegen der „Clearences") nach Amerika, Kanada, Australien, Neuseeland oder in die Kapkolonie aus.

Barnard Castle (Foto: Hagen Seehase)

1832:	Im Rahmen der nur mühsam (England stand nach der hartnäckigen Weigerung des Oberhauses kurz vor dem Bürgerkrieg) verabschiedeten „Reform Bill" erhält Schottland weitere acht Sitze im Unterhaus.
1843:	Aus Unmut über die veraltete schottische Staatskirche, in der das Patronagesystem praktiziert wird, gründen etwa ein Drittel der Mitglieder eine neue Kirche: die „Free Church of Scotland".
1874:	Nachdem die englische Regierung seit 1869 eine Trennung der Kirchen vom Staat anstrebt, wird diese Trennung 1874 für Schottland durchgeführt.
1883:	Erst nach den sog. „Crofters' Wars", einer Reihe von Aufständen der Kleinbauern auf Skye, kommt es zu Untersuchungen über die Verelendung auf dem Land. Mehrere Gesetze zur Milderung dieser Zustände werden in den Folgejahren verabschiedet.
1888:	Gründung der „Scottisch Labour Party".
1900:	Verschiedene Sezessionsgruppen um die „Free Church of Scotland" gründen die „United Free Church of Scotland".
Nach 1911:	Die Highlands werden von einer zweiten Welle von „Clearances" heimgesucht, die bis in die 50er Jahre hineinreicht. Das Ergebnis sind gut ein Viertel Bevölkerungsverlust und eine hohe Arbeitslosigkeit, da gut die Hälfte der dort be-schäftigten Arbeitskräfte ihren Arbeitsplatz verliert.
1914 - 1918:	Die Schotten müssen ihre Kriegsbegeisterung mit hohen Verlusten bezahlen. Allein 18.000 Männer aus Glasgow fallen, das sind 10% der männlichen Bevölkerung. Die Depression trifft Schottland ebenfalls hart, so daß es u.a. zu einem kommunistischen Arbeiteraufstand unter John MacLean kommt. Bis heute ist Schottland eine Labour-Hochburg.
1926/27:	Das stark vom Römischen Recht beeinflußte Common Law in Schottland wird ein Stück weiter mit den „Criminal Appeal Acts" kodifiziert.
1929:	Die „United Free Church of Scotland" vereinigt sich mit der schottisch-presbyterianischen Kirche.
1934:	Gründung der „Scottish National Party".

1936:	Der „Secretary of State for Scotland“ (ironisch „kleiner schottischer Premierminister“ genannt) zieht von London ins St. Andrew's House nach Edinburgh. Ihm unterstehen die Bereiche Landwirtschaft, Fischerei, Erziehung, Gesundheit und Wohnungswesen, alles andere wird in London entschieden.
1939 - 1945:	Im Zweiten Weltkrieg müssen die Orkneys unter starken deutschen Luftangriffen leiden, 1939 erfolgt ein U-Boot-Angriff von U 47 gegen Scapa Flow. Rudolf Hess, Hitlers Stellvertreter, landet in Schottland. Die Hintergründe für seinen Flug sind bis heute nicht ganz geklärt.
1948:	Die Wahlreform „Representation of the People Act“ verwirklicht das Prinzip „one man, one vote“. Dadurch erfolgt eine Einteilung Großbritanniens in 630 Wahlbezirke, von denen Schottland 32 Stadt- und 39 Grafschaftswahlbezirke erhält.
1962/63:	In den strukturschwachen Regionen Englands, vor allem Nordirland, Südwales und Schottland, kommt es in Folge einer Rezession im Winter zu Krisensituationen.
1974/75:	Eine Verwaltungsreform wandelt die 33 Grafschaften in 12 Bezirke um, die gegenüber London gestärkte Verwaltungsbefugnisse erhalten: Dumfries & Galloway, Borders, Strathclyde, Lothian, Central, Fife, Tayside, Grampian, Highland, Western Isles, Orkney und Shetland.
1975:	Im Okt. wird auf den Forty Fields vor der schottischen Ostküste das erste Öl gefördert. Dies führt in ganz Großbritannien, aber mit separatistischer Tendenz auch in Schottland, zu nationalem Egoismus.
1992:	Die Reduzierung der britischen Streitkräfte macht auch vor den Hochland-Regimentern nicht halt: die Gordon-Highlanders werden mit den Queens' Own Highlanders zusammengelegt.
1997:	Rückkehr des „Stone of Destiny“, des Krönungssteins von Scone, nach Schottland.

Literatur zum Weiterlesen

Beckett, James Camlin:
Geschichte Irlands, Stuttgart2 1982

Delderfield, Eric R.:
Kings & Queens of England & Great Britain, Newton Abbot 1990

D'hont, Jan:
Das frühe Mittelalter, Frankfurt/M. 1968 (=Fischer Weltgeschichte , Bd. 10)

Duncan, A.A.M.:
The Edinburgh History of Scotland,
Bd. 1: Scotland - the Making of the Kingdom, Edinburgh 1975

Dunnett, Alastair u. Dorothy:
The Scottish Highlands, Edinburgh3 1997

Fry, Plantagenet Somerset:
Castles of Britain and Ireland, London u.a. 1996

Fulton, Alexander:
Scotland and her Tartans,
The romantic heritage of the Scottish clans and families, London 1992

Funcken, Fred und Liliane:
Rüstungen und Kriegsgerät im Mittelalter, 8.-15. Jahrh., München 1979

Guest, Keen und Denise:
British Battles; The front lines of history in colour photographs,

Kluxen, Kurt:
Geschichte Englands, Von den Anfängen bis zur Gegenwart, Stuttgart 1985

MacDonald, Angus u. Patricia:
The Highlands and Islands of Scotland, London 1991

MacDonald, Micheil:
The Clans of Scotland,
The History and Landscape of the Scottish Clans, London 1991

Montcreiffe, Sir Iain:
The Highland Clans, London 1961

Ritter (aus einer Darstellung vom Ende des 13. Jahrhunderts)

MacKinnon, Charles:
Die Clans - wer und was waren sie?; in: **Mitchell, Ian u. Prinzing, Jerg (Hg.):** ***Schottland, Ein Reisebuch,*** Hamburg 1988, S. 120-129

Palmer, Martin u. Nigel:
Sacred Britain, A Guide to Sacred Sites and Pilgrim Routes of England, Scotland and Wales, London 1997

Parker, Geoffrey (Hg.):
The Cambridge illustrated history of Warfare, London u.a. 1995

Prebble, John:
The Lion in the North, 1000 Years of Scotland's History, London 1981

Regan, Goeffrey:
The Guiness Book of Military Blunders, Enfield 1991

Rothero, Christopher:
The Scottish and Welsh wars 1250-1400, London ´84 (Men-at-arms, Bd. 151)

Schmidt-Liebich, Jochen:
Daten der englischen Geschichte, München 1977

Schreiber, Hermann:
Die Geschichte Schottlands, Augsburg 1994

Schreiber, Hermann:
Irland, Seine Geschichte - Seine Menschen, Augsburg 1997

Seehase, Hagen:
Langspeere und Starkbogen.
Die Invasionen der Wikinger und Normannen in Irland;
in: ***Anno Domini Jahrbuch 1999,*** Greiz 1999, S. 106-121

Seehase, Hagen und Oprotkowitz, Axel:
Die Highlander. ***Die Geschichte der schottischen Clans,*** Greiz 1999

Traquair, Peter:
Freedom's Sword, Scotland's wars of independence, London 1998

Wise, Terence:
Ritter und Rüstungen, Bonn 1980

Zaczek, Iain:
Ancient Scotland, London 1998

Quellennachweise u. Erlaeuterungen

1) *Vgl. Traquair, Peter: Freedom's Sword, Scotland's wars of independence, London 1998, S. 47.*

2) *Vgl. ebd.: S. 54.*

3) *Vgl. Prebble, John: The Lion in the North, One Thousand Years of Scotland's History, London 1981, S. 76.*

4) *Auch Bothwell Castle, die zweite große Burg der Murrays, fiel 1297 wieder in die Hände der Schotten.*

5) *Angeblich ist das im Wallace Memorial bei Stirling aufbewahrte Schwert das von Wallace. Es handelt sich dabei um einem gewaltigen „Bidenhänder" mit der für die schottischen Lowlands typischen Gestaltung des Griffs.*

6) *Das genaue Datum ist unklar. Zumeist werden der 21. oder 22. Juli genannt, aber auch der verschiedentlich genannte 11. Juli ist nicht von der Hand zu weisen.*

7) *Vgl. MacDonald, Micheil: The Clans of Scotland, The History and Landscape of the Scottish Clans, London 1991, S. 108.*

8) *Hier sollte sich Jahrhunderte später auch ein gewisser Rob Roy MacGregor verbergen.*

9) *Für die Annahme, daß Robert the Bruce an der Schlacht beteiligt gewesen sei, gibt es nur einen vagen Hinweis in einem alten Volkslied. Wahrscheinlich hielt er sich zu dieser Zeit in Carrick auf.*

10) *Vgl. MacDonald: The Clans of Scotland, S. 109.*

11) *Das definierte man im Mittelalter ganz anders als heute, unter Angehörigen des Hochadels waren Ehen mit 12 Jahren nicht unüblich.*

12) *Vgl. Zaczek, Iain: Ancient Scotland, London 1998, S. 150.*

13) *Poliorketes heißt wörtlich übersetzt „Städtebrecher".*

14) *Soules wurde in seiner konsequenten Ablehnung der englischen Herrschaft nur noch von William Wallace übertroffen, er schwor Edward I. niemals die Treue.*

15) *Robert the Bruce war durch seine zweite Heirat (mit Elisabeth de Burgh) Schwiegersohn des Earls of Ulster geworden. Er war in erster Ehe mit Isabel of Mar verheiratet gewesen und hatte aus dieser Verbindung eine Tochter, Marjorie.*

16) *Robert Comyn wurde von Alexander Seton, einem Schwager von Robert the Bruce aus Yorkshire, getötet.*

17) *Vgl. Seehase, Hagen und Oprotkowitz, Axel: Die Highlander. Die Geschichte der schottischen Clans, Greiz 1999, S. 74.*

18) *Loch Doon Castle ist eine hochinteressante Burg. Ursprünglich lag sie auf einer Insel im Loch Doon im wilden Galloway. Ursprünglich nicht etwa, weil sich die Lage des Sees verändert hätte, sondern weil die Lage der Burg verändert wurde. Loch Doon dient schon seit rund einem halben Jahrhundert der Wasserwirtschaft. Der See wurde daher angestaut und die Insel drohte mit der Burg in den Fluten des Staussees zu versinken. In einem großangelegten Programm trug man die Burg Stein um Stein ab, um sie am Ufer in einer höhergelegenen Position wiederaufzubauen. Die Kosten waren immens, allerdings wurde ein wichtiger arbeitsmarktpolitischer Impuls gesetzt. Da die bauhistorisch sehr spät hinzugefügten Außenwerke nicht „mit umzogen", zeigt die Burg jetzt (abgesehen von ihrer Position) einen Zustand, der eher dem des Schottischen Unabhängigkeitskrieges entspricht.*

19) *Zaczek, Iain: Ancient Scotland, London 1998, S. 152.*

20) *Vgl. MacDonald: The Clans of Scotland, S. 95-96.*

21) *Menteith hatte bei der Verhaftung von Wallace ein unrühmliche Rolle gespielt.*

22) *Es gab in der Geschichte des Mittelalters bestimmt unzählige Frauen, die als Männer verkleidet ins Gefecht zogen. Aber Frauen, die erkennbar als Frauen das Kriegshandwerk ausübten, waren kaum vorstellbar. Deshalb gab es sie trotzdem, zwar nur einige wenige, dafür um so prominentere. Beispielsweise war da die Jungfrau von Orleans, Jeanne d'Arc. Und da war die Countess of Buchan.*

23) *Die großen Raids der englische und schottischen Armeen über die Landesgrenze hinweg waren nicht einzigartig in der Geschichte des Mittelalters. Wollte ein Herrscher einem anderen Schaden zufügen, so konnte er dies wirkungsvoll und mit geringem Risiko tun, indem er dessen Untertanen, vor allem in den Städten, Klöstern und den bäuerlichen Ansiedlungen angriff. Im Hundertjährigen Krieg war dieses Vorgehen sehr verbreitet und wurde von beiden Seiten angewendet. Hier sprach man von der Chevauchee: Häuser, Ställe, Scheunen und Mühlen wurden vergiftet, das Vieh weggetrieben oder getötet, die Brunnen mit Tierkadavern vergiftet, Gärten und Weinhänge zertrampelt oder verbrannt. Oft wurden die Bewohner, die noch nicht geflohen waren, umgebracht. Edward III. bediente sich dieser Taktik in Frankreich und auch in Schottland. Derartige Ausschreitungen waren oft auch Begleiterscheinung von Adelsfehden. Hier konnte die Kirche allerdings ihren Einfluß geltend machen und mäßigend wirken, etwa durch die Ausrufung des Gottesfriedens. Auch Robert the Bruce ziehlte auf die Zerstörung der feindlichen Wirtschaftskraft. Allerdings wurden bei den großen Raids unter seinem Kommando kaum Zivilpersonen getötet, die schottischen Soldaten waren nach Bannockburn zu einer sehr disziplinierten Truppe geworden. Kaltblütiger Mord lag dem Charakter des schottischen Königs, der manchmal zu gewalttätigen Ausbrüchen neigte (sich aber schnell wieder besann), fern.*

24) *Vgl. Traquair: Freedom's Sword, S. 171.*

25) *Mit der Freilassung sollte es aber noch bis 1314 dauern.*

26) *Der entfernte sich innerlich immer mehr vom englischen König. Gordons Verhalten ist bemerkenswert. Im Gegensatz zu den opportunistischen Wendehälsen im schottischen Adel vertrat er jahrelang getreu die englische Position. Nachdem man ihm so übel mitgespielt hatte, wechselte er die Seiten und diente dem schottischen König mit unverbrüchlicher Treue.*

27) *Vgl. Traquair: Freedom's Sword, S. 174.*

28) *Vgl. ebd. S. 180.*

29) *Argentan hatte sich nach einigen Jahren Kriegsdienst auf dem Kontinent den eigenarti-gen Beinamen „Drittbester Ritter der Christenheit" erworben. Vgl. Regan, Geoffrey: The Guiness Book of Military Blunders, Enfield 1991, S. 104.*

30) *Vgl. Traquair: Freedom's Sword, S. 182.*

31) *Vgl. Seehase, Hagen und Oprotkowitz, Axel: Die Highlander. Die Geschichte der schottischen Clans, Greiz 1999, S. 56.*

32) *Wir wissen leider nicht, ob Angus Og MacDonald an der Schlacht teilnahm.*

33) *Manche Historiker scheinen nur daraus die falschen Schlüsse zu ziehen. Tatsächlich war die Armee von König Robert keine reine Highlanderarmee. Aber das gälische Element war sehr stark, egal ob man die Existenz einer vierten Division akzeptiert oder verwirft.*

34) *Malcolm Drummond rächte damit die langjährige Gefangenschaft seines Vaters, der 1296 bei Dunbar in die Hände des englischen Königs gefallen war. Für seinen Einsatz bei Bannockburn erhielt er von König Robert Ländereien in Perthshire. Eigentlich stammten die Drummonds aus der Gegend westlich von Stirling. Ihr Name leitete sich von einer Ortsbezeichnung (für den Ort mit dem heutigen Namen Drymen) ab. Vgl. Fulton, Alexander: Scotland and her Tartans. The romantic heritage of the Scottish clans and families, London u.a. 1992, S. 87.*

35) *Vgl. Fulton, Alexander: Scotland and her Tartans, The romantic heritage of the Scottish clans and families, London u.a. 1992, S. 87/88 und MacDonald, Micheil: The Clans of Scotland, The History and Landscape of the Scottish Clans, London 1991, S. 97.*

36) *Vgl. Guest, Ken und Denise: British Battles, The front lines of history in colour photographs, London 1996, S. 49.*

37) *Vgl. Traquair: Freedom's Sword, S. 210.*

38) *Vgl. Beckett, J.C.: Geschichte Irlands, Stuttgart 1982, S. 21-22.*

39) *Vgl. Seehase, Hagen: Langspeere und Starkbogen. Die Invasionen der Wikinger und Normannen in Irland; in: Anno Domini Jahrbuch 1999, Greiz 1999, S. 106-121.*

40) *Zit. nach Beckett: Geschichte Irlands, S. 24.*

41) *Gälisch für „fremde Krieger", gleichbedeutend mit „Galloglasses".*

42) *Vgl. Schreiber, Hermann: Irland, Seine Geschichte - Seine Menschen, Augsburg 1997, S. 210.*

43) *Vgl. Traquair: Freedom's Sword, S. 220.*

44) *Vgl. ebd.: S. 221.*

45) *Vgl. Guest, Keen und Denise: British Battles; The front lines of history in colour photographs, London 1996, S. 34/35.*

46) *Bei den Friedensverhandlungen unter päpstlicher und französischer Beteiligung zeigten sich die Abgesandten der englischen Krone unnachgiebig.*

47) *Vgl. Funcken, Fred und Liliane: Rüstungen und Kriegsgerät im Mittelalter, 8.-15. Jahrhundert, München 1979, S. 29.*

48) *Vgl. Wise, Terence: Ritter und Rüstungen, Bonn 1980, S. 5-7.*

49) *Vgl. Seward, Desmond: The Hundred Years War; The English in France, 1337-1453, London u.a., S. 41.*

50) *Vgl. Traquair: Freedom's Sword, S. 230.*

51) *Die Allianz wurde formal 1371, 1391, 1428, 1448, 1484 und 1492 erneuert und wurde zum Markstein der schottischen Außenpolitik bis zur Reformation.*

52) *Der Earl of Mar war ein Neffe Robert the Bruces. Er war bei Kildrummy 1307 in englische Hände gefallen und blieb nach seiner Freilassung freiwillig in England.*

53) *Edward II. wurde von einem Gefängnis in das nächste gebracht, jedes war schlimmer als das alte. Manchmal wurde er der spottenden Bevölkerung gezeigt, einmal setzte man ihm eine Krone aus Stroh aufs Haupt. Im September machten Gerüchte die Runde, er solle befreit werden. Tatsächlich hatte der Earl of Mar Spione nach England geschickt, exakt das zu bewerkstelligen. Die Wärter des ehemaligen Königs verloren keine Zeit. Eines Nachts waren entsetzliche Schreie in der Umgebung Berkeley Castles zu hören. Den nächsten Morgen fand man Edward II. tot auf. Sein Körper zeigte keine Verwundung. Später kam das beunruhigende Gerücht auf, man hätte ihm eine rotglühende Eisenstange in den After getrieben und ihn so vom Leben zum Tode befördert.*
Vgl. Prebble: The Lion in the North, S. 112.

54) *Auch im 20. Jahrhundert war der Ruf der Wilderer noch entsprechend zwiespältig. So nutze zuletzt die Waffen-SS ihre Fähigkeiten, indem sie aus verurteilten Wilderern eine ganze Brigade rekrutierte.*

55) *Vgl. Traquair: Freedom's Sword, S. 255.*

56) *Douglas und seine Begleiter kamen ums Leben. Wie viele Mauren er noch vorher erschlug, darüber können nur Vermutungen angestellt werden. Es mögen viele gewesen sein. Sein Körper wurde von William Keith nach Schottland gebracht und in der St. Bride's Church bei Douglas Castle (ein paar Kilometer südlich von Lanark, nicht zu verwechseln mit Castle Douglas) beigesetzt. Das Herz des Schottenkönigs wurde ebenfalls in die Heimat überführt und (wahrscheinlich) in der Melrose Abbey beigesetzt.*

57) *Sein Nachfolger John MacDonald, Lord of the Isles, stand in keiner persönlichen Beziehung zum schottischen König. Das war bei Angus Og der Fall gewesen. Das Lordship of the Isles betrachtete sich eigentlich als Königtum eigenen Rechts und stand in einem zwiespältigen Verhältnis zur schottischen Krone.*

58) *Vgl. Traquair: Freedom's Sword, S. 261.*

59) *Vgl. ebd.: S. 263.*

60) *Berwick fiel in die Hände der Engländer. Dabei spielte sich noch eine tragische Episode ab. Sir Alexander Seton, der Gouverneur Berwicks, haßte die Engländer aus persönlichen Motiven. Sein Bruder Sir Christopher Seton war ein Schwager von Robert the Bruce gewesen und 1306 von den Engländern gehängt worden. Als Sir Alexander mit der Umsetzung des Kapitulationsvertrages zögerte, hängten die Engländer seinen Sohn Thomas, der sich als Geisel in ihren Händen befand. Daraufhin gab Sir Alexander Seton den Widerstand auf. Vgl. Fulton: Scotland and her Tartans, S. 193.*

61) *Vgl. Traquair: Freedom's Sword, S. 273.*

62) *Vgl. ebd.: S. 294.*

63) *1353 wurde William Douglas von seinem Patensohn William Douglas (dem späteren ersten Earl Douglas) ermordet.*

64) *Vgl. Traquair: Freeedom's Sword, S. 296.*

65) *Anderen Quellen zufolge war er nur Edelknappe.*

66) *König David war 11 Jahre lang Gefangener der Engländer, dann ließ man ihn für 65.000 Pfund frei. Immerhin hatte er im letzten Jahr seiner Gefangenschaft in der Person des französischen Königs, der 1356 in der Schlacht von Poitiers in englische Hände gefallen war, einen standesgemäßen Mitgefangenen.*

67) *David II. starb 1371, Nachfolger wurde Robert II. aus dem Hause Stewart.*

68) *Vgl. Traquair: Freedom's Sword, S. 309.*

69) *Borderer aus dem Teviotdale nahmen 1409 Jedburgh, 1460 fiel auch Roxburgh. Allerdings war der Preis fatal: König James II. kam ums Leben, als neben ihm eine Kanone des Belagerungsheeres explodierte.*

70) *Man kann tatsächlich den Kauf einer Replika empfehlen. Die Wahl der Autoren wäre die nicht schaukampffähige Replik von Windcraft-Cutlery (vertrieben von Faber, Kaub). Man erhält ein Schwert, das dem Filmschwert gleicht, allerdings kaum Ähnlichkeit mit dem im Wallace-Memorial aufbewahrten Schwert zeigt.*

71) *Erst heute, im Jahr 1998, also nach mehr als sechs Jahrhunderten, bemüht sich der britische Regierungschef Tony Blair um eine Auflösung des traditionsreichen Oberhauses.*

Reiseveranstalter mit Schottland-Angeboten

(für die Richtigkeit der Angaben und deren Vollständigkeit wird keine Gewähr übernommen)

__Deutschland__

- **Anglo-American Reisebüro GmbH**, Vidumstraße 2, 49492 Westerkappeln
  ☎ 05404/96080, Fax 05404/960811, ***Bed & Breakfast in über 200 Häusern***
- **ADAC Reise GmbH**, L.-Moll-Bogen 1, 81361 München
  ☎ 089/76762146, Fax 089/76766155, ***Autorundreisen, Hotelauswahl***
- **ARNS GmbH Charteryachten und Ferienhäuser**, PF 100131, 42801 Remscheid,
  ☎ 02191/926240, Fax 02191/23803, I.-net: arns-gmbh.com, ***Ferienhäuser, Bootsurlaub***
- **actionade-reisen ,** Sofienstraße 14, 76481 Baden-Baden
  ☎ 07221/503-213, Fax 07221/38504, ***Flugreisen für Volks- und Raiffeisenbanken***
- **Airtours International GmbH**, Adalbertstraße 44-48, 60486 Frankfurt/Main,
  ☎ 069/7928333, Fax 069/7928339, ***Mietwagenrundreisen, wohnen in Schlössern***
- **alpetour Touristische GmbH**, PF 1124, 82301 Starnberg,
  ☎ 08151/775128, Fax 08151/775161, ***Rund- und Städtereisen, Studienreisen***
- **AmphiTrek Radreisen GmbH**, Sandbergweg 28, 24943 Flensburg,
  ☎ 0461/63790, Fax 0461/63789, ***Einwöchige Radtouren***
- **Anglo-German-Service**, M.-Reger-Straße 10, 69245 Bammental,
  ☎ 06223/5796, Fax 06223/40751, ***Vermittlungs- und Buchungsservice***
- **Argus Reisen**, Am Hasengraben 15, 37073 Göttingen,
  ☎ 0551/7704521, Fax 0551/7704523, ***Individual- und Gruppenreisen***
- **Ashley`s European Travel**, Waldweg 16, 41352 Korschenbroich-Kleinenbroich,
  ☎ 01805/342425, Fax 01805/342426, ***Gruppen- und Einzelreisen***
- **Athena Weltweit Studienreisen**, Hohe Bleichen 21, 20354 Hamburg,
  ☎ 040/351257, Fax 040/354362, ***Studien- und Sonderreisen***
- **atlantik reisen**, Langenstraße 43, 28195 Bremen,
  ☎ 0421/1760291, Fax 0421/1760449, ***Reisen für Gruppen und Vereine***
- **Britain & Ireland Tours**, Briesestraße 5, 12053 Berlin,
  ☎ 030/6875339, Fax 030/6818331, ***Spezialveranstalter für alle Reiseformen***
- **Bonnaris Sprach- und Studienreisen GmbH**, Hospitalstraße 2, 53840 Troisdorf,
  ☎ 02241/75095-96, Fax 02241/70952, ***Individual- und Gruppenreisen***
- **Bader Golfreisen**, Güntherstraße 29, 47226 Duisburg,
  ☎ 02065/31029, Fax 02065/31030, ***Golfreisen, Sonderprogr. für Firmen u. Vereine***
- **Baumeler Wanderreisen GmbH**, Engelbergerstraße 21, 79106 Freiburg,
  ☎ 0761/380570, Fax 0761/3805730, ***Geführte Wanderreisen***
- **Bayerisches Pilgerbüro**, Pilgerbüro Studienreisen GmbH, Dachauer Str. 9, 80335 München,
  ☎ 089/5458110, Fax 089/54581169, ***Gruppenaufenthalte für Studienreisegruppen***
- **Behringer Touristik Beratung Organisation GmbH**, R.-Bosch-Straße 12, 35398 Gießen,
  ☎ 0641/96810, Fax 0641/968150, ***Gruppenreisen***
- **Biblische Reisen GmbH**, Silberburgstraße 121, 70176 Stuttgart,
  ☎ 0711/619250, Fax 0711/6192544, ***Flug- und Busreisen***
- **Binder Reisen**, PF 311144, 70471 Stuttgart,
  ☎ 0711/139650, Fax 0711/8872266, ***Studien- und Wanderreisen***
- **Birdie Golf & Reisen**, Gut Waldhof, 24629 Kisdorferwohld,
  ☎ 04194/99990, Fax 04194/999999, ***Einzel- und Gruppenreisen, Rundreisen***

- **Blitz Reisen GmbH**, Rosenstraße 47, 50678 Köln,
  ☎ 0221/322025, Fax 0221/312840, ***Städte- und Rundreisen***
- **Blue and White Reisebüro**, Albertstraße 26, 01097 Dresden,
  ☎ 0351/808300, Fax 0351/8083030, ***Busrundreisen***
- **Britain Special Tours GmbH**, Englmeierweg 36, PF 2565, 84009 Landshut,
  ☎ 0871/41045, Fax 0871/45458, ***Gruppen- und Jugendreisen***
- **Britain Travel - Peter Storm**, In der Hörn 50a, 21035 Hamburg,
  ☎ 040/73508560, Fax 040/73508561, ***Ferienhäuser und Golf in Schottland***
- **British Link Tours**, Ruländerstraße 29, 55129 Mainz, ☎ 06131/504080, Fax 06131/582458,
  Sonderpreise für Fähren, günstige Fly- and Drive-Angebote
- **CIE-Tours International GmbH**, Worringer Straße 5, 40211 Düsseldorf,
  ☎ 0211/173260, Fax 0211/324426, ***Ferienhäuser, Busrundreisen***
- **CS Travel**, Gsteinacherstraße 19, 90592 Schwarzenbrück, ☎ 09128/991931,
  Fax 09128/991932, ***PKW und Busrundreisen, Jugend- und Gruppenreisen***
- **CTS Gruppen- und Studienreisen GmbH**, Herforder Straße 75, 32657 Lemgo,
  ☎ 05261/25060, Fax 05261/16300, ***Studien- und Gruppenreisen***
- **Camper Tour & Touristik Service**, Sulzbacher Straße 67, 65760 Eschborn,
  ☎ 06196/940877, Fax 06196/940878, ***Reisen mit PKW und Wohnmobil***
- **Celtic Promotions**, Kampstraße 7, 40591 Düsseldorf,
  ☎ 0211/762869, Fax 0211/762869, ***Selbstversorger-Häuser in den Highlands***
- **Celtic Travel**, Bulmannstraße 26, 90459 Nürnberg,
  ☎ 0911/45097420, Fax 0911/45097410, ***Spezialist für Individualreisende***
- **Channeltours**, Distelkamp 34, 49751 Sögel,
  ☎ 05952/98108, Fax 05952/98118, ***Busrundreisen***
- **Classic Golf Tours / Hayes Golfreisen**, Kürfürstenstraße 5a, 65817 Eppstein,
  ☎ 06198/49512, Fax 06198/502127, ***Golfreisen***
- **Colditzer Reisebüro** , Badergasse 12, 04680 Colditz, ☎ 034381/40437, Fax 034381/40437,
  www.fahrrad-wandern.de, ***Wander- & Radreisen, veranst.unabh. Auswahl & Beratung***
- **Cottages Individuell**, PF 1246, 90588 Schwarzenbrück,
  ☎ 09128/920371, Fax 09128/920372, ***Ferienhaus-Spezialist***
- **County Travel - Reisen & Bücher am Michel**, Wincklerstraße 6, 20459 Hamburg,
  ☎ 040/364520, Fax 040/366766, ***Flug-, Auto- und Bahnreisen***
- **Cygnus-Lohengrin Travel**, Tannenstraße 18, 82402 Seeshaupt,
  ☎ 08801/2061, Fax 08801/2557, ***Studienreisen***
- **DJH Reiseservice**, Bismarckstraße 8, 32756 Detmold,
  ☎ 05231/740114, Fax 05231/740174, ***Gruppen- und Einzelreisen***
- **DNV-Touristik GmbH**, M.-Planck-Straße 10, 70806 Kornwestheim,
  ☎ 07154/131830, Fax 07154/131833, ***Naturkundliche Studienreisen***
- **Dertour**, E.-von-Behring-Straße 6, 60439 Frankfurt/Main,
  ☎ 069/95883528, Fax 069/95883506, ***Spezialist für individuelle Ferien***
- **Dr. Eisenrith Tours**, Amalienburgstraße 19, 81247 München,
  ☎ 089/8113773, Fax 089/8119864, ***Gruppenwanderungen***
- **Dr. Steinfels Sprachreisen GmbH**, Fliedersteig 11-13, PF 120, 90604 Rückersdorf,
  ☎ 0911/570197, Fax 0911/576308, ***Sprachkurse für alle Altersgruppen***
- **Dumont Klingenstein Studienreisen**, Josephspitalstraße 15, 80331 München,
  ☎ 089/5491080, Fax 089/549108-34, ***Studienreisen***
- **Eberhardt Travel**, Zschoner Ring 30, 01723 Kesselsdorf,
  ☎ 03520/492112, Fax 03520/492115, ***Busrundreisen***

- **Elk Tours GmbH**, Pestalozzistraße 42, 80469 München,
  ☎ 089/2604889, Fax 089/2605769, ***Einzel-, Gruppen-, Studien- und Rundreisen***
- **England for Runaways**, Ludwigstraße 70, 63067 Offenbach,
  ☎ 069/8003579, Fax 069/825872, ***Ferienhäuser, Familienreisen***
- **Euro-Sprachreisen GmbH**, Hauptstraße 26, 63811 Stockstadt,
  ☎ 060271/418811, Fax 060271/418847, ***Sprachreisen***
- **Europa-Sprachclub GmbH**, Diezstraße 4A, 70565 Stuttgart,
  ☎ 0711/741061, Fax 0711/742073, ***Englischkurse***
- **EuroTours Reisen**, Friedrichstraße 45, 56564 Neuwied,
  ☎ 02631/39190, Fax 02631/391919, ***Busreisen***
- **Ferienboot-Charter Bohn**, Feichtmayrstraße 27, 76646 Bruchsal,
  ☎ 07251/88370, Fax 07251/88305, ***Cottages und Feriendörfer***
- **Ferienhäuser am Atlantik**, Altenberger Straße 21, 48161 Münster,
  ☎ 02533/93130, Fax 02533/4538, ***Ferienhäuser***
- **Fröhlich Reisen GmbH**, Sudetenstraße 18, 37235 Hessisch-Lichtenau,
  ☎ 05602/4071, Fax 05602/3084, ***Bus-Studienreisen***
- **GB Gateway Schleuter Touristik GmbH**, Nikolaistraße 19, 84034 Landshut,
  ☎ 0871/962290, Fax 0871/9622910, Gruppenreisen
- **GB & I Travel GmbH**, Güntherstraße 79, 22087 Hamburg,
  ☎ 040/25198086, Fax 040/256935, ***Individualreisen***
- **GB Language Services**, Sunsweiler Straße 15, 55299 Nackenheim,
  ☎ 06135/931505, Fax 06135/931505, ***Studienreisen***
- **GB Touristik**, Bergerstraße 81, 60316 Frankfurt / Main,
  ☎ 069/94355244, Fax 069/94355255, ***Rundreisen mit PKW und Mietwagen***
- **GLS Sprachenzentrum**, Kolonnenstraße 26, 10829 Berlin,
  ☎ 030/7874123, Fax 030/7874191, ***Sprachreisen***
- **Gaeltacht Irland Reisen**, Schwarzer Weg 25, 47447 Moers,
  ☎ 02841/930111, Fax 02841/30665, ***Ferienhäuser, Rundreisen***
- **Gartenreisen Baur**, Höge 2, 88693 Deggenhausertal,
  ☎ 07555/920611, Fax 07555/920622, ***Reisen zu Gärten und Parks***
- **Globetrotter Reisen GmbH**, PF 900449, 21044 Hamburg,
  ☎ 04108/43030, Fax 04108/430395, ***Studien- und Busrundreisen***
- **Golf Schottland**, Danziger Straße 16, 73262 Reichenbach-Fils,
  ☎ 07153/990290, Fax 07153/990291, ***Golfreisen***
- **Hafermann Reisen**, Brüderstraße 7-9, 58452 Witten,
  ☎ 02302/2000-0, Fax 02302/2000-99, ***Highlands und Hebriden***
- **Hausboot Böckl**, Dachauerstraße 78, 80335 München,
  ☎ 089/54290109, Fax 089/54290107, ***Ferienhäuser und Hausboote***
- **Hauser Exkursionen International**, Marienstraße 17, 80331 München,
  ☎ 089/2350060, Fax 089/2913714, ***Wander- und Trekkingreisen***
- **Heideker Reisen**, Dottinger Straße 43, 72525 Münsingen,
  ☎ 07381/93950, Fax 07381/939525, ***Busrundreisen***
- **Heidelberg Travel**, Hatschekstraße 22, 69126 Heidelberg,
  ☎ 06221/302020, Fax 06221/301074, ***Gruppenreisen, Städte- und Rundreisen***
- **Highland Tours**, Klosterstraße 2, 71229 Leonberg,
  ☎ 07152/28428, Fax 07152/28437, ***Erlebnisreisen, Einzel- und Gruppenreisen***
- **Highlands & Islands GmbH**, Akazien Straße 21, 10823 Berlin,
  ☎ 030/7841057, Fax 030/7812987, ***500 Häuser***

• **Hirsch Reisen**, Erbprinzenstraße 31, 76133 Karlsruhe,
☎ 0721/181118, Fax 0721/22140, ***Studien- und Wanderreisen***

• **if Irland Feriendienst GmbH**, Papenhöhe 166, 25335 Elmshorn,
☎ 04121/50209, Fax 04121/50244, ***Paketreisen für Busunternehmen***

• **Inter Air / Voss-Reisen GmbH**, Triftstraße 28-30, 60528 Frankfurt / Main,
☎ 069/967670, Fax 069/96767254, ***Gruppenreisen, Rundfahrten***

• **Interhome GmbH**, Hoeschplatz 5, 52349 Düren,
☎ 02421/1220, Fax 02421/122254, ***Ferienhäuser***

• **Isle of Man Travel**, Bad Meinberger Straße 1, 32760 Detmold,
☎ 05231/570076, Fax 052317570079, ***Autorund- und Busreisen, Gruppenreisen***

• **Jensen & Damm**, Schulstraße 1, 35390 Giessen,
☎ 0641/32255, Fax 0641/82658, ***11 Tage Rundreise***

• **K.P. Ferien - Ferienhausvermittlung**, Stellbergstraße 6, 36100 Petersberg,
☎ 0661/9628768, Fax 0661/66816, ***Ferienhäuser, Golfurlaub***

• **Kerkfeld Gruppenreisen**, Weseler Straße 27, 48151 Münster,
☎ 0251/521041, Fax 0251/533022, ***Studienreisen***

• **Kodiak Reisen**, Oberrahser Straße 26, 41748 Viersen,
☎ 02162/930011, Fax 02162/930093, ***Rundreisen***

• **Kögler-Reisedienst GmbH**, Buchenweg 22, 82441 Ohlstadt,
☎ 08841/7378, Fax 08841779027, ***Studienreisen, Gruppenreisen***

• **Kreutzer Spezialreisen GmbH**, Herzog-Heinrich-Straße 23, 80336 München,
☎ 089/54494-700, Fax 089/54494719, ***Busrundreisen, Autotouren***

• **Locke Tours Berlin**, Bundesallee 115, 12161 Berlin,
☎ 030/8523030, Fax 030/8524071, ***Wandern und Radreisen***

• **McFlight Flugvermittlung GmbH**, Elisenstraße 13, 63739 Aschaffenburg,
☎ 0602173366-20, Fax 06021/3366-95, ***Busrundreisen***

• **Marina Tours Sean Buckley**, Rohrbacher Straße 36, 69181 Leimen,
☎ 06224/76064, Fax 06224/77966, ***Reisen aller Art***

• **Meißen-Tourist GmbH**, Poststraße 1, 01662 Meißen,
☎ 03521/458560, Fax 03521/458570, ***Bus- und Flugreisen, Gruppenreisen***

• **Mietwohnmobil-Service Claus Bartels**, Hellmundstraße 33, 65183 Wiesbaden,
☎ 0611/408975, Fax 0611/451557, ***Wohnmobilvermietung***

• **Möllers Reisedienst**, Kieler Straße 319-321, 24536 Neumünster,
☎ 04321793770, Fax 04321/937787, ***Rund- und Städtereisen zu Veranstaltungen***

• **Natours-Reisen**, Untere Eschstraße 14, 49179 Ostercappeln,
☎ 05473/92290, Fax 05473/8219, ***Rad-, Wander- und Kanutouren***

• **Neckermann City- & Kurzreisen**, Zimmersmühlenweg 55, 61440 Oberursel,
☎ 06171/652444, Fax 06171/652440, ***Städtreiseprogramm Edinburgh***

• **Nordlicht Reisen**, Am Hechenberg 45, 55129 Mainz,
☎ 06131/504247, Fax 061317504247, ***Verschiedene Aktivurlaube***

• **OTS-Organisation-Touristik-Service GmbH**, Körnerstraße 3, 61191 Rodheim,
☎ 06007/916925, Fax 06007/8804, ***Gruppenreisen, Studienreisen***

• **PTI Panoramica**, Neu Roggentiner Straße 3, 18059 Roggentin / Rostock,
☎ 038204/65500, Fax 038204/65800, ***Gruppenrundreisen***

• **Pferd & Reiter - Internationale Reiterreisen**, Rader Weg 30A, 22889 Tangstadt,
☎ 040/607669-40, Fax 040/6071980, ***Reiturlaub***

• **Prisma Club Tours Leipzig**, Eisenbahnstraße 73, 04315 Leipzig,
☎ 0431/6898218, Fax 0431/6898238, ***Sprach- und Studienreisen, Sprachreisen***

- **RDK-Touristik GmbH**, Frohnhäuser Straße 15b, 35685 Dillenburg-Manderbach,
  ☎ 02771/83050, Fax 02771/830525, ***Rund- und Städtereisen, Gruppenreisen***
- **RUT Reiseservice GmbH**, Ursulum 18-20, 35396 Gießen,
  ☎ 0641794499-0, Fax 0641/94499-22, ***Studienreisen, Gruppenreisen***
- **Rainbow Travel**, Von-der-Leyen-Straße 44, 51069 Köln,
  ☎ 0221/6897426, Fax 0221/6897427, ***Reisen mit Wohnwagen und Wohnmobil***
- **Reisebüro Winkelmann**, Schulstraße 2, 29308 Winsen / Aller,
  ☎ 05143/93434, Fax 05143/2337, ***Linienbusse nach Schottland***
- **Reisebüro Winters**, Breite Straße 142-146, 41460 Neuss,
  ☎ 02131/275055, Fax 02131/277676, ***Busrundreisen***
- **ReiseNetzwerk**, Hochhauser Straße 5, 26121 Oldenburg,
  ☎ 0441/87797, Fax 0441/87797, ***Hebriden und schott. Leuchttürme***
- **Richard Eberhardt GmbH**, Mühlweg 90, 75331 Engelsbrand,
  ☎ 07082/79077, Fax 07082/79074, ***Rundreisen, Busreisen***
- **Rob Roy Tours**, Narzissenweg 24, 46485 Wesel,
  ☎ 0281/8549330, Fax 0281/8549330, ***Wander- und Studienreisen, Aktivurlaube***
- **Rotel Tours - Das Rollende Hotel**, Herrenstraße 11, 94100 Tittling,
  ☎ 08504/4040, Fax 08504/4926, ***Busrundreisen***
- **SKR Studien-Kontakt-Reisen**, Kurfürstenallee 5, 53177 Bonn,
  ☎ 0228/935730, Fax 0228/9357350, ***Wandertouren***
- **Schnaith / KM Reisen**, Schlachthausstraße 21-25, 72074 Tübingen,
  ☎ 07071/929090, Fax 07071/929099, ***Gruppen- und Einzelreisen, Rundreisen***
- **Schumann Reisen**, Am Storchennest 1, 07819 Triptis,
  ☎ 036482/3560, Fax 036482/35641, ***Busrundreisen***
- **The Scots Connection**, Gut Sansenhof, 63916 Amorbach-Sansenhof,
  ☎ 09373/4611, Fax 09373/4611, ***Golfreisen***
- **Seidel Sprachreisen - Center International**, Am Ostbahnhof 10, 07551 Gera,
  ☎ 0365/7301494, Fax 036577301493, ***Einzel- und Gruppenreisen, Studienreisen***
- **Service-Reisen Gießen Heyne**, Rödgener Straße 12, 35394 Gießen,
  ☎ 0641/4006-0, Fax 0641/400660, ***Individuelle Paketreisen***
- **Single-Travel GmbH**, Bahnhofstraße 40, 63500 Seligenstadt,
  ☎ 06182/3013, Fax 06182/26223, ***Gruppenreisen***
- **Skan-Tours Touristik International GmbH**, Eysselkamp 4, 38518 Gifhorn,
  ☎ 05371/893-0, Fax 05371/893-898, ***Paketreisen für Busunternehmen***
- **Stena Line Germany**, Hildebrandtstraße 4D, 40215 Düsseldorf,
  ☎ 0211/9055-150, Fax 0211/9055180, ***Autorundreisen***
- **Stoss-Reisen**, Hauptstraße 43, 72813 St. Johann,
  ☎ 07122/9234, Fax 07122/1366, ***Busrundreisen***
- **Studytours München**, Adalbertstraße 23, 80799 München,
  ☎ 089/28660520, Fax 089/286040, ***Studienreisen für geschl. Gruppen***
- **TRD Reisen**, Im Spähenfelde 51, 44143 Dortmund,
  ☎ 0231/575820, Fax 0231/553476, ***Gruppen- und Einzelreisen***
- **talk & travel**, Husemannstraße 9, 10435 Berlin,
  ☎ 030/44359658, Fax 030/44359659, ***Sprach- und Studienreisen, Rundreisen***
- **Thistle Hotels**, J.-F.-Kennedy-Straße 4, 65189 Wiesbaden,
  ☎ 0611/778700, Fax 0611/701379, ***Hotels, Herren- und Countryhäuser***
- **Tischler Reisen GmbH**, Schnitzschulstraße 18A, 82467 Garmisch-Partenkirchen,
  ☎ 08821/931720, Fax 08821/931726, ***Busrundreisen, Bed & Breakfast, Schloßhotels***

- **UK-Touristik**, Nymphenburger Straße 1, 80335 München,
  ☎ 089/5455017, Fax 089/5455019, ***Rund- und Städtereisen***
- **Unger Flugreisen**, Kantstraße 151, 10623 Berlin,
  ☎ 030/315850, Fax 030/315851, ***Rund- und Städtereisen***
- **VentourA Reisen**, Rosenthaler Straße 40/41, 10243 Berlin,
  ☎ 030/28533300, Fax 030/28533333, ***Wochenendreisen mit Linienflug***
- **Verein der Freunde Schottlands e.V.**, Ph.-Reis-Straße 2, 55129 Mainz,
  ☎ 06131/509354, Fax 06131/508350, ***Gruppen- und Individualreisen, Rundreisen***
- **Wagner**, Kurze Kampstraße 8A, 30633 Hannover,
  ☎ 0511/651298, Fax 0511/651279, ***Ferienhäuser, Cottages***
- **Wandern Schottland**, Wickenhofweg 1, 79256 Buchenbach,
  ☎ 07661/99918, Fax 07661/99924, ***Wanderreisen***
- **Weichert-Reisen GmbH & Co.KG**, Müllerstraße 32, 13353 Berlin,
  ☎ 030/4556091, Fax 030/4562024, ***Gruppenrundreisen***
- **Werner Tours-Touristik international GmbH**, E.-Böhne-Str. 17B, 38112 Braunschweig,
  ☎ 0531/2418100, Fax 0531/2418171, ***Rundreisen***
- **Wikinger Reisen GmbH**, Kölner Straße 20, 58135 Hagen,
  ☎ 023317904700, Fax 02331/904704, ***Wander- und Radreisen***
- **Wolters Reisen GmbH**, PF 1151, 28801 Stuhr / Bremen,
  ☎ 0421/8999290, Fax 0421/801447, ***Gruppenreisen, Busrundreisen, Autotouren***
- **World Top Travel**, PF 1153, 91293 Forchheim, ☎ 09191/68708, Fax 09191/68709,
  http://www.world-top-travel.de, w-t-t@-online.de, ***Individual-,Gruppen- & Golfreisen***

Österreich

- **ARR Studienreisen**, Landstrasser Hauptstraße 9, Hauptstr. 9, A-1030 Wien,
  ☎ 01/7157531-312, Fax 01/71575-38-17, ***Studienreisen***
- **Allerstorfer Reisen**, Hauptstr.1,Neues Rathaus, A-4040 Linz,
  ☎ 0732/700511, Fax 0732/7006114, ***Besichtigungsreisen***
- **American Express Reisebüro**, Mozartplatz 5-7, A-5010 Salzburg,
  ☎ 0662/80800, Fax 0662/8080172, ***Rundreisen, Gruppenreisen***
- **American Express Reisebüro**, Kaerntner Straße 21-23, A-1010 Wien,
  ☎ 01/51511-404, Fax 01/51511-444, ***Rundreisen, Gruppenreisen***
- **Anglo-Austrian Society**, Stubenring 24, A-1010 Wien,
  ☎ 01/5129803, Fax 01/5129802, ***Busrundfahrten***
- **Blaguss Reisen**, Wiedner Hauptstraße 15, A-1040 Wien,
  ☎ 01/501800, Fax 01/50180299, ***Busrundreisen, Autotouren***
- **Britain Visitor Centre**, Schenkenstraße 4, A-1010 Wien,
  ☎ 01/533261681, Fax 01/533261685, ***Touristinformation***
- **Dr. Maiers Studienreisen**, Goldschmiedgasse 10, A-1010 Wien,
  ☎ 01/5350615, Fax 01/5338796, ***Studienreisen***
- **ESTA Reisecenter**, Althanstraße 4, A-1090 Wien,
  ☎ 01/3171877, Fax 01/3171888, ***Golfreisen***
- **Flugtouristik**, Landstrasser Hauptstr. 9, A-1030 Wien,
  ☎ 01/71692, Fax 01/7145838, ***Geführte Rundreisen***
- **Hausboot Böckl**, Haizingergasse 33, A-1180 Wien,
  ☎ 01/4704708, Fax 01/4706611, ***Ferienhäuser und Hausboote***
- **Oekista Intern Travel Agency**, Türkenstraße 8, A-1090 Wien,
  ☎ 01/40148-8000, Fax 01/40148-8490, ***Gruppen- und Einzelreisen***

- **Rauffeisen Reisebüro GmbH**, Alserbachstraße 30, A-1090 Wien,
  ☎ 01/313750, Fax 01/3137566, ***Studienreisen***
- **Sanssouci Travel Agency**, Walderkammweg 14,PF195, A-6040 Innsbruck,
  ☎ 0512/260209, Fax 0512/263438, ***Individualreisen, Studienreisen***
- **TUI Reisecenter Austria GmbH**, F.-Hanusch-Platz 1, A-5020 Salzburg,
  ☎ 01/66280410, Fax 01/662804117, ***Stadtreisen nach Edinburgh***
- **UK-Touristik**, Bäckermühlweg 59, A-4030 Linz,
  ☎ 0732/376100-10, Fax 0732/3761009, ***Rund- und Städtereisen***
- **Weiermair-Reisen**, Oberschlierbach 59, A-4553 Schlierbach,
  ☎ 07582/61331, Fax 07582/6133160, ***Gruppenrundreisen***

<u>Schweiz</u>

- **Alpha Golftours**, A.-Escher-Straße 9, CH-8027 Zürich,
  ☎ 01/2025015, Fax 01/2024601, ***Golfreisen***
- **Anglo Travel**, Gubelrain 3, CH-8965 Berikon,
  ☎ 056/6311626, Fax 056/6311629, ***Gruppen- und Einzelreisen***
- **Aquatravel AG**, Stampfenbachstraße 42, CH-8035 Zürich,
  ☎ 01/3627150, Fax 01/3627150, ***Hausbooturlaub, Gruppen- und Einzelreisen***
- **aronda tours ltd**, P.O.B.,Birmannsgasse 12b, CH-4009 Basel,
  ☎ 061/2649777, Fax 061/2649788, ***Paketreisen***
- **J. Baumeler AG**, Zinggentorstraße 1, CH-6002 Luzern,
  ☎ 041/4186565, Fax 041/4186596, ***Wander-Veloreisen, Gruppenreisen***
- **CTS Travel**, Neugutstraße 89, CH-8600 Duebendorf,
  ☎ 01/8231313, Fax 01/8231331, ***Flug und Mietwagen, Hotels***
- **Charterboat-Ferien E.-M. Thommen AG**, Bauerngasse 19, CH-4242 Laufen,
  ☎ 061/7639540, Fax 061/7639541, ***Motor- und Segelbootsferien***
- **Columbus Tours AG**, Schulthess-Allee 7, CH-5201 Brugg,
  ☎ 056/4607360, Fax 056/4607369, ***Individual- und Gruppenreisen***
- **Le Coultre Voyages SA**, Route d`Aubonne, CH-1188 Gimel,
  ☎ 021/8283298, Fax 021/8283858, ***Busfahrten***
- **Erich Saner Autoreisen AG**, St. Jakobstraße 1a, CH-4052 Basel,
  ☎ 061/2722123, Fax 06172726234, ***Autorundreisen***
- **Eurobus**, Pfingstweidstraße 31A, CH-8037 Zürich,
  ☎ 01/4441212, Fax 01/4441898, ***Busrundreisen***
- **Falcon Travel**, Militärstraße 52, CH-8021 Zürich,
  ☎ 01/2955566, Fax 01/2955557, ***Mietwagen- und Busrundreisen***
- **Fert Golf**, 22 Rue le Corbusier, CH-1208 Genf,
  ☎ 022/8394335, Fax 022/3470917, ***Golfreisen***
- **G + B Travel**, Aebnitstraße 43, CH-3073 Guemligen,
  ☎ 031/9510012, Fax 03179518022, ***Ferienwohnungen***
- **GST Golf Sport Team**, Via Chioso 32, CH-6983 Magliaso,
  ☎ 091/6061004, Fax 091/6061171, ***Golfreisen***
- **geriberz travel ltd.**, Etzelstraße 15, CH-5430 Wettingen,
  ☎ 056/4270101, Fax 056/4272883, ***Rundreise***
- **Golf Frei Travel**, Splügenstraße 9, CH-8027 Zürich 2,
  ☎ 01/2023636, Fax 01/2023409, ***Golfreisen***

- **Heusser Touristik**, Usterstraße 64, CH-8620 Wetzikon,
  ☎ 01/9303353, Fax 01/9306797, ***Busrundreisen***
- **Imbach Reisen AG**, Grendel 19, CH-6000 Luzern 5,
  ☎ 041/4100044, Fax 04174108777, ***Wanderferien***
- **Immer Reisen GmbH**, Haslimärt, Dorfstraße 13a, CH-8155 Niederhasli,
  ☎ 01/8851830, Fax 01/8851834, ***Spezialist für Großbritannien***
- **Jugi Tours**, Schaffhauserstraße 14, CH-8042 Zürich,
  ☎ 01/3601400, Fax 01/3601444, ***Rund- und Trekkingreisen***
- **Orsi Reisebüro AG**, Blumenrain 18, CH-4001 Basel,
  ☎ 061/2615522, Fax 061/2615305, ***Gruppen- und Einzelreisen***
- **Peco Tours Operating AG**, Neumuehlerstraße 42, CH-8406 Winterthur,
  ☎ 052/2090707, Fax 052/2090700, ***Busrundreisen, Autotouren***
- **rhz reisen ag**, Neugasse 136, CH-8031 Zürich,
  ☎ 01/2713347, Fax 01/2718487, ***Geschichtliche Reisen***
- **SSR Reisen**, Postfach, CH-8026 Zürich,
  ☎ 01/2971111, Fax 01/2971112, ***Wanderferien, Mietwagen-Rundreisen***
- **Saga Reisen AG**, Wettingerstraße 23, CH-5400 Baden,
  ☎ 056/2036688, Fax 056/2036640, ***Mietwagen-Rundreisen***
- **Schmid Reisen AG**, A.-Zwyssig-Straße 81, CH-5430 Wettingen,
  ☎ 056/4262288, Fax 056/4271647, ***VIP-Reisen - Individual- u. Kleingruppenreisen***
- **Scotia Tours**, Sprengliweg 18, CH-3360 Herzogenbuchsee,
  ☎ 062/9611055, Fax 062/9613625, ***Rundreisen, Wandertouren***
- **Scottish Golf Holidays**, PF 1472, CH-8801 Thalwil,
  ☎ 01/7208836, Fax 01/7208873, ***Golfreisen***
- **UK Touristik**, Kriesbachstraße 30, CH-8600 Duebendorf / Zürich,
  ☎ 01/8022240, Fax 01/8022201, ***Mietwagen-Rundreisen, Bustouren***

<u>Grossbritannien/Schottland</u>

- **The Scottish Tourist Board**, 23 Ravelston Terrace, Edinburgh, EH4 3EU, GB,
- **Historic Scotland**, Salisbury Place, Edinburgh, EH9 1SH, GB
- **The Scottish Borders Tourist Board**, 70 High Street, Selkirk, TD7 4DD, GB
- **The Moray Tourist Board**, 17 High Street, Elgin, IV30 1EG, GB
- **Mercat Tours International**, 47 Willowbrae Avenue, Edinburgh, EH8 7HL, GB
- **South of Scotland Tourism**, Whinfield Road, Selkirk, TD7 5DT, GB
- **Grampian Highlands & Aberdeen Tourist Brd.**, 920 St. Nicholas Hse, Aberdeen, AB9 1DE, GB
- **The Isle of Skye Tourist Board**, Meall House, Portree / Skye, IV51 9BZ, GB
- **Fort William & Lochaber Tourist Brd**, Cameron Sq., Fort William/Inverness-Sh., PA33 6AJ, GB
- **The Inverness Tourist Board**, Castle Wynd, Inverness / Inverness-Sh., IV2 3BJ, GB
- **West Highlands & Argyll-Islands Tourist Brd**, Boswell Hse/Argyll S., Oban / Argyll, PA34 4AN, GB
- **The Western Isles Tourist Board**, 26 Cromwell Street, Stornoway / Isle of Lewis, PA87 2DD, GB
- **The Orkney Tourist Board**, 6 Broad Street, Kirkwall / Orkney, KW15 1NX, GB
- **The Banff and Buchan Tourist Board**, Collie Lodge, Banff, AB45 1AU, GB
- **Edinburgh and Scottish Travel Centre**, 3 Princes Str. / W. Market, Edinburgh, EH2 2QP, GB
- **The British Tourist Authority**, Black`s Road, London, W6 9EL, GB

Zinnfigurenhersteller und - vertreiber
Buchhandlungen, Antiquariate und Redaktionen

- **30-mm-Zinnflachfiguren,W. A. Rank,** Grundstraße 9, 64289 Darmstadt,
  ☎ 06151/75984
- **30-mm-Flachfiguren Reibold**, Treuenbrietzener Straße 14, 13439 Berlin,
  ☎ 030/4151534
- **30-mm-Flachfiguren, E. Fohler,** Isoppgasse 6, A-1230 Wien-Mauer,
  ☎ 1/888-32-06
- **54-mm-Miniaturen, U. Puchala,** Zollhausstraße 14, 89132 Blaustein, .
  ☎ 07304/5910, Fax 07304/5410
- **Antiquariat Emil Prell**, Heppstädt 2, 91325 Adelsdorf,
  ☎ 09195/994270
- **Arbeitsgruppe Vollplastischer Figuren, F. Neureuther,**
  Papiererstraße 34, 84034 Landshut, ☎ 0871/66761
- **Alte Spielzeugfiguren, G. Freber**, Wassergasse 28, 55268 Nieder-Olm,
  ☎ 06136/925080, Fax 06136/925082
- **Bär u. Schmidtchen Zinnfiguren**,
  Kursdorfer Weg 10, 04205 Leipzig,
- **Bistulfi & Zannoni,** Via L.B. Alberti 10, I-20149 Milano,
  ☎ +3902/33106690
- **Bremer Zinnfiguren G. Scharlowsky,** Enscheder Str. 13, 27753 Delmenhorst,
  ☎ 04221/83268
- **Braunschweiger Zinnfiguren, Dr. P. Dangschat,**
  Schäferteich 4a, 38302 Wolfenbüttel-Salzdahlum,☎ 05331/77040
- **Cortum-Figuren Carl**, Auf dem Klüschenberg 5, 23879 Mölln,
  ☎/Fax 04542/1778
- **Delitzscher Zinnfiguren, W. Otto,** Käthe-Kollwitz-Str. 52, 04509 Delitzsch,
  ☎ 034202/90336
- **Dolp Zinnminiaturen / Modellbau**, Im Paradies 20, 87700 Memmingen,
  ☎/Fax 08331/2489
- **Elisena**, Via Igino Garbini 73a, I-01100 Viterbo,
  ☎ 39/0761251119, Fax 39/0761250975
- **Elite Miniaturas, M. Moya Delfa,** Apartado Correos 104,
  E-29620 Torremolinos/Malaga, ☎/Fax 34-95-205-2518
- **Ernst Heinrichsen**, Postfach 130115, 90113 Nürnberg,
  ☎ 0911/5980254, Fax 0911/5980255
- **Ettlinger Zinnfiguren, D. Schwarz,** Bachstraße 32, 76275 Ettlingen
  ☎ 07243/14597
- **Fachgeschäft für Zinnfiguren Böhm,** Schulerstraße 7, A-1010 Wien,
  ☎ 01/5123240
- **Frankfurter Zinnfiguren, H. Lampert,** Quellenweg 7, 61250 Usingen,
  ☎ 06081/15432
- **Fritz Menz, Irene Menz-Wille,** Im Lau 15, 58636 Iserlohn,
  ☎ 02371/60006
- **Fernando Enterprises Bemalungsservice,** 107, Galle Road,
  Walana, Panadura 12500 - SRI LANKA, ☎/Fax 0094/34/32833

• **Geschichte in Zinnfiguren, E. Kästner,** Eichenhain 6a, 90571 Schwaig,
• **Gesellschaft der Freunde u. Sammler kulturhistorischer Figuren**
Polgarstraße 25/4/8/25, A-1220 Wien, ☎ 2044170
• **Globe Figures,**
Breslauer Straße 6, 53175 Bonn,
• **Graveurin Regina Sonntag,** Eschenworther Weg 7, 29690 Gilten,
☎/Fax 05071/3455
• **GO international,** Christian-Rohlfs-Weg 11, 24568 Kaltenkirchen,
☎ 04191/1484, Fax 04191/60746
• **Grenader, O. Sokruto,** Sremyannaya 15/1-18, R-191025 St. Petersburg,
• **Hannoversche Zinnfiguren,** Matthäikirchstraße 58, 30519 Hannover,
☎/Fax 0511/871758
• **Heyde-Repliken, W. Klotzsche,** Meißner Straße 88, 01445 Radebeul,
☎/Fax 0351/8301119
• **Historische Wagen und Geschütze, P. E. Kovar,**
Liechtensteinstraße 66/5, A-1090 Wien, ☎/Fax 0043/1/3109010
• **Historia, Marie-Luise Müller,** Lindenstraße 39, 40789 Monheim/ Rh.,
☎ 02173/56215, Fax 02173/58585
• **Horst Kühn Metallwaren GmbH & Co, H. Kühn,** Richthofenstraße 21, 86343 Königsbrunn,
• **Karl-Werner Rieger Zinnfiguren,** Melsdorfer Straße 77, 24109 Kiel,
☎ + Fax 0431/528333
• **KLIO Arbeitsgruppe Shogun, A. Böcher,** Sperber Weg 33, 50997 Köln,
• **Kulturhistorische Zinnfiguren A. Wilken,** C.-Spitzweg-Platz 3, 85586 Poing,
☎ 08121/972757
• **Kulturhistorische Zinnfiguren Grünewald,** Lärchenweg 28, 30900 Wedemark
☎/Fax 05130/2969
• **Kulturhistorische Zinnfiguren G. Lehnart,** Reulandstraße 41, 54294 Trier,
☎/Fax 0651/80194
• **Kulturhistorische Zinnfiguren, H.Tylinski,** Achtermannstraße 53, 13187 Berlin,
☎ 030/47540380
• **Kulturhistorische Zinnfiguren Sander,** Hauptstraße 30a, 84163 Marklkofen,
☎ 08732/6689
• **Kulturhistorische Zinnfiguren R. Wünsch,** Veilchenweg 30, 06118 Halle,
☎ 0345/5200318
• **Kulturhistorische Zinnfiguren,** Am Hirtenhausberg 9, 86807 Buchloe,
☎ 08241/4493
• **Kulturhistorische Zinnfiguren aus Wernigerode, W. Bock,**
Burgberg 12, 38855 Wernigerode, ☎ 03943/42166
• **Kulturhistorische Zinnfiguren, W. Unger,** Feuerbachstr. 21, 04105 Leipzig,
☎ 0341/9800092
• **„La Grande Armée",** Pays de Liège 25, B-6987 Chèoux Rendeux,
☎ + Fax 084/477704
• **Lübecker Zinnfiguren, M. Worbs,** Schaarweg 3, 23683 Scharbeutz,
☎ 04503/74488
• **Militärhistorische Fachbuchhandlung Gerson,** Postfach 1165, 21503 Glinde,
☎ 040/7104522, Fax 040/7101944
• **Miniaturen Galerie Hinze & Pietruschka,** Kehlweg 13, 65239 Hochheim/M.,
☎ 06146/2758

• **Modellfiguren-Miniaturen, Bischof & Meindl**, Senftlstraße 9, 81541 München,
☎ 089/483166

• **Monument Modellbauversand,R. Krisch,**
Postfach 100608 Bayreuth,

• **„Modell-Fan“ , J. Thiele**, Postfach 106067, 28060 Bremen,
☎ 0421/36903-25, Fax 0421/36903-34

• **MZ Zinnfiguren, M. Munz,** Am Müselberg 28, 72401 Hgl.-Owingen,
☎ 07474/6204

• **Neckel Zinnfiguren,**
Hattenhofer Straße 11, 73066 Uhingen,

• **Neugravuren in Schiefer und Messing, V. N. Nuzhdin,**
Industrialstr.20k.1,App.190, R-195426 St. Petersburg,

• **Nimix Kenox,** Apartado d.Correos 45.117, E-28080 Madrid,
☎/Fax +34-91-352-8139

• **Offizin Arnfried Müller,** Bismarckstraße 28b, 38820 Halberstadt,
☎/Fax 03941/600212

• **Officin Atelier Timper**, Im Hirtengarten 15,
63589 Linsengericht-Lützelhausen, ☎ 06051/68115, Fax 06051/61636

• **Offizin für flache Zinnfiguren,D. Hohrath M.A.,**
Berkheimerstraße 50, 73734 Esslingen am Neckar, ☎ 0711/381675

• **Offizin Zum Kutschenbauer**, Avenue Montagibert 20bis, CH-1005 Lausanne,
☎ 021/3235616

• **Peipp Miniaturen Dresden,** Mohnstraße 20, 01127 Dresden,
☎/Fax 0351/8489645

• **Preußen 1813/15, S. Nonn**, Kranzbergstraße 14, 86316 Friedberg,
☎ 0821/782329, Fax 0821/703127

• **Preussisches Bücherkabinett**, Knesebeckstraße 88, 10623 Berlin
☎ 0303157000, Fax 030/31570077

• **Privatherstellung flacher Zinnfiguren,** Schwahn u. Kröbel,
Kreisstraße 29c, 06844 Dessau-Waldersee,

• **Privatoffizin flacher Zinnfiguren,W. Hafer,** Schlangenweg 14, 34117 Kassel,
☎ 0561/773113

• **Privatoffizin Schulze,** Haustenbecke 2, 44319 Dortmund,
☎ 0231/283197

• **Quadri Concept,** 26, Rue Montgolfier, F-78360 Montesson,
☎ 33/139/570006, Fax 33/139/141771

• **Raistinger Zinnfiguren B. Süßmeier**, Gartenweg 23, 82399 Raisting,
☎ 08807/91750, Fax 08807/91787

• **Ritter C.B. von Krauthauser e.K., B. Hauser,**
Hauptstraße 67, 02799 Waltersdorf, ☎/Fax 035841/36752

• **Robert Kügl`s Zinnfiguren,** Weinbergstraße 16, 75196 Remchingen,
☎ 07232/70936

• **Rylit, U. Litterscheidt**, Ubbachstraße 1, 72294 Grömbach,
☎ 07453/8556, Fax 07453/4319

• **Schmittdiel**, Am Schalkert 20, 35279 Neustadt,
☎ /Fax 06692/8619

• **SHA-Zinnfiguren**, Schönblick 3, 74544 Michelbach/Bilz,
☎ 0791/2116, Fax 0791/47125

Katalogangebot

Ab sofort ist unser neuer Jahresversandkatalog 2000/2001 für [redacted] Schutzgebühr bestellbar. In ihm finden Sie auserlesene Buch-, Video- und CD-Angebote aus den Gebieten:

- **Abenteuer und Entdeckungen**
- **Kultur- und Zeitgeschichte**
- **Militär- und Kriegsgeschichte**
- **Mittelalter und historisches Brauchtum**
- **Astrologie und Astronomie**
- **Magie und Naturreligion**
- **Esoterik und Schamanismus**
- **Heilverfahren und Gesundheit**
- **Grenzwissenschaften und Phänomene**
- **Ufologie und Prä-Astronautik**
- **Bibliophilia und Sammlerstücke**
- **Reprints und Nachdrucke**
- **uam. auf Anfrage (Sonstiges)**

Verlagsanschrift:

König Communication
Weisser Stein 11
D-07973 Greiz
Tel. 03661/674213
Fax 03661/674214
E-Mail: medkoenig@mediengruppe-koenig.de
Internet: http//:www.mediengruppe-koenig.de

Für unsere Buchreihe

„Schottische Geschichte"

sind weitere Bände in Vorbereitung

und bereits bestellbar:

Band 4:
Montrose - Der Feldzug in den Highlands

Band 5:
Die Stuarts - Geschichte einer Dynastie